海西求是文库

技术创新、金融结构优化与供给侧改革

程 宇/著

STUDY on FINANCIAL STRUCTURE
OPTIMIZATION and SUPPLY-SIDE REFORM
to PROMOTE TECHNOLOGICAL INNOVATION

社会科学文献出版社
SOCIAL SCIENCES ACADEMIC PRESS (CHINA)

总　序

　　党校和行政学院是一个可以接地气、望星空的舞台。在这个舞台上的学人，坚守和弘扬理论联系实际的求是学风。他们既要敏锐地感知脚下这块土地发出的回响和社会跳动的脉搏，又要懂得用理论的望远镜高瞻远瞩、运筹帷幄。他们潜心钻研理论，但书斋里装的是丰富鲜活的社会现实；他们着眼于实际，但言说中彰显的是理论逻辑的魅力；他们既"力求让思想成为现实"，又"力求让现实趋向思想"。

　　求是，既是学风、文风，也包含着责任和使命。他们追求理论与现实的联系，不是用理论为现实作注，而是为了丰富观察现实的角度、加深理解现实的深度、提升把握现实的高度，最终让解释世界的理论转变为推动现实进步的物质力量，以理论的方式参与历史的创造。

　　中共福建省委党校、福建行政学院地处台湾海峡西岸。这里的学人的学术追求和理论探索除了延续着秉承多年的求是学风，还寄托着一份更深的海峡情怀。多年来，他们殚精竭虑所取得的学术业绩，既体现了马克思主义及其中国化成果实事求是、与时俱进的理论品格，又体现了海峡西岸这一地域特色和独特视角。为了鼓励中共福建省委党校、福建行政学院的广大学人继续传承和弘扬求是学风，扶持精品力作，经校委研究，决定编辑出版《海西求是文库》，以泽被科研先进，沾溉学术翘楚。

　　秉持"求是"精神，本文库坚持以学术为衡准，以创新为灵魂，要求入选著作能够发现新问题、运用新方法、使用新资料、提出新观点、进行新描述、形成新对策、构建新理论，并体现党校、行政学院学人坚持和发展中国特色社会主义的学术使命。

　　中国特色社会主义既无现成的书本作指导，也无现成的模式可遵循。

思想与实际结合，实践与理论互动，是继续开创中国特色社会主义新局面的必然选择。党校和行政学院是实践经验与理论规律的交换站、转换器。希望本文库的设立，能展示出中共福建省委党校和福建行政学院广大学人弘扬求是精神所取得的理论创新成果、决策咨询成果、课堂教学成果，以期成为党委政府的智库，又成为学术文化的武库。

马克思说："理论在一个国家实现的程度，总是取决于理论满足这个国家的需要的程度。"中共福建省委党校和福建行政学院的广大学人应树立"为天地立心、为生民立命、为往圣继绝学，为万世开太平"的人生境界和崇高使命，以学术为志业，以创新为己任，直面当代中国社会发展进步中所遇到的前所未有的现实问题、理论难题，直面福建实现科学发展跨越发展的种种现实课题，让现实因理论的指引而变得更美丽，让理论因观照现实而变得更美好，让生命因学术的魅力而变得更精彩。

中共福建省委党校 福建行政学院

《海西求是文库》编委会

摘　要

　　在实施创新驱动战略、建设创新型国家的进程中，金融的作用日益重要。近年来，国家有关部委陆续出台了一系列促进科技与金融融合发展的政策措施，引导金融资源向技术创新领域配置，使金融发展成为技术创新的触发器、引擎阀和加速器。金融发展包括总量增长与结构优化两个维度，与金融总量快速扩张和规模急剧扩大相比，金融结构的调整和优化明显滞后，这客观上导致中国加快金融结构性变革。同时，作为经济发展中的一个重要变量，金融制度的设计安排及其演化变迁对金融结构和技术创新的影响不容忽视。因而，在供给侧改革背景下，从技术创新视角审视金融结构优化与金融制度变革，不仅有突出的理论价值，而且还具有很强的政策指导意义。

　　本书的主要内容简要概括如下。首先，通过探讨金融工具与技术创新的理论关系机理，深入解析了银行融资与资本市场融资对技术创新的作用机理，回答了一个学界普遍关心的问题：银行融资在技术创新生命周期的某些阶段，对某种类型的技术创新也能发挥积极作用。这为之后的研究奠定了理论基础。其次，运用经济增长理论、创新理论、金融发展理论、制度经济学、新结构经济学和演化经济学等理论和方法，对金融结构演进的机理及其影响因素、金融结构差异对技术创新的路径影响以及技术创新模式变迁与金融结构演化的趋同化进行深入分析，并提出促进技术创新的最优金融结构。再次，通过引入影响金融结构的重要变量——金融制度，对金融制度与金融结构的协同演化进行分析，并针对中国金融抑制问题进行实证分析，提出了理论假说。在此基础上，提出计量模型，并运用主成分分析法提取指标，用计量方法对模型进行检验，充分验证了相关假说。最后，提出优化金融结构、变革金融制度的若干政策建议。

本书主要得出以下基本结论。

从技术创新全过程考察，不同金融工具适用于不同创新阶段。资本金融适用于技术创新研发试验阶段，而银行金融则适用于技术创新产业化阶段，二者在推动创新过程中具有相对比较优势，扮演着同样重要的角色。

金融结构与技术创新模式协同演化。金融结构影响技术创新模式，一般而言，以资本金融为主的金融结构主要表现为原始创新；以借贷金融为主的金融结构，多数倾向于模仿创新。技术创新模式的变迁也会影响金融结构演化，由于后起模仿国技术追赶，逼近技术先进国家，前者由模仿创新转向自主创新，资本金融比重将会逐渐增加，导致各国金融结构呈现趋同化现象。随着金融制度变革的深入，我国的金融结构也呈现与主要国家渐进趋同的特征。

我国金融结构中银行与政府的"双主导"特点对技术创新存在抑制作用，使最优金融结构产生偏离。我国金融发展对企业技术的创新作用不显著，成因在于资源配置方式有缺陷和金融体系的市场化程度不高，即存在"金融抑制"现象。在金融抑制的条件下，信贷市场存在普遍的利率管制，利率无法全面准确地反映资金供求的相对关系，导致超额需求的"过剩"和金融缺口的"短缺"并行出现，同时，信息不对称的存在减少了资金供给，加剧了科技型企业融资难、融资贵的问题。

金融制度是影响金融结构的重要变量。迄今为止，中国的金融制度变迁一直是以渐进式的增量变迁为主轨迹的，金融制度变革突出表现为在现有国有银行制度以外大力发展商业银行、资本市场。特别是对处于"新兴+转轨"的中国金融业发展来说，金融制度对金融结构的传导作用越发明显。金融严厉管制会导致金融结构扭曲，使得金融结构偏离最优均衡点。在此条件下，金融管制适度放松可以推进金融结构优化，最后成为技术创新的强大动力。

从实证检验结果来看，我国金融结构对技术创新存在抑制作用，金融结构对技术创新的渗透力、支撑力、影响力与推动力有待加强；金融制度对金融结构具有传导作用，特别是对处于"新兴+转轨"的我国金融结构来说更是如此；直接金融对我国技术创新的作用力度相对较大，这说明应加快发展多层次资本市场，逐步实现银行主导型金融结构向市场主导型金融结构转变。

本书的创新点在于以下三处。

第一，已有研究主要聚焦于金融结构影响技术创新这一单向视角，本书提出金融结构与技术创新模式是双向协同演化的：不仅金融结构影响技术创新模式，技术创新模式的变迁也会影响金融结构演化。当后起模仿国通过技术追赶，逐步逼近技术先进国家时，技术差距逐步缩小，技术模仿的空间也趋于有限，后发国家的技术发展策略将从技术模仿转向自主创新，此时，资本金融比重将会逐渐增加，这导致后发国家与先进国家的金融结构呈现趋同化现象。这一研究有助于深化对后发国家实施技术创新战略的系统认识。

第二，本书一改以往大多文献将研究焦点集中在对金融结构与技术创新之间简单关系描述的不足，通过引入金融制度变量，把金融结构与技术创新的协同演化置于金融制度变革这一背景下，将传统"金融结构—技术创新"的研究思路拓展为"金融制度—金融结构—技术创新"的新思路，得出金融管制适度放松可以推进金融结构优化从而成为促进技术创新的强大动力的新结论。这样的研究安排契合转型经济体的宏观体制背景和制度转轨要求，有利于准确把握我国技术创新与金融结构匹配的系统性制度变革要求，从而提升了研究结论和对策建议的理论和现实价值。

第三，本书基于演化分析范式，指出促进技术创新的最优金融结构就是适应技术创新不同性质和各个发展阶段要求的最适合、相匹配的金融结构，且这一结构也是处在不断动态演化和优化变迁中的。这一新的分析范式避免了对促进技术创新的两种金融结构孰优孰劣的简单论断，从"最优金融结构"其实就是不断演化发展的"最适金融结构"的视角来分析问题，有助于更深刻、更全面地揭示建设创新型国家、实施创新驱动战略进程中技术创新与金融结构的协同演化本质和动态发展规律，拓展当前供给侧结构性变革下金融结构演化、发展的深度与广度。

关键词：技术创新；金融结构；技术追赶；金融结构趋同化；金融制度

Abstract

Finance is playing an increasingly important role in the process of implementing innovation-driven strategy and building an innovation-oriented country. In recent years, the relevant state ministries have issued a series of policies and measures to promote the integration of technology and finance in order to guide the allocation of financial resources to the field of technological innovation so that the financial development will become a technological innovation trigger, engine valve and accelerator. Financial development includes two dimensions of gross growth and structural optimization. Comparing with the rapid expansion of the financial gross and scale, the adjustment and optimization of financial structure obviously lag behind. This phenomenon leads to the need for China to speed up the financial structural reform objectively. At the same time, as the financial system is an important variable in the economic development, the influence of it's design and evolution on financial structure and technological innovation can't be ignored. Therefore, this study which examines the financial structure optimization and financial system reform from the perspective of technological innovation has not only prominent theoretical value but also strong policy guiding significance.

The main content of this paper includes three tips. Firstly, through the discussion on the mechanism of the theoretical relationship between financial tools innovation and technology innovation, this paper has deeply analyzed the mechanism of how bank financing and capital market financing act on technology innovation, and has given answer to a question of common concern, that is, bank financing can also play a positive role in some certain stages of technological innovation life cycle to a certain type of technological innovation. It lays the theoretical foundation for the subsequent research. Secondly, by using the methods and theories of economic growth, innovation, financial development, institutional economics, new structure economics and evolutionary economics, this paper has analyzed the mechanism and influencing factors of financial structure evolution, the effect of financial structure differences on technological innovation path and the assimilation between technological innovation mode change and financial structure evolution, and has put forward the optimal financial structure to promote technological innovation. Thirdly, by introducing an important variable, financial system, which impacts on the financial structure, this paper has analyzed the coevolution of financial system and financial structure, implemented an empirical analysis on Chinese financial repression and raised the relevant theoretical hypothesis. Then the measurement model was proposed and the indexes were extracted by principal component analysis. The model was tested by means of measurement. Finally, this paper proposes some policy recommendations to optimize the financial structure and reform the financial system.

This paper mainly draws the following conclusions.

1. Considered from the whole process of technological innovation, certain financial instruments are only suitable for certain innovation stages. Capital finance is applied to the stage of the research and development of the technology innovation, and bank finance is applied to the stage of technological innovation industrialization. In the process of promoting the innovation, the above two have comparative advantages and play the same important role.

2. The relationship between financial structure and technological innovation model is co-evolutionary. On one hand, the financial structure will affect the mode of technological innovation. Generally speaking, the financial structure with capital finance as the main is mainly conducive to original innovation, while the financial structure with lending finance as the main mostly tends to

support the imitation innovation. On the other hand, the change of technological innovation model also influences the evolution of financial structure. Because the new imitation countries are approaching the advanced countries in terms of technology, the imitation space tends to be further narrowed, which drives the former to shift their technology development strategy from imitation innovation to independent innovation. Hence, their proportion of financial capital will gradually increase, leading to the phenomenon of global financial structure assimilation. With the deepening of the financial system reform, the financial structure of our country presents the characteristics of the gradual convergence with the major countries.

3. The banks and the government's "double leading" characteristics in Chinese financial structure will restrain technological innovation to some extent, thus causing the deviation from the optimal financial structure. The effect of China's financial development on technological innovation is not significant due to the lack of allocation of resources and the low degree of marketization of the financial system which is the "financial suppression" phenomenon. In the case of financial repression, the interest rate can not fully and accurately reflect the relative relationship between supply and demand of funds as a widespread interest rate control in the credit market, resulting in the parallel appearance of the excess demand "surplus" and the financial gap "shortage". At the same time due to the existence of information asymmetry to reduce the supply of funds, the financing of science and technology enterprises is increasingly difficult and costly.

4. The arrangements of financial system turn out to be an important variable affecting the financial structure. Severe financial control can lead to distortion of financial structure, and deviation from the optimal equilibrium point. Under these conditions, the financial control should be moderately loosed to promote the optimization of financial structure, and finally become a powerful driving force for technological innovation.

5. From the point of view of the empirical results, there does exist the phenomenon of inhibition in the financial structure of our country on

technological innovation. Financial structure's functions like penetration, support, influence and promotion on technology innovation need to be further strengthened. The financial system has conduction effect on the financial structure, especially to our country in the stage of "emerging and transition". Compared to indirect finance, direct finance have more functions on technology innovation in China. Therefore, it is shown that multi-level capital market should be developed quickly and gradual realization of the transition from bank dominated financial structure to market dominated financial structure should be achieved.

The innovation points of this study are as follows:

1. Different from the existing studies, which mainly focus on the financial structure affecting technological innovation by one-way perspective, this study presents the two-way coevolution of the financial structure and the mode of technological innovation. That is, not only does the financial structure affect the mode of technological innovation, but also the change of technological innovation mode influences the evolution of financial structure. Because the new imitation countries are approaching the advanced countries by technological imitation, the imitation space tends to be limited, which makes the post development countries to shift their technology development strategy from technological imitation to independent innovation. At that time, their proportion of financial capital will gradually increase, leading to the financial structure convergence between the post development countries and the advanced countries. This study will help to deepen the systematic understanding of the technology innovation strategy in the post development countries.

2. Covering the lack of simple description of the relationship between financial structure and technology innovation in the previous literatures, this study introduces the financial system variable, puts the coevolution of the financial structure and technological innovation in the background of financial system reform, expands the research thoughts from the traditional "financial structure-technology innovation" to the new "financial system-financial structure-technology innovation", and draws the new conclusion that the

moderate loose of financial control could promote the optimization of financial structure so as to become a powerful driving force to promote technology innovation. This study complies with the background of macro system and the requirement of system transition in transition economies, helps us accurately grasp the system transition requirements for technological innovation matching with financial structure, so as to enhance the theoretical and practical value in research conclusions and policy suggestions.

3. Basing on the evolution analytical paradigm, the study puts forward that the optimal financial structure to promote the technological innovation is the most suitable financial structure to adapt to the different nature and different development stages of the technological innovation, and this structure is also in constant change in the dynamic evolution and optimization. This new paradigm avoids to simply judge the superior between these two financial structures in promoting technological innovation, analyses from the perspective of the "optimal financial structure" which is actually the developing "suitable financial structure", contributes to profoundly reveal the nature of coevolution and the rule of dynamic development between technological innovation and financial structure during the building innovation-oriented country and the implement of innovation driven strategy, expands the depth and breadth of the evolution of financial structure under the current structured change on the side of supply.

Keywords: Technological Innovation, Financial Structure, Technology Catching up, Convergence of Financial Structure, Financial System

目 录
Contents

第一章

绪　论

金融结构与技术创新之间的关系一直是国内外研究者重视的领域。伴随经济体制改革的深入，我国的金融总量快速扩张，规模急剧扩大，然而金融体系中的结构性问题仍大量存在。基于理论背景和现实问题，笔者尝试研究金融制度变革、金融结构优化演进与技术创新的关联，并试图对促进我国从模仿创新到自主创新的转型过程进行金融结构层面的解读。本章从五个方面说明本书的基本背景，阐释本书的重要意义，并对基础概念、研究内容、重点难点、思路方法和特色创新等做出说明。

第一节　研究背景及意义

一　研究背景

科学技术是第一生产力，金融是现代经济的核心。加强和引导金融资源向技术创新领域配置，使金融创新和发展成为技术创新的触发器、引擎阀和加速器，进而成为促进科技成果转化、培育战略性新兴产业、提升产业创新活力的必要条件。历次产业革命发生、发展、演化的实践规律证明，技术与金融的紧密结合是全社会生产方式和生活方式发生根本性变革的重要引擎。第二次世界大战结束后，特别是 20 世纪 80 年代以来，技术创新与金融发展日益成为经济发展的两翼：金融发展可以使技术创新尽快获得资金支持和经济回报；技术创新产生的经济增长点又为金融发展提供实体经济载体。伴随 2007 年全球金融危机的爆发，全球经济快速增长的时代宣告结束，全球宏观经济面临再次调整的机遇和挑战，技术创新推动各国经济转型发展势在必行。

较高的技术创新水平和有效的金融创新服务是我国建设创新型国家的重要战略支撑。早在 1985 年，按照党中央、国务院颁布的《关于科学技术体制改革的决定》中有关"银行要积极开展科学技术信贷业务"精神，中国人民银行、国务院科技领导小组办公室发布了《关于积极开展科技信贷的联合通知》，标志着科技金融工作的启动。随后，科技与金融的结合逐年深入，有关部委出台了一系列促进科技与金融融合发展的政策措施，推动科技金融创新向更广领域、更深层次开展。从 20 世纪 90 年代的"科技兴国"战略到 21 世纪初的"建设创新型国家"战略，中国的科技创新活动进行得如火如荼，已经取得重大的经济效益和社会效益。在这样的背景下，我国把自主创新能力的培养提高到战略高度。

2005 年，党的十六届五中全会审议通过《中共中央关于制定国民经济和社会发展第十一个五年规划的建议》，首次将增强自主创新能力作为重要内容；同年，我国完成了国家中长期科学和技术发展战略规划的制定，自主创新成为这幅未来中国科技发展蓝图的基本色调。与此同时，国家也密集出台了各种促进科技进步的政策措施。2006 年国务院颁布了《国家中长期科学和技术发展规划纲要（2006-2020 年）》，从而确立了"自主创新、重点跨越、支撑发展、引领未来"的发展战略，把增强自主创新能力作为战略基点，并把"实施促进创新创业的金融政策"作为一条重要的政策和措施被专门提出。2006 年中共中央、国务院《关于实施科技规划纲要增强自主创新能力的决定》的出台，将自主创新提升为国家战略，并明确提出到 2020 年使我国进入创新型国家行列的目标，标志着中国进入"以实施自主创新战略为方针"、全面推进国家创新体系建设的新阶段。此后，国家各部委为落实纲要的精神，出台了一系列政策措施，如《实施国家中长期科学和技术发展规划纲要的若干配套政策》《关于商业银行改善和加强对高新技术企业金融服务的指导意见》《促进国家高新技术产业开发区进一步发展增强自主创新能力的若干意见》等。所有这些都表明，在经济全球化的今天，中国的经济社会发展发生了重大的战略转变，将从资源粗放型的增长方式逐步向资源集约化的增长方式过渡，而在这个过程中扮演关键角色的就是科技进步。

近年来，科技和金融结合工作取得了长足的进步。2010 年 12 月，科技部、中国人民银行、中国银监会、中国证监会、中国保监会联合印发《促进科技和金融结合试点实施方案》，该方案明确，培育和支持符合条件的高新技术企业在中小板、创业板及其他板块上市融资。支持和推动科技型中小企业开展股份制改造，完善非上市公司股份公开转让的制度设计，支持具备条件的国家高新区内非上市股份公司进入代办系统进行股份公开转让。2011 年，为落实《国家中长期科学和技术发展规划纲要（2006-2020 年）》和《国家"十二五"科学和技术发展规划》，促进科技和金融结合，推进自主创新，培育发展战略性新兴产业，支撑和引领经济发展方式转变，加快建设创新型国家，科技部、财政部、中国人民银行、国务院国资委、国家税务总局、中国银监会、中国证监会、中国保监会等八部委联合发布了《关于促进科技和金融结合加快实施自主创新战略的若干意见》（国科发财〔2011〕540 号）。该意见共 8 大项 26 条，是迄今为止参与部门最多、最系统、最全面的关于技术创新金融支持的政策建议。2011年 10 月，科技部、中国人民银行、中国银监会、中国证监会、中国保监会联合下发了《关于确定首批开展促进科技和金融结合试点地区的通知》（国科发财〔2011〕539 号），确定多个省份为促进科技和金融结合试点地区。加快促进科技和金融结合是深入贯彻落实科学发展观、推动创新驱动战略实施和创新型省份建设的重要举措，对于加快科技成果转化、增强自主创新能力、促进经济转型升级，具有重要意义。此后各地方政府积极参与科技金融建设，形成各有侧重点的科技金融模式。2012 年 7 月 6 日至 7日，全国科技创新大会在北京举行，大会强调，要促进科技和金融的结合，鼓励金融创新，拓展金融为企业科技创新服务的方式和途径，特别要加强对科技型中小企业的金融支持。要引导金融机构综合运用买方信贷、卖方信贷、融资租赁等方式，加大对科技型中小企业的信贷支持力度。充分发挥资本市场支持科技型中小企业创新创业的重要作用。大力发展创业风险投资基金，形成规范化、可持续的市场融资机制。2012 年 9 月，为加快推进创新型国家建设，全面落实《国家中长期科学和技术发展规划纲要（2006-2020 年）》，充分发挥科技对经济社会发展的支撑引领作用，深化科技体制改革、加快国家创新体系建设，中共中央、国务院颁布的《关于深化科技体制改革加快国家创新体系建设的意见》进一步明确强调，要促进金融与科技的结合，创新金融服务科技的方式和途径。在中央政策的大力支持和引导下，以政策性金融和银行贷款为主体，其他融资方式为补充的科技创新金融支持体系已经初步建立。

党的十八届三中全会通过的《中共中央关于全面深化改革若干重大问题的决定》明确提出要"深化科技体制改革"。其中关于"发挥各类创新要素配置的导向作用，激发中小企业创新活力，改善科技型中小企业融资条件，完善风险投资机制"的表述，为新时期我国科技创新金融支持体系建设指明了方向。2015 年 3 月，中共中央、国务院《关于深化体制机制改革 加快实施创新驱动发展战略的若干意见》中明确指出，创新是推动一个国家和民族向前发展的重要力量，也是推动整个人类社会向前发展的重要力量。面对全球新一轮科技革命与产业变革的重大机遇和挑战，面对经济发展新常态下的趋势变化和特点，面对实现"两个一百年"奋斗目标的历史任务和要求，必须深化体制机制改革，加快实施创新驱动发展战略。其中，迫切需要强化金融创新的功能，大力鼓励金融创新，特别是企业债券、产业整合融资、私募基金、风险投资等各种新金融手段，培育壮大创业投资和资本市场，提高信贷支持创新的灵活性和便利性，形成各类金融工具协同支持创新发展的良好局面，以此推动科技创新和产业升级换代。2015 年 12 月，国务院《关于进一步显著提高直接融资比重优化金融结构的实施意见》中明确提出：我国的金融改革方向就是建立以资本市场为主导的金融体系，不断提高直接融资比重。到 2020 年，基本建成市场化、广覆盖、多渠道、低成本、高效率、严监管的直接融资体系，直接融资比重显著提高。2016 年出台的《"十三五"国家科技创新规划》更是提出要建设国家科技金融创新中心，强调要发挥金融创新对创新创业的重要助推作用。

当前，全球孕育新一轮创新竞争高潮。"历史表明，每一次大的危机常常伴随一场新的科技革命；每一次经济的复苏都离不开技术创新。通过科学技术的重大突破，创造新的社会需求，催生新一轮的经济繁荣。"格哈特·门施（Gerhard Mensch）在《技术的僵局》[1]中写道，"重大基础性创新的高峰均接近于经济萧条期，技术创新的周期与经济繁荣周期'逆相关'，因而经济萧条是激励创新高潮的重要推动力，技术创新又将是经济发展新高潮的基础。"要把握住新一轮技术革命的机遇，全面深入推进科技与金融结合势在必行。

在过去三十多年里，总体看来，我国支持技术创新的金融结构的发展现状表现有以下两点。一是金融机构的多元化框架基本形成，已经具备了"全套金融机构"的基本特点（Goldsmith，1968）[2]。商业银行开始积极开展面向小微企业和科技企业的专门贷款，开发性银行也加大对技术创新的支持力度，科技银行模式在全国范围内迅速开展。但也应该看到，金融机构同质化、服务单一化带来的金融服务的可及性和弹性仍然较差，中小创新型企业的融资成本仍然偏高甚至得不到资金支持。二是多层次资本市场初步建立，但规模、功能和子结构等方面仍存在缺陷。有数据表明：截至2014年底，沪深两市上市公司2613家，其中，主板1475家、中小企业板732家、创业板406家，全年新增124家。沪深两市总市值37.25万亿元，居全球第二位，仅次于美国，全市场流通市值31.56万亿元，同比分别增加55.83%和58.14%；流通市值占总市值的84.72%，同比上升1.24个百分点。2014年，沪深两市总市值占国内生产总值（GDP）的58.53%。[3]但中国多层次资本市场在功能与结构、机制与层次、品种与服务等诸多方面还存在缺陷。

可见，长久以来，我国金融体制中存在深层次的结构性失衡和固有缺陷。对于现行金融体制下的我国金融结构来说，发展不合理甚至失衡状况导致了金融体系资源配置的低效性，制约了产业结构的调整和优化，从而阻碍了国民经济的健康、持续发展。

从全球范围来看，以互联网、人工智能、大数据等为核心的新一代信息技术不断涌现、快速兴起，已成为世界各强国改造传统产业、重塑实体经济竞争优势的重要战略。经过改革开放近40年的快速工业化进程，我国实体经济总体表现为"大而不强"的明显特征。党的十八大以来，虽然处于工业化后期的我国经济增长呈现增速趋缓、结构趋优的新常态，但推进实体经济由大变强仍然是紧迫的战略任务。当前，我国正处在实施创新驱动战略、建设创新型国家、实现经济发展方式新旧动能转换、促进经济结构转型升级的关键时期，加强引导金融资源向科技领域配置，促进科技与金融结合发展，是激发创新活力、增强创新动力的根本要求，是加快科技成果转化的重要举措，是深化科技体制和金融体制改革的必然选择，是增强自主创新能力、建设创新型国家的战略需要。特别是高科技产业和战略新兴产业的发展，对金融结构的优化和（资本市场）直接融资的发展提出了非常迫切的现实要求，提高直接融资比重的任务也愈加紧迫。

党的十九大提出推动互联网、大数据、人工智能等新一代信息技术和实体经济深度融合，为新时期实体经济发展指明了新的融合方向，新一代信息技术和实体经济的关系正从初步融合迈向深度融合的新阶段，数字经济浪潮正成为引领新常态、壮大新经济、打造新动能的主要"引擎"和推动供给侧结构性改革的"发动机"。因而，通过优化金融结构，促进金融资源更多流向实体经济特别是新数字经济，是提高实体产业的劳动生产率和全要素生产率，防止"脱实向虚"，从而打造制造强国、网络强国的重要战略选择。

二 研究意义

在理论上，本书研究的意义主要在于两方面。一方面，从理论层面阐述创新型国家建设的动力系统构建问题。相关的理论发展和体制机制的研究，可以加深对创新驱动产业经济转型发展的"技术-金融"双维动力及其协同演化的系统性理论认识，这对于后发国家的转型发展理论具有一定的学术价值。另一方面，可以从新的视野丰富和发展我国金融结构和技术创新理论，为我国创新型国家建设过程中选择金融结构与技术创新的最佳结合方式和路径提供一个有效的理论工具和解释框架。

在实践上，我们看到，虽然国家科技创新战略实施多年，在一些领域、一些方面我国科技创新也不断取得新的进展，但技术创新与我国经济社会发展的总体要求仍有较大距离，特别是标志性的、引领世界科技与产业发展的原始性技术创新成果依然鲜见。同时，在具有鲜明"父爱"特色的传统政府主导型经济发展模式下，政府仍然在金融体制和制度安排方面处于主导作用，金融制度演化呈现典型的"政府主导型"金融制度演化特点，这使得金融服务于技术创新的实践不尽如人意，科技与金融的耦合仍然不够深入，相关金融服务的体制和机制仍有待健全。这说明我国技术创新与金融结构的结合仍然存在较大问题，尚未形成金融结构助推技术创新的有效动力机制。本书以破解这一问题为主要目标，在正确把握我国技术创新与金融结构匹配的阶段性特点和制度性要求的基础上，具体设计技术创新与金融结构结合的最优方式和路径，并提出相关对策建议。这对于全面增强我国自主创新能力、促进创新型国家建设具有应用价值和实践参考意义。

第二节 概念界定

一 技术创新

按照熊彼特（J. A. Schumpeter）在《经济发展理论》中提出的创新理论，所谓创新就是通过"建立一种新的生产函数"（The Setting up of a New Product in Function），将从来没有过的关于生产要素和生产条件的新组合引入生产体系[4]。创新一般包括制造新产品（Manufacture of New Products）、采用新生产方法（Adopt New Production Method）、开辟新市场（Open up New Markets）、获得新供应商（Access to New Suppliers）和形成新组织形式（Form New Organization Form）五个方面。至今各专家学者以及研究机构对"技术创新"概念的定义莫衷一是。

表 1-1 是国内外学者对技术创新内涵的表述整合。

表 1-1　国内外学者对技术创新内涵的表述

	学 者	内 涵
国外学者	经合组织（1997）[5]	技术创新主要包括工艺创新、产品创新和原有工艺或产品的显著性技术变化（即原有产品和工艺的技术改良）
	S. Myers 和 D. G. Marquis（1969）[6]	技术创新是一个从提出新想法开始，通过解决问题，最终使新项目兼具经济和社会价值并得以成功应用的复杂过程
	R. Musesr（1985）[7]	技术创新就是将新思想转变为可投入市场的工艺或产品，之后通过对其功能、结构和市场方面的分析，将原理上的可行性转化为市场占有的可行过程
	J. M. Utterback（1988）[8]	创新是技术上的首次应用
	C. Freeman（1987）[9]	技术创新是指新产品、新服务、新系统和新过程的首次商业性转化
	P. Stoneman（1994）[10]	技术创新是科研成果的首次开发，通过销售，形成商业交易的完整过程
	Lynn（1996）[11]	从创新时序角度，认为"技术创新是始于对技术的商业潜力的认识而最终将其完全转化为商业化产品的整个行为过程"

续表

	学 者	内 涵
国 内 学 者	张培刚 (2002)[12]	技术创新是对生产力的研究，是一个通过新技术对旧技术的取代，推广于生产过程，最终推向市场，经过无限的反复循环而逐步提高的过程
	李京文[13]	技术创新是一个以市场为导向，以提高国际竞争力为目标，从新产品或新工艺设想的产生，经过研究与开发、工程化、商业化生产直到市场销售的过程
	傅家骥等 (1998)[14]	技术创新是企业家抓住市场的潜在盈利机会，以获得商业利益为目标，重新组织生产条件和要素，建立起效能更强、效率更高和费用更低的生产经营系统，从而推出新的产品、新的生产（工艺）方法，开辟新的市场，获得新的原料或半成品供给来源或建立企业的新组织，它是包括科技、组织、商业和金融等一系列活动的综合过程
	柳卸林 (2002)[15]	技术创新的新颖程度，在于其"首次"，以及与新产品的制造、新工艺过程或设备的首次商业应用有关的技术的、设计的、制造及商业的活动，包括产品创新、过程创新和扩散
	陈劲 (2006)[16]	从企业管理的角度，认为技术创新是从新思想的产生，到研究、发展、生产制造，再到商业化的过程
	吴贵生、鲁琨、 王毅 (2009)[17]	技术创新是指由技术的新构想，经过研究开发或技术组合，到获得实际应用，并产生经济、社会效益的商业化全过程的活动

综上，笔者认为技术创新是创新主体在产生创新思想和具体设想后，对新知识、新工艺、新技术及其组合进行研发、生产直至产品商业化、产业化的一系列活动过程。本书所指的技术创新主要包括原始创新和模仿创新。原始创新是指基于重大基础性科学发现、技术发明、技术攻关应用、原理性主导技术的创新，模仿创新是一种在引进技术的基础上，通过学习、分析、借鉴进行的再创新（雷家骕等，2013）[18]。技术创新阶段主要包括技术创新生命周期的微观切面——研发、成长、快速发展、稳定和升级或衰退期等五个阶段。

二 金融结构

金融结构指的是一个国家金融系统所表现出来的外部构成特征，包括金融市场、金融机构、金融工具等各自的规模和比例。国内外学者对金融结构的不同角度和不同认识见表 1-2。

表 1-2 国内外学者对金融结构内涵的表述

	学者	内涵
国外学者	戈德·史密斯（1990）[19]	金融机构与金融工具的形式、性质及其相对规模共同构成了金融结构，他开启了金融结构研究之门
	Demirguc-Kunt 和 Levine（1999）[20]	将金融结构定义为金融中介机构与金融市场的相对情况，突出了以市场为主导与以银行为主导的典型金融结构的划分；将金融结构分为不发达的银行导向型金融结构、发达的银行导向型金融结构、不发达的市场导向型金融结构和发达的市场导向型金融结构四类
	麦金农（1997）[21] 和肖（1988）[22]	金融深化是金融结构的动态调整和优化过程
	Allen 和 Gale（2000）[23]	根据各国股票市场与银行信贷间的比率来决定两种金融结构的划分，比率高表明金融体系结构是以金融市场为主导的（Market-based Financial System），比率低表明金融体系结构是以银行中介为主导的（Bank-based Financial System）
	〔日〕铃木淑夫（1987）[24]	包括金融制度、金融交易模式和交易机制三个相互依存的方面
国内学者	李茂生（1987）[25]	包括金融形式结构、金融业务结构、金融机构结构、金融调节机制结构、金融从业人员结构、金融市场结构
	王兆星（1991）[26]	由宏观管理结构（目标结构、决策结构、调控运行结构、政策结构、制度结构）、中观金融市场结构（信用形式结构、商品结构、市场交易结构、市场调节机制结构）和微观基础结构（组织结构、经营结构和资产负债结构）三个层次组成
	方贤明（1999）[27]	金融系统诸要素之间的内在联系方式或者配置格局，也就是构成金融体系的市场主体（金融机构、监管机构和非金融机构）、市场客体（金融工具或金融市场业务）在数量、规模、比例、份额等方面的关系

续表

	学者	内　涵
国内学者	刘仁伍（2002）[28]	将戈德·史密斯的概念进行扩展，认为金融结构是现存的金融工具、金融机构、金融市场和金融制度体系的总和（广义金融结构）
	王广谦（2002）[29]	构成金融总体的各个组成部分的规模、运作、组成与配合的状态
	白钦先（2003，2005）[30]	指出金融结构是一个复杂的、多层次的概念，并将其定义为："金融相关要素的组成、相互关系及量的比例。"狭义的金融结构侧重于金融工具结构和金融的资产结构之间的相对规模；广义的金融结构包括一定时间内的金融机构、金融工具、金融资产、金融组织、金融市场和金融体制等
	李健、贾玉革（2005）[31]	包括金融市场结构、融资结构、金融产业结构、金融资产结构、金融开放结构这五个方面，从宏观来看主要有金融市场的种类结构、金融资产的构成结构、金融业内部的行业结构和总量结构、间接融资与直接融资结构等
	林毅夫（2006）[32]	采用银行体系提供的国内信贷的新增额与本国企业通过股市获得的直接融资额的比例来度量金融结构

按照世界银行标准，以银行借贷融资为主的金融结构，称为银行主导型金融体系；以资本市场的股票、债券融资为主的金融结构称为市场主导型金融体系。但在统计口径上，二者之间略有区别。直接融资和间接融资的统计口径为增量法，更多的是指融资增量，即每年或一段时间内从资本市场和银行分别融通资金的总额。

$$直接融资比重 = \frac{非金融企业股票融资 + 企业债券}{社会融资规模} \times 100\%$$

而市场主导型和银行主导型的统计口径为存量法，更多的是指规模和存量，即一国的金融体系中，资本市场和银行的规模之比。

$$直接融资比重 = \frac{股市市值 + 政府债券余额 + 非政府债券余额}{银行贷款余额 + 股市市值 + 政府债券余额 + 非政府债券余额} \times 100\%$$

增量法与存量法存在一定的对应关系，总体上是一致的。一般来说，直接融资比重较高的国家都是市场主导型，间接融资比重较高的国家都是银行主导型。但两者也存在差异，资本市场融资增量容易受到经济波动影响，在经济衰退期间，资本市场低迷，直接融资额较低，即便是市场主导型的国家，直接融资比重也会大幅下降。2008 年美国发生金融危机后，次年资本市场的融资额大幅降低，IPO 融资额 289 亿美元，仅为危机爆发前的三分之一。增量法反映了短期内直接融资的增长情况，适用于制定短期政策目标，但也存在一定的局限性，如易受市场环境、政策影响，波动较大，且国际数据可得性差，难以进行国际比较等；而存量规模则相对稳定，国际数据可得性较好。因此，目前国际上普遍采用存量法来描述一国金融结构。

可见，金融结构的内容十分庞杂，由于研究的需要，学界主要从狭义的角度来界定金融结构，即与 King 和 Levine（1993）[33]、Levine（1997）[34]、林毅夫（2009）[35]等经常使用的金融结构相同，是指银行融资与资本市场融资的相对比例关系及其分工。它不仅反映了银行市场和金融市场相对的规模和效率，也反映了各种主要金融工具的运用程度。在统计口径方面，也采用存量法来衡量金融结构的高低。

三 金融制度

根据目前能够搜集到的文献，国内外学者对于金融制度并没有做出严格的并且得到广泛认可的定义。只是在 20 世纪 90 年代以来，学者们对金融体系的比较和设计问题（Boot and Thakor，1997[36]；Deidda and Fattouh，2008[37]）进行研究时，金融制度变迁和演化问题才开始得到重视。

目前国内外学者对于金融制度的定义有代表性的三种[38]。第一种定义认为，金融制度是构成金融结构的框架及各构成要素的有机综合体（铃木淑夫，1987[39]；魏杰等，1996[40]）。第二种定义，基于系统论，认为金融制度是指有关资金融通的体系或系统（Levine，1997；杨艳琳、陈银娥、罗昌盛，1998[41]；张笑玎，2005[42]），它包括资金供求个人及机构、各类金融机构、资金流通机制及金融监管机制。第三种定义，基于新制度金融发展理论，认为金融制度是指有关金融交易的规则（包括正式规则和非正式规则）、惯例和组织安排（范恒森，2000[43]；崔满红，2002[44]；江春、许立成，2006[45]），金融制度的内容涵盖了金融业务、组织机构和监管安排。

基于如上研究，笔者认为金融制度是指有关金融交易的全部制度安排、规则和秩序的集合，具体包括金融组织制度、金融市场制度和金融监管制度。这些规则和制度安排不但支配和影响金融市场的交易行为，还影响金融结构优化和演进的轨迹。需要强调的是，本书所研究的金融制度变革主要是指正式的金融制度，即作为"制度供给者"的政府通过利率、汇率、准备金率、准入监察、信贷规模、证券发行和业务创新监管等正式制度工具对金融中介和金融市场进行强有力的"制度约束"，进而对金融结构的形成、调整、优化和演变产生重要影响。

第三节　研究内容与重点、难点

一　研究的主要内容

总体而言，本书主要在借鉴国内外其他学者的研究成果基础上，对金融制度变迁、金融结构与技术创新之间的关系进行探讨和研究。

首先，对金融工具与技术创新进行理论分析。从金融功能观角度入手，深入解析了银行融资与资本市场融资对技术创新的作用机理。

其次，分析金融结构及其与技术创新的协同演化。金融结构的形成和演变普遍受到各国金融发展的初始条件，如经济发展水平、资源禀赋、体制背景、产业结构、经济外向度、文化传统、法律基础等的广泛影响。不同的金融结构对技术创新有差异性影响。银行主导型金融结构，以保本收息为目的，倾向规避高风险的创新领域投入；资本市场主导型金融结构，主要追求未来投资收益，偏好投向高风险、高收益创新领域，成为技术创新主力军。银行融资过多，资本市场融资不足，会造成创新抑制；反之，银行融资不足，缺乏对创新成果产业化的金融支持，也会造成创新过度和创新成果闲置。随着世界经济一体化步伐加快，由于后起模仿国技术追赶，逼近技术先进国家，前者由模仿创新转向自主创新，资本金融比重将会逐渐增加，导致后发国家与先进国家金融结构呈现趋同化现象。

再次，对金融制度与金融结构的演化机理进行分析。随着金融制度改革的不断深化，直接金融与间接金融的关系将逐步发生改变，呈现不同的金融结构组合。金融制度变革下，金融制度安排与变革会冲击金融结构的内部结构，资本市场主导型金融结构的比率上升有助于形成最优金融结构，进而有利于技术创新。

最后，运用计量方法对研究对象进行实证检验。从实证检验结果来看，金融结构对技术创新存在抑制现象，金融结构对技术创新的渗透力、支撑力、影响力与推动力有待加强；金融制度对金融结构具有传导作用，特别是对处于"新兴＋转轨"的我国金融结构来说更是如此；金融制度对技术创新的影响有滞后效应，原因在于金融制度变革受经济体制改革、科技体制改革等宏观制度改革的影响，且金融制度对技术创新的影响是通过金融结构的传导，具有一定的滞后性；间接金融对我国技术创新的作用力度相对较大且较为持久。

在以上结论的基础上，本书进一步得出优化金融结构的可行性路径。

二　重点解决的关键技术问题

第一，结合世情、国情，在实施创新驱动战略和推进创新型国家建设的背景下，运用经济增长理论、创新理论、金融发展理论、制度经济学、演化经济学和新结构经济学等理论和方法，对金融结构演进的机理、金融结构差异对技术创新的路径影响以及技术创新模式变迁与金融结构演化的趋同化进行深入分析，提出促进技术创新的最优金融结构。

第二，针对处于经济转型、制度转轨期的当下中国，分析我国金融结构促进技术创新的特殊性。针对中国金融抑制问题进行实证分析，研究如何通过金融制度变革，实现金融制度与金融结构的协同演化，进而对技术创新产生助推作用。

第三，如何选定合适的指标界定技术创新、金融结构、金融制度，并建立实证模型，以准确检验金融制度、金融结构与技术创新三者的相互关系。

三　拟突破的难点问题

第一，如何在新制度经济学理论和创新型国家建设实践背景下，深入挖掘金融结构差异对技术创新的路径影响以及技术创新模式变迁与金融结构演化的趋同化，并从金融制度变革的角度分析其对金融结构的作用机理。

第二，如何构建更为科学、合适的实证模型准确表达金融制度变革、金融结构与技术创新之间的作用机理。

第四节 研究思路与方法路径

一 基本思路和技术路线

本书在系统总结国内外关于技术创新与金融结构的理论与实践的基础上，针对当前该研究领域较为缺乏制度分析、演化分析这一现状，试图运用制度经济学分析方法对现有研究的不足之处进行完善，分析金融制度变革背景下金融结构影响技术创新的路径，揭示对技术创新产生影响的结构、制度等相关变量，提出相关假说（假说I、II、III、IV），并在此基础上运用计量经济方法进行实证检验，为优化金融结构、变革金融制度提供政策建议。

本书的总体框架见图 1-1。

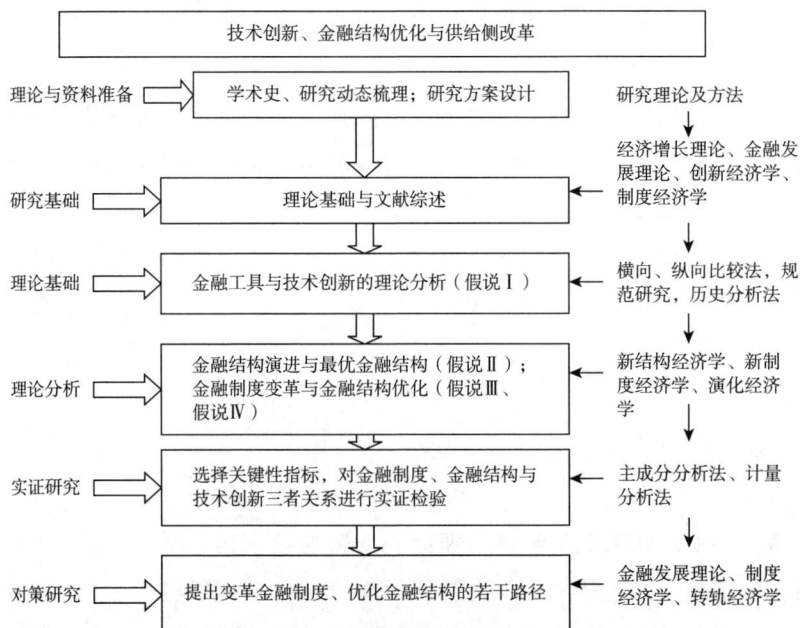

图 1-1 本书技术路线

二 拟采用的方法和手段

（1）理论研究与历史研究相结合

一方面，从金融结构影响技术创新的相关理论出发，分析金融结构演进的一般规律与总体演化趋势，在此基础上对不同性质、不同阶段技术创新及其与不同类型金融结构的协同演化进行分析，以奠定理论基础。另一方面，对美、英、德、日、法等国历史发展中金融制度、金融结构与技术创新的关系进行全面的历史分析，从中凝练出研究对象。

（2）比较分析与制度分析相结合

一方面，对美、英、德、日、法等国金融结构对技术创新的影响进行比较研究，总结其中的经验，以获得对我国金融结构发展的若干启示；另一方面，从制度变革层面探讨我国金融结构扭曲的制度成因以及金融制度变革通过对金融结构的传导而促进技术创新的综合影响。

（3）规范研究与实证研究相结合

一方面，规范分析支持金融制度变革、金融结构与技术创新的理论关系问题；另一方面，通过构建金融制度、金融结构与技术创新三者相互关系的计量模型，通过主成分分析法选定技术创新、金融结构、金融制度的核心指标，并借助 Eviews 软件对我国近年来的相关数据进行实证分析，根据实证结果，采用规范分析方法探讨促进我国技术创新的金融结构优化和金融制度变革的路径设计和政策选择。

第五节 研究特色与创新之处

本书争取在以下几方面有所创新。

第一，已有研究主要聚焦于金融结构影响技术创新这一单向视角，本书指出金融结构与技术创新模式是双向协同演化的：不仅金融结构影响技术创新模式，技术创新模式的变迁也会影响金融结构演化。当后起模仿国通过技术追赶逐步逼近技术先进国家时，技术差距逐步缩小，技术模仿的空间也趋于有限，后发国家的技术发展策略将从技术模仿转向自主创新，此时，资本金融比重将会逐渐增加，这导致后发国家与先进国家的金融结构呈现趋同化现象。这一研究有助于深化对后发国家实施技术创新战略的系统认识。

第二，本书一改以往大多文献将研究焦点集中在对金融结构与技术创新之间简单关系描述的不足，通过引入金融制度变量，把金融结构与技术创新的协同演化置于金融制度变革这一背景下，将传统"金融结构—技术创新"的研究思路拓展为"金融制度—金融结构—技术创新"的新思路，得出金融管制适度放松可以推进金融结构优化从而成为促进技术创新的强大动力的新结论。这样的研究安排契合转型经济体的宏观体制背景和制度转轨要求，有利于准确把握我国技术创新与金融结构匹配的系统性制度变革要求，从而提升了研究结论、对策建议的理论和现实价值。

第三，本书基于演化分析范式，指出促进技术创新的最优金融结构就是适应技术创新不同性质和各个发展阶段要求的最适合、相匹配的金融结构，且这一结构也是处在动态演化和优化变迁中的。这一新的分析范式避免了对促进技术创新的两种金融结构孰优孰劣的简单论断，从"最优金融结构"其实就是不断演化发展的"最适金融结构"的视角来分析问题，有助于更深刻、更全面地揭示建设创新型国家、实施创新驱动战略进程中技术创新与金融结构的协同演化本质和动态发展规律，拓展当前供给侧结构性改革背景下金融结构演化、发展的深度与广度。

第二章
理论基础与文献综述

本章主要对以往相关理论和研究文献进行系统的梳理与述评，共分为三个部分：第一部分是围绕相关的理论基础——经济增长理论、创新经济学和金融发展理论进行梳理；第二部分是对国外和国内的相关文献进行全面综述；第三部分是对现有相关研究的评析，从中提炼和归纳出基本的研究方向，为本书的相关理论假设和检验奠定基础。

第一节　理论基础

一　经济增长理论

有关货币金融与经济增长关系的理论可追溯到重商主义时期，重商主义（Mercantilism）主张"财富是金银、财富来源于贸易"，认为金银的增加意味着经济的增长。早期重商主义亦称"货币主义"（Monetarism）、货币差额论或重金主义（Bullionism）、金块主义。苏格兰经济学者约翰·罗（John Law）[46]认识到，货币是使国家富强的关键，增加货币供应对于促进生产和贸易具有重要作用，为此熊彼特称约翰·罗为"通货管理思想的真正鼻祖"。重商学派之后，古典经济学认为，作为流通手段的货币只是符号。"萨伊定律"[47]更鲜明指出，货币对实体经济的影响只是一层"面纱"，是对经济增长无内在联系的"外生"变量，但与货币密切联系的各种金融活动，尤其是银行的建立和发展是实体经济增长的重要因素。亚当·斯密（A. Smith）在其《国民财富的性质和原因的研究》[48]一书中，充分肯定了货币和银行在经济发展中的作用，形成了今天被普遍接受的"金融中介在金融体系中的资金分配与再分配职能"的观点。斯密关于银行的"信用媒介论"观点注重银行信用在产业发展中的促进作用，对此后经济学家产生了深远的影响。如李嘉图（David Ricardo，1817）[49]分析了银行在发行信用货币（Issue of Credit Currency）、提供货币资本媒介（Monetary Capital Medium）、节约流通费用（Save the Cost of Circulation）方面的作用；古典经济学的集大成者约翰·穆勒（J. S. Mill，1948）[50]提出银行信用还可以发挥资本再分配功能。马克思（Karl H. Marx，1867）在巨著《资本论》[51]中深刻阐述了关于内生货币、技术进步和积累相结合在社会资本再生产中作用的思想。古典经济学派的"信用媒介论"正确指出了银行的信用媒介功能，但它忽视了银行在信用活动中具有信用创造的能力。

20世纪50年代以后，索洛（R. M. Solow）等人对哈罗德-多马模型（Harrod-Domar Model）进行了修正和发展，指出了"索洛剩余"（Solow Residual）[52]用于衡量和计算技术进步所做的贡献，以此建立了资本积累与经济增长关系模型，来表达由综合要素生产率带来的产出增长。相关模型中的"资本"概念很大程度上是"金融"与"技术"的有机结合体。此后，托宾（J. Tobin）在其《动态总体模型》（1955）[53]和《货币和经济增长》（1965）[54]中，首次将货币金融因素引入经济增长的研究，形成了货币增长理论的雏形。受其启发，英国经济学家约翰逊（H. G. Johnson）[55]及以色列经济学家帕廷金（D. Patinkin）[56]等一批学者先后提出"货币增长理论"（Monetary Growth Theory）。

20世纪80年代，Romer（1986）[57]和Lucas（1988）[58]的内生增长理论强调金融发展能够通过鼓励资本积累促进增长。Pagano（1993）[59]从资本积累角度，将金融部门引入AK内生增长理论模型，提出金融市场的出现能有效分散风险、减少预防性储蓄需求、降低储蓄率，这为研究金融发展（货币银行和金融市场）对经济增长的作用机理及其运行机制提供了基本的分析框架。

二　创新经济学

创新理论先驱熊彼特早在 1912 年就已经在其著作《经济发展理论——对于利润、资本、信贷、利息和经济周期的考察》中强调金融变量如资本、货币、信贷和利息等在"颠覆性破坏"（Creative Destruction）中的重要作用，他认为"创新"是不断催生经济新发展的根本动力和实质内涵。伴随创新而出现的新产品、新工艺、新材料会促进生产要素的重新组合，对银行信用产生了需求，从而产生了"信用创造论"（Theory of Credit Creation），即信用扩张创造资本，信用就是货币，货币供需匹配形成了整体经济的信用创造。这在一定意义上体现了金融的本质：资金融通和流动性信用创造。该思想奠定了 McKinnon 和 Shaw 的金融发展理论以及内生增长理论产生的思想基础，也与列宁和希法亭关于货币金融与金融资本的马克思主义经典论述有许多相近之处。列宁在其 1916 年出版的《帝国主义是资本主义的最高阶段》[60]一书中强调金融资本同生产集中和垄断的内在联系；希法亭在其《金融资本》[61]中强调的金融资本不再是借贷资本或银行资本，而是作为银行资本与产业资本联系密切化的一种新资本统一体和资本最高形态。但熊彼特更强调金融资本对于创新、创新周期过程的重要作用。除此之外，熊彼特还富有创见地把信用扩张与经济周期理论联结起来加以深入研究。

20 世纪 90 年代以来，许多学者深化和拓展了金融发展与创新这一分析框架，其中一个重要进展是新熊彼特主义（Neo-Schumpeterism）的复兴。Aghion 和 Howitt 在其 1998 年出版的《内生增长理论》[62]一书中，通过阐述 Schumpeter 方法对技术创新的创造性破坏（Schumpeter's Creative Destruction）作用进行了深入分析。Demirguc-Kunt 和 Levine（2011）[63]基于熊彼特范式内生增长理论（Neo-Schumpeterism），通过构建引入金融部门及其创新行为的内生经济增长模型，指出金融创新（特别是金融体系创造对创新过程的高效率筛选机制）是持续性技术创新的动力源泉。

三　金融发展理论

自 20 世纪六七十年代以来，金融发展理论（Financial Development

Theory）经历了萌芽、创立、发展与深化几个阶段的演化，其理论触及的领域、深度和广度都有了较大的提升。经过约五十年的发展，金融发展理论的发展经历了三大重要阶段，亦称作三代金融发展理论。

（一）传统的金融发展理论

1. 金融结构论

戈德史密斯（Goldsmith，1969）在其著作《金融结构与经济发展》（*Financial Structure and Development*）[64]中系统阐述了一国金融结构与经济发展的理论关系，此书被誉为现代金融发展理论的开创研究和奠基之作，戈德史密斯本人也被誉为"金融结构理论之父"。他认为，"金融发展的实质就是金融结构的变化"。其中，用以衡量金融相对规模或金融结构的最重要的一个指标是金融相关比率（Financial Interrelations Ratio，FIR），即全部金融资产与全部实物资产（即国民财富）的价值之比，并认为 FIR 也是作为金融自由化指标体系中的一个基本指标，FIR、间接融资与直接融资的比例变化呈现一定的规律性，随着金融发展经历金融增长、金融调整和金融稳定三个阶段，直接融资所占比重上升，FIR 先快速上升，然后趋于某个稳定值。金融结构论的提出奠定了金融发展理论的基石。

2. 金融抑制论

麦金农（Mckinnon，1973）在其著作《经济发展中的货币与资本》（*Money and Capital in Economic*）[65]中提出金融抑制理论（Financial Repression），认为大多数发展中国家普遍存在金融抑制，在经济、金融发展的过程中存在政府对金融体系过多干预压制了金融体系发展的问题，随之又造成金融抑制的恶性循环，其显著表现就是金融市场不健全、金融结构缺陷、金融工具单调和"经济结构的分割性"。

3. 金融深化论

肖（Shaw，1973）在《经济发展中的金融深化》（*Financial Deepening in Economic Development*）[66]一书中提出了金融深化（Financial Deepening）的概念。肖认为金融深化突出地表现为政府减少对金融市场体系的过度干预，放松对利率和汇率的严格管制，强调发展中国家和转轨国家通过不断完善金融市场，消除金融抑制而走向金融深化。

在麦金农和肖的理论视野中，金融抑制与金融深化是其理论推演的两个方面，金融抑制的存在促使金融深化观点的提出。

4. 金融约束论

20 世纪 90 年代以来，赫尔曼（T. Hellman）、穆多克（K. Murdock）和斯蒂格利茨（J. Stiglitz）等新凯恩斯主义经济学家在《金融约束：一个新的分析框架》（Financial Restraint：Toward a New Paradigm）[67] 一文中，根据东亚发展中国家金融自由化的发展经验，从不完全信息市场的角度，提出了"金融约束"（Financial Restraint）的重要概念和理论框架。该理论认为金融约束不等同于金融压抑。发展中国家无法通过金融自由化进程实现金融深化的政策目的，而应通过一系列金融政策，如控制存贷款利率、限制市场准入、管制竞争等，为金融市场主体和生产部门创造租金机会，调动其积极性，从而推动经济增长。金融约束是发展中国家从金融压制到金融自由化发展的一种过渡形式。

（二）功能观下的金融发展理论

在戈德史密斯提出"金融结构"的概念之后，部分学者开始讨论银行主导的金融结构（Bank-based Financial Structure）与市场主导的金融结构（Market-based Financial Structure）对促进经济发展的作用。双方尚未取得定论。针对这场争论，以默顿（Merton and Bodie，1995）[68] 为代表的"功能分析范式"论认为，金融功能优于金融组织结构，机构的形式会随功能而变化，金融功能比金融机构更稳定，如支付清算（Gurley and Shaw，1960[69]；Diamond，1984[70]；Oldfield and Santomero，1997[71]）、信息提供（Benston George，1976[72]；Leland and Pyle，1977[73]；Campbell and Kracaw，1980[74]；Diamond，1984[75]；Gale and Hellwig，1985[76]；Boyd and Prescott，1986[77]；Boyd and Smith，1992[78]）、降低交易成本（Gurley and Shaw，1960；Benston George，1976）、监督（Shleifer and Summers，1988[79]；Franks and Mayer，1990[80]；Gorton and Winton，2002[81]）、风险管理功能（Allen and Santomero，1998[82]；Scholtens & Wensveen，2000[83]）等。而金融中介与金融市场在金融体系中的构成只是一个次要问题（Secondary Issue）（Crane et al.，1995[84]）。

金融功能服务观由莱文（Levine，1997）提出。他认为，金融系统的功能（如管理风险、配置资源、监督管理和公司治理、强化储蓄流动、促进产品和服务交换等）是通过金融系统及其产品所提供的各种服务来表现出来的，银行和市场在提供服务方面的区别并非首要。该理论也大大扩展了金融发展理论。

（三）金融发展新理论

20 世纪 90 年代末，美国哈佛大学和芝加哥大学的 La Porta 等（1997）[85] 开创了金融学和法学交叉的新兴理论。随后许多学者从交叉学科视角，如从政治学、制度学、文化学、心理学和社会学等不同学科角度，研究导致不同国家和地区金融发展水平差异性的深层原因，并进行相应的实证检验。这极大地丰富了金融发展的理论体系，使金融发展理论呈现多学科互动、综合化研究的繁荣态势。

四 新结构经济学

林毅夫在 2008~2011 年任职于世界银行时，领导研究了"新结构经济学"项目，构建了一国"资源禀赋—比较优势—企业自生能力—符合比较优势的产业发展战略—经济发展"的理论框架（韦森，2013）[86]。不同于传统结构主义（或称政府干预主义）片面强调"市场失灵"、新自由主义片面强调"政府失灵"，新结构经济学显然采取了一种折中办法，既强调市场的决定性作用（从而否认了市场失灵），又强调政府的"充当健康的新兴产业的助产士"作用（从而否认了政府失灵）。它既不是对前两者的完全否定，也不是前两者的简单加总，而是在前人已经取得的理论认识的基础上，总结发展中国家的实践经验而得到的一个新的思想飞跃和理论概括（张曙光，2013）[87]。西方主流经济学理论（新古典经济学）是以给定不变的生产函数求解最优资源配置，在这种模型中发展中国家和发达国家只有量的差异没有质的区别；新结构经济学则全部颠覆过来——以给定的禀赋结构求解最优的生产函数及其动态变化，在这种模型中发达国家和发展中国家既有量的差异也有质的区别。这种范式的转变实际上是根源于林毅夫教授与主流发展思想的不同：西方主流理论是以最发达国家（或地区）作为参照，看发展中国家（或地区）和发达国家（或地区）相比缺什么或有什么做得不好，以此来改造发展中国家（或地区）；而新结构经济学则完全颠覆过来了，以发展中国家（或地区）自身有什么（禀赋条件）出发，在此基础上把现在能够做好的（比较优势）做大做强，逐步实现发展。新结构经济学的理论体系非常庞大，涵盖了经济发展过程中经济结构及其变迁现象的方方面面，其中心思想可以概括为发展与转型以及市场和政府在其中的作用[88]，在经济发展过程中需要"有效的市场"和"有为的政府"共同作用的基本政策主张。

新结构经济学之新，一方面承认结构主义所推崇的发达与欠发达国家的经济结构的差异，以及政府在经济发展中的作用；另一方面倡导以新古典经济学的方法来分析经济结构及其变迁，以及政府、市场在此过程所起的作用（林毅夫，2012）[89]。新结构经济学的要点在于：第一，一个经济体的要素禀赋结构随着发展水平动态变化，从而最优产业机构及其所需的基础设施也不同；第二，经济发展水平是从低收入农业经济到高收入工业经济的连续频谱，不是简单的穷与富的二分法；第三，市场是配置资源最有效率的根本机制，且政府也必须发挥提供基础设施改进以及补偿外部性的作用，同时做好"增长甄别与因势利导框架"工作以促进产业多样化和升级。新结构主义综合继承并发扬了结构主义、新古典主义的分析框架，为欠发达国家经济发展战略提供了新的思路。然而作为新兴的发展观点，新结构经济学只是具备了一个研究框架，缺乏"血肉"支持，有许多问题还需要回答：政府行为的激励与约束、比较优势和产业外部性的甄别、外商直接投资与经济安全、产业政策失败的代价、比较优势与后发劣势的关系等。

林毅夫等（2006，2008[90]，2009a[91]，2012a[92]，2012b[93]）提出了新结构经济学最优金融结构理论，其核心观点是，经济体的每一个发展阶段都有其特定的要素禀赋结构，并由此内生决定了与其相适应的最优产业结构、相关风险的性质和企业规模的分布。由于不同行业的企业具有不同的规模特征、风险特征和融资需求，实体经济对于金融结构的需求随着发展阶段的变化也会有所不同。只有当金融结构的特征与当前最优产业结构需求相匹配和适应时，金融体系才是最有效率的，而金融结构也才是最优的。中国现阶段的要素禀赋结构决定了中小企业是最优产业结构中的主要企业类型。因此，最优的金融结构必须能够适应中小企业发展需要、满足其发展对外部资金的需求。

五 供给侧结构性改革理论

(一) 供给侧管理和需求侧管理代表两种不同的经济思想

供给侧管理是通过对总供给的调节来达到宏观经济目标。与之对比，需求管理假定生产要素的供给为既定的条件下对总需求的调整和控制。在经济学理论中，供给侧管理代表了新古典主义学派的经济思想，而需求侧管理则代表了凯恩斯主义的经济思想。

需求侧管理强调可以通过提高社会需求来促进经济增长。需求侧管理的理论基础来自凯恩斯的国民收入均衡分析，即我们所熟知的：

$$Y = C+I+G+NX$$

其中，Y 代表总产出，C 是消费，I 是投资，G 是政府支出，NX 是净出口。凯恩斯认为因为需求不足，当期的实际总产出 Y 可能会低于潜在产出 Y^*。在此情况下，政府可以通过调节有效需求（货币政策降低利率 r 刺激投资 I，或者财政政策直接增加 G）来使得总产出达到潜在产出。

供给侧管理强调通过提高生产能力来促进经济增长。供给侧管理的理论基础来自经济增长理论中的生产函数，一般形式是：

$$Y = F(A,K,L)$$

其中，Y 代表总产出，F 是一个函数形式，K 是资本存量，L 是劳动投入，A 是全要素生产率。这里资本 K 和劳动 L 是生产投入要素，其要素价格分别是利率 r 和工资 w。A 代表效率，A 越大意味着相同的资本和劳动投入可以有更大的产出，A 包含了除资本和劳动以外的其他全部要素，故称为全要素生产率。影响 A 的常见因素包括技术、制度、自然条件等。区别于 K 和 L 等生产要素"量的增加"，全要素生产率取决于生产要素质的提升，主要包括技术进步、人力资本提升、生产组织方式改善等。

产出 Y 的提高可以通过增加要素投入 K、L（所谓的"要素投入驱动"），以及提高 A 实现。不过增加 L 不会提高人均产出（除非人口结构变化），资本投入 K 达到稳态均衡后便对经济增速没有贡献。所以现代经济增长理论一致认为，从长期看，全要素生产率 A 的提高是经济增长的唯一源泉，因此经济增长的核心问题就是要想办法提高全要素生产率 A。

（二）供给侧改革的内容

供给侧管理强调通过提高生产能力来促进经济增长，而需求侧管理强调可以通过提高社会需求来促进经济增长，两者对于如何拉动经济增长有截然不同的理念。需求侧管理认为需求不足导致产出下降，所以拉动经济增长需要"刺激政策"（货币和财政政策）来提高总需求，使实际产出达到潜在产出。供给侧管理认为市场可以自动调节使实际产出回归潜在产出，所以根本不需要所谓的"刺激政策"来调节总需求，拉动经济增长需要提高生产能力即提高潜在产出水平，其核心在于提高全要素生产率。政策手段上，包括简政放权、放松管制、金融改革、国企改革、土地改革、提高创新能力等，从供给侧管理角度看，本质上都属于提高全要素生产率的方式。

（三）供给侧管理的海外经验

供给侧管理和需求侧管理在各国的经济政策应用中通常都是交织在一起的。从海外的历史经验看，能够较为明确地被贴上"供给侧管理"标签的主要是美国里根政府时期和英国撒切尔夫人时期的经济政策。这两个时期经济政策的大背景都是 20 世纪 70 年代中后期提高需求的"刺激政策"使得两国出现了明显的"滞胀"现象，而凯恩斯主义对此无能为力。

里根政府的经济政策。里根政府 1981 年上台伊始便提出了长达 300 页的"经济复兴计划"。财政上，大规模削减个人及公司所得税并压缩联邦政府开支；货币上，收紧货币以控制通胀。同时进行了大规模的经济改革，减少政府干预、放松行业管制。这些改革措施取得了较好的成效，滞胀问题得到了有效解决。

撒切尔夫人的经济政策。1979 年撒切尔夫人出任英国首相，她的经济政策主要包括：国有企业私有化，即英国的国企改革；削减福利开支，压缩财政开支；控制货币，降低通货膨胀率；开放市场和降低税率；打击工会力量。

（四）"真正的创新都发生在供给侧"

全国政协委员、华夏新供给经济学研究院院长贾康认为，实现供给侧改革就要稳稳抓住"全要素生产率"（Total Factor Productivity），即科技创新与管理制度，充分调动创新者的积极性，因为"真正的创新都发生在供给侧"[94]。

供给侧结构性改革的核心在于通过科技创新来提高全要素生产率。因此，推动供给侧结构性改革，最后都要落在创新驱动发展、培育创新型经济上。当今时代，是经济全球化背景下的社会化大生产时代。在这样的时代，成功的创新将会在世界范围内以几何级速度扩散开来，供给将创造出波澜壮阔的需求，改变全球经济格局。与需求侧调控相比，供给侧结构性改革将更有利于催生颠覆性创新。供给侧结构性改革意味着经济思维、政策思维的深刻调整。供给侧结构性改革一旦成功，中国经济将会开启创新驱动的新纪元。

第二节　文献综述

一　国外文献

金融结构对技术创新的推动和支持作用是研究金融结构与技术创新两者关系的主要方面。国外学者从不同视角论证不同金融结构功能对技术创新的重要作用，主要形成了三种不同观点：银行主导型、市场主导型和综合利用型。

（一）银行主导型金融结构

早在 20 世纪初，Schumpeter（1912）就比较明确地提出：银行具有"信用创造"的功能，能够辨别筛选出优质创新型企业和企业家，并对其提供信贷支持以实现货币供需匹配。Gerschenkron（1962）[95]认为相对于金融市场来说，银行更有利于后发发展中国家相关产业的扩张。Gurley 和Shaw（1960）、Patrick（1966）[96]、Shaw（1973）[97]从储蓄与投资有效转化的角度，认为银行中介有助于实现储蓄的快速积累，回应社会投资需求，是提高社会投资效率、优化资金资源配置的强有力手段。Goldsmith（1969）[98]认为银行可以更好地解决金融服务过程中信息不对称所导致的风险问题，因此，银行主导型的金融结构更有利于技术创新。同时，银行在信息的搜集和处理方面具有优势，有利于资源配置和经济发展。Diamond（1984）就认为银行能够通过专业的渠道掌握企业更多的信息，从而具有比个人投资者更强的监督作用。Stiglitz（1985）[99]指出，银行能较好解决个人投资者获取企业经营信息的"搭便车"行为，而且长期的银企合作关系有助于集聚全面翔实的企业信息，从而在控制风险的条件下为企业技术创新提供资金。

20世纪90年代以来，许多学者通过理论模型证明了金融中介有利于减少信息收集处理成本（Boyd and Prescott，1986）、降低监督成本（Bencivenga and Smith，1993[100]）、分散风险（Acemoglu and Zilibotti，1997[101]）、便利交易（Greenwood and Jovanovic，1990[102]），从而促进了经济转型发展。Berger 和 Udell（1990）[103]认为银行通过要求企业提供资产抵押并保留债务清偿权，不仅能对企业的道德风险行为进行约束，还能将经营能力较弱的企业从市场中筛除，达到降低信息不对称的目的。King 和 Levine（1993）通过内生增长模型研究了金融中介在技术创新中发挥的作用，强调金融中介发展可以降低甄别具有创新精神的企业家的信息成本。Boot、Greenbaum 和 Thakor（1993）[104]强调金融中介通过汇聚、集成、研判相关企业信息来有效传导给金融市场，实现对金融市场的有效激励。Dewatripont 和 Maskin（1995）[105]、Xu 和 Huang（1999）[106]提出适度竞争型的银行结构对于技术创新活动是相当具有促进作用的，能够有效满足企业进行技术创新所需的外部融资需求。Deidda 和 Fattouh（2008）的研究表明银行主导型的金融体系在跨期风险分担方面优于市场主导型的金融体系。青木昌彦（2001）[107]通过比较研究发现，日本银行制度和德国全能银行制度对于两国产业发展均起到巨大推动作用。Degryse 和 Ongena（2001）[108]指出，银行信贷资金倾向于投资到存在一定研发投入水平的企业中，因为银行信贷收益依赖于向经营成功的企业持续贷款，因而企业"创新还是破灭"的两难困境将迫使其不断重视创新，否则其会陷入产品、市场和发展路径的不利环境中，从而失去竞争优势。因此，银行信贷会规避投资资源到不创新的企业中。进一步，David 等（2008）[109]指出，强调创新投资的企业可以通过银行信贷来保证融资的灵活性。因此，创新投资可以创造更大的银行信贷融资机遇。然而，如果企业的创新投资水平过高，同样会引起银行部门的关注，因为创新投资具有很高的风险性，这样企业失败的可能性会随着创新投资的过多而变得很高。尽管信贷资金供给者可以获取企业的专有信息，但其本质上是企业的外部人员。Boot（2000）[110]指出，高创新投资水平意味着企业的战略性知识存量较多且不透明性较高，并且这样的企业抵押资产相对较低，容易导致银行部门并不会完全了解企业的内部运作，进而不能有效参与到企业的管理过程中。此时，银行信贷会尽量规避给这类企业提供创新资金。Da Rin 和 Hellmann（2002）[111]研究认为，银行也能成为新兴市场中的产业催化剂，在促进新产业形成、驱动产业成长方面发挥了创造性作用。Black 和 Strahan（2002）[112]发现，随着美国银行业竞争的加剧和各银行的整合，新企业出现的速度和频率越来越快，小企业越来越容易得到银行贷款。Carlin 和 Mayer（2003）[113]提出金融系统的结构和经济结构以及不同行业的发展密切相关。就银行而言，银行业的发展促进了依赖于银行融资的行业的发展，这一点在不发达国家尤为明显。Chakraborty 和 Ray（2006）[114]的研究认为，以银行为基础的金融结构可以解决企业家的道德问题，并促使企业家从事好项目，从而促进经济结构的转型。Bertrand 等（2007）[115]基于法国银行业放松管制的背景，认为竞争高效的银行体系有助于营造熊彼特式的“创造性破坏”，并将其视作金融发展与经济增长关系的微观基础。Deidda 和 Fattouh（2008）[116]指出由于具有监督和甄别投资项目的作用，银行可以促进经济增长。Benfratello 等（2008）[117]以意大利各省银行数据为依据，通过面板数据模型实证检验了银行发展对技术创新的影响，认为银行信贷发展可以降低其固定投资支出的现金流敏感性，增加其从事创新的可能性，尤其增加高技术企业及小企业的过程创新可能性。Karjalainen（2008）[118]实证研究 10 个国家金融体系的发展对企业创新和未来收益间的关系，发现经济体中以银行为基础的融资相对于以市场为基础的融资比例增高，企业的创新投入和未来收益均会增加。Bauma（2011）[119]指出以银行为基础的金融体系使得融资约束的企业更易于获得外部融资。Wang 和 Thornhill（2010）[120]融合交易成本经济学（TCE）分析框架指出，过低或过高的企业创新投资会限制其获取银行信贷融资的能力，二者呈现"倒U"形关系。Song 等（2011）[121]考察了银行体系对中国经济增长、投资回报、贸易盈余、要素再分配等方面的影响，发现在信息非对称的情况下银行更倾向于支持出口产业的发展。Hanley 等（2011）[122]采用中国 2001~2004 年省级面板数据，发现银行的发展显著促进了各省专利活动，FDI、政府干预对技术创新有正向促进作用。Sheng（2012）[123]指出，创新投资和银行体系发展之间的本质关系在于，银行发展可以影响企业选择项目的性质、内部投入品的质量以及创新的有效性。类似观点也有很多，如 Baum 等（2011）[124]、Ujunwa 等（2012）[125]均认为"银行主导型"金融体系更有利于经济的长期增长。

（二）市场主导型金融结构

持这一观点的代表性学者较多，主要包括以下几位。约翰·希克斯（John Hicks，1969）[126]在其专著《经济史理论》中详细考察了金融市场的流动性为工业革命注入大量的长期资本这一现象。此后，Grossman 和 Stiglitz（1980）[127]、Holmstrom 和 Tirole（1993）[128]的相关研究表明，金融市场在集成市场信息方面获得更大激励，市场流动性越大的金融市场，越发显示市场主体的偏好信息，以促使对好项目、创新项目的投资。Scharfstein（1988）[129]的研究也表明，由金融市场衍生的股权治理活动能形成强大的外部投资者压力，将迫使代理人自觉追求公司价值的最大化，处理好委托代理关系。King 和 Levine（1993a）[130]认为：金融市场（股票市场）的发展可以促进全社会增加对技术创新活动的投资。Paul（1992）[131]认为资本市场能通过融资多元化来实现风险分摊。Allen（1993）[132]指出金融市场导向型的金融结构有助于引导金融资源向战略性、前沿性、创新型产业的聚集。Bencivenga 等（1995）[133]通过 Overlapping-Generations 模型研究表明，当金融市场的交易成本较高、效率比较低时，社会和企业一般会选择优先发展短期技术；当金融市场的效率提高时，长期技术才会被选择，而这些技术往往暗含着高投入和高产出。Cooley 和 Smith（1998）[134]的研究也有力地支持了这一结论，他们认为，金融市场可以促进专业化、技术创新和干中学。

21 世纪以来，Solomon Tadesse（2002）[135]提出，健全、完善的金融市

场体系能够有效激励技术创新行为的偏好稳定、内生性、长期化和持久度，从而实现技术创新的规模化、持续性和产业化。Allen 和 Gale (2002)[136]通过考察发达国家的技术进步史，证实了铁路源于英国但铁路产业通过伦敦证券交易所得以跨越发展；汽车源于德国但汽车产业通过美国的金融市场得以大规模产业化；同样的例子还有商用航空业、计算机产业等新技术的扩散与转移所取得的巨大成功。在一个开放经济的模型中，Aghion 等 (2005)[137]指出，金融发展会减少发展中国家企业家的信贷约束，从而促进其技术引进和向发达国家收敛。Binh 等 (2006)[138]认为，那些具有较高 R&D 密度、创新程度和资本密集度的制造行业在市场主导型金融市场上增长得更快，市场主导型金融市场更有利于高新技术产业发展。Erosa 和 Cabriliana (2008)[139]用金融契约的实施难易程度来表示金融发展程度。当金融发展程度很高时，投资者容易对撒谎的企业家进行惩罚，这样，只有高生产力水平的技术会被企业家所采用。Carpenter 和 Petersen (2002)[140]，Rin 等 (2006)[141]，Ilyina 和 Samaniego (2011)[142]等考察股票市场、私募股权、风险投资的实证研究也得到结论：股权融资能够更加有效地促进技术创新，为经济的长期增长提供动力。

同时，由于债务融资的实物抵押特性不利于创新融资，因此随着股权市场的发展，权益融资成了 R&D 支出的重要融资途径。La Porta 等 (2008)[143]使用 92 个国家宏观层面的数据实证发现，银行体系中政府所有权比例越高，生产率水平会显著降低，伴随的企业创新投资数量也会明显降低。Gustav (2010)[144]指出以市场为基础的金融体系比以银行为基础的金融体系更利于企业创新。Sheng (2012)[145]指出股市发展可以显著提高企业的创新投入，而银行信贷的作用具有不确定性，这主要依赖于银行体系中政府部门的参与程度，政府干预程度越高，创新水平越低甚至为负。Brown 等 (2009)[146]发现，在美国的科技产业中，新兴企业更加偏好股权融资，并且股权融资数量的变化能够解释 20 世纪末出现在科技产业研发投入上的剧烈波动。Brown (2010)[147]使用高技术行业企业数据发现，公共权益融资与新进入企业研发具有显著相关性，而与在位企业关系不显著。权益融资的可获得性可以显著影响新企业的市场占有率，进而促进市场的创造性破坏过程。Brown 等 (2013)[148]对来自 32 个国家 5300 家企业组成的样本进行了研究，发现股票市场可进入性以及对投资者保护程度的提升，都将显著增加企业在技术研发上的长期投资，且对小企业的促进作用尤为明显，而信贷市场的发展难以促进技术创新。Jaemin（2013）[149]使用韩国上市企业数据实证检验发现，研发会导致企业首次公开募股（IPO）的低定价现象，但风险资本的参与可以起到认证作用，进而可以减轻这种价格低估现象。Wang 和 Thornhill（2010）指出，创新投资和权益融资之间具有显著的正向关系。股权融资不会迫使企业按期支付融资利息，这种下降的财务负担对需要从事大量创新投资的企业非常重要。创新虽然能够实现良好的绩效，但要受制于外部市场和内部技术的高度不确定性。前者难以判定顾客的品位和竞争者的行为是否可以影响新产品或新过程的价值，而后者则难以确定创新支出能否成功产出新产品或新过程（Song et al.，2005）[150]。另外，研发投资属于资源消耗型投资，充裕的资源对其影响非常重要，而权益融资可以有效提高资源的充足性。权益融资促进创新投资的重要原因还来自二者的紧密联系，股权收益来自企业的剩余价值，而创新投资可以帮助企业建立特定优势来获取超额剩余价值。创新投资的副产品还可以帮助企业提高吸收能力，有助于甄别、消化和商业化自身的新知识或新技能。企业吸收能力的提高会进一步提高创新能力和剩余价值水平。尽管股权持有者可能会因为企业创新投资而暴露在风险之中，但权益投资者可以通过资产组合投资选择来降低这种非系统性风险（Allen and Gale，2000）。Martinsson（2010）[151]选取欧洲和英国高技术企业的样本数据，通过实证研究后发现，市场主导型的金融结构在促进高技术企业的发展方面更优于银行主导型的金融结构。Demirguc-Kunt 等（2011）[152]运用了更大规模的跨国样本数据，考察了总计 72 个发达国家和发展中国家近 30 年的发展绩效，发现一国的总产出对银行发展的敏感度会随着经济增长而降低，而对金融市场的敏感性会不断增大。Cull 和 Xu（2011）[153]发现，在低收入国家，依赖私人信用的贷款交易越活跃，劳动增长率增速越快；而在高收入国家，劳动增长率的增速来自更大规模的金融市场。Kpodar 和 Singh（2011）[154]采用 47 个发展中国家 1984~2008 年的数据，表明银行业的金融深化会伴随贫困程度的下降，股票市场的发展却伴随贫困程度上升。同时，金融发展要充分发挥反贫困效应，不仅需要一个与其相适应的金融体系的总体规模，而且更重要的是金融发展的内在结构与所处的实体经济环境相匹配。Hsu 等（2012）[155]通过 32 个发达国家和新兴国家

1976~2006 年的面板数据对比研究，发现银行显著抑制而金融市场显著提高了对外部融资依赖性较强的行业的专利活动。Mazzucato 和 Tancioni（2012）[156]研究了研发投入、专利和股票收益波动性之间的关系，结论表明，创新性较强的公司在股票收益波动性与研发投入强度和专利的多样性方面有非常显著的正相关关系。Hsuan 等（2014）[157]发现，技术创新密度越高的经济体，股票市场对经济增长的推动作用越强，而信贷市场呈现抑制技术创新的特征。

关于金融市场对外开放对创新投资影响的其他方面研究主要包括进出口、外资流入和跨国公司对创新投资的影响。Veugelers（1997）[158]指出，为了面对来自跨国公司的竞争，本国企业需要通过外购或自主研发来获取技术。Kathuria（2008）[159]通常将技术进口作为一种优先选择，但技术进口同时要伴随内部研发支出以适应本土实际情况。类似的，溢出的吸收也需要伴随一定数量的研发支出。Nelson（2004）[160]指出，跨国公司不得不增加适应性研发投资以便应对母国实际需求。Annique（2008）[161]指出，研发投资受制于融资约束，但跨国公司的子公司可能并不会面临这种困境，因为母公司比国内企业在资本市场上融资更具优势。Kumar 和 Aggarwal（2005）[162]通过印度企业的实证数据发现，技术的进口和研发具有互补关系。而 Fan 和 Hu（2007）[163]以中国企业的实证数据为研究对象发现，技术的进口和研发具有替代关系。Bertrand（2009）[164]发现国外企业对法国企业的并购会同时提高其内外部的创新支出，创新融资不仅来自内部资金，更多来源于合作伙伴以及母公司的资金支持。并购可以带来足够的效率提高进而抵消一体化或市场成本，推动企业从事更多的创新活动。Minin（2012）[165]认为新兴经济体企业的 FDI 通常伴随技术寻求式创新支出增加。Wouter（2012）[166]指出信息问题和资本抵押的缺乏导致国际投资，母国银行的融资歧视和资金配置方式使得中小企业出现融资约束并寻求 FDI 的融资支持。

（三）综合利用型金融结构

针对银行主导型和市场主导型金融模式究竟哪一种更具优势难以定论的情况，有学者提出了综合利用型金融模式。如 Merton 等人于 1993 年提出了基于金融市场和金融中介的功能观点的金融体系改革理论，即"功能观点"[167]，该理论认为金融体系的基本功能较稳定，但金融机构的构成及形式是不断变化的，应该以金融体系需要发挥的经济功能为依据，去寻求一种最好的组织机构，即在金融中介机构的竞争发展中，谁能更充分发挥金融体系的功能，谁便将会具有更为有利的发展空间。这一理论为解释当前金融体系结构的趋势性变化提供了新的视角。[168]他们于 2004 年 10 月发表的《金融制度设计：迈向功能与结构的综合》（The Design of Financial System：Toward a Synthesis of Function and Structure）[169]一文中指出，金融制度设计的未来发展方向就是金融制度功能与金融制度结构的融合表现。以 La Porta 等（1997）为代表的 LLSV 学派认为关于两类金融结构的孰优孰劣的问题争论不大，并认为一个国家或地区的法律体系（专利保护制度、产权制度及其实施机制）的不断完善是促进其金融发展，包括金融结构演变的一个关键因素。而后 Allen 和 Gale（1999）[170]给出了关于银行主导的金融结构（Bank-based Financial Structure）与市场主导的金融结构（Market-based Financial Structure）在技术创新不同性质、不同阶段、不同企业中发挥差异化功能的经典阐述，指出成熟的、处于产业化、规模化阶段的技术适应银行导向的金融结构，而市场前景并不明朗、投资者分歧较大的新兴技术往往更倾向于市场导向的金融结构，这为后续的相关研究提供了崭新的思路，奠定了重要的理论基础。随后，Tadesse（2000）[171]、Allen 和 Gale（2000）分别从金融市场发达情况、技术创新的阶段（新技术扩散或成熟技术的传播）来研判市场主导型与银行主导型金融结构在技术创新激励方面的比较优势。

近年来，学者 Antzoulatos 等（2011）[172]认为，不否认金融结构与产业结构在长期显著相关，但两者关系还依赖于行业的技术导向，实证结果更倾向于支持"金融服务观"，即影响行业发展的是成熟的金融体系，而非何种金融结构。Lin 等（2013）[173]也提出考察金融结构与经济发展的关系，更需要重视处于不同发展阶段的国家在金融结构方面的差异性。Egger 和 Christian（2015）[174]指出创新投资是由银行和风险资本共同支持的，二者的区别在于，风险资本支持的是那些小的（Marginal）和高风险的公司，而银行信贷支持低风险的大型公司。也可以说，以银行为代表的间接融资体系依靠的是一种抵押文化，以风投为代表的直接融资体系代表的是一种股权文化。因此，金融结构的变迁及效率的改进必然对不同规模和风险的企业创新产生差异性影响。相关研究也发现，随着一个国家进入更高的发展阶段，股票市场对经济增长的重要性会越来越强，而银行体系的相对作用则不断下降（张一林等，2016）。[175]

二 国内文献

国内关于金融结构对技术创新影响方面的研究起步比较晚。大部分学者从技术创新性质和类型、技术创新不同阶段、产业经济发展禀赋、金融支持机理和金融政策等层面展开金融结构对技术创新的影响研究。代表性观点的提出者林毅夫等（2003）[176]认为，不同的金融结构及其具体的融资方式对不同发展阶段的经济体、不同性质的企业各有其比较优势，理想的金融结构是能够动态化、权变地满足企业的各种需求。这一观点与 Allen 和 Gale（2002）的观点（认为金融市场和银行在促进经济增长方面各有利弊，必须通过同时利用金融市场和银行才能实现最优金融体系的建立。前者强、后者弱，不利于带动储蓄，易导致投机行为泛滥，带来经济系统的不稳定；前者弱、后者强，会导致企业向银行寻租行为的兴起，破坏市场秩序，扰乱资源的有效配置，更不利于资产价格的合理制定，还会带来较高的交易成本）类似，并为其之后提出"最优金融结构"和"最适金融结构"理论奠定了基础。孙伍琴（2003）[177]从金融功能的角度出发，挖掘了以银行中介为主导的金融结构与以金融市场为主导的金融结构对技术创新的不同比较优势，适应于不同类型的产业企业。王莉（2004）[178]认为金融结构对技术创新的影响程度取决于技术创新的性质（原创、模仿）、所处的经济发展阶段、创新的程度和企业的规模等具体因素。戴淑庚（2005）[179]提出我国选择何种高科技产业融资模式取决于经济发展的不同阶段，银行导向型的过渡模式适合经济转轨时期，而证券市场融资与银行间接融资并重的混合融资模式则是未来的发展方向。殷剑锋（2006）[180]研究了银行中介和金融市场在新技术推广、传播、改进等不同阶段的作用机理和差异化的比较优势。张杰、刘志彪（2007）[181]指出，金融结构差异对技术创新存在项目风险、监管方式两方面的显著影响。孙伍琴（2008）[182]运用 Malmquist 指数模型，采用面板数据测算了中国 23 个省份金融体系促进技术创新的效率及差异，发现我国金融发展促进技术创新的作用和效率在不断加强，并认为证券市场主导型的金融体系在促进技术创新及新兴产业成长上更为成功。林毅夫（2009）基于适应不同经济体不同发展阶段的要素禀赋结构，提出了与产业结构相适应、相匹配的"最优金融结构"理论。徐建军（2010）[183]采用1985~2008年的时间序列数据，实证检验了金融机构贷款对我国技术创新起到的显著促进作用。张磊（2010）[184]以发展中国家为例，探讨了银行主导型金融结构对于后发经济体中存在的优势。田代臣（2010）[185]认为以银行为主导与以市场为主导的金融结构之间是一种互为补充的关系，而非替代排斥的关系。叶子荣和贾宪洲（2011）[186]通过对中国1998~2007年省级面板数据的检验发现，银行信贷对代表技术模仿的实用新型和外观设计有显著正向影响，而对代表科技创新的发明专利产出无显著影响。朱欢（2012）[187]从信息经济学的角度探讨了不同金融安排在克服信息不对称问题时的行为选择和作用机理。仲深（2012）[188]运用实证方法，利用1998~2009年省级专利（分为发明、实用新型、外观设计三种）数据，检验了银行与金融市场对不同难度创新项目的差异化支持效应。周永涛（2012）[189]通过空间计量检验结果指出，银行信贷与技术创新存在显著的正相关关系，股票市场与技术创新存在显著的负相关关系。何国华（2011）[190]、翟淑萍（2013）[191]和卢荻等（2013）[192]认为我国银行业对企业技术创新有较好的促进作用，金融中介的发展显著缓解了高新技术研发投资约束。王珍义等（2013）[193]、左志刚（2012）[194]认为我国银行主导型金融结构形成的垄断国有商业银行抑制了企业技术创新。孙伍琴、王培（2013）[195]通过实证发现金融发展促进技术创新的绩效在我国各区域表现不同，中部、东部地区明显高于西部地区。张瑞萍、王星（2013）[196]通过国家层面的宏观数据和中国微观企业层面的数据实证探讨了缓解融资约束的金融市场发展对创新投入的影响机理和路径选择问题，认为金融市场发展对经济体或企业创新投入产生了非线性影响，不同金融市场路径选择具有不同影响途径。在本国融资约束情况下，股权市场对外开放会对创新投入产生显著影响，而当金融市场融资约束较小时，信贷融资开始对创新投入产生显著影响，因此创新投入倾向于权益融资。陈东、汪敏、沈春苗（2014）[197]通过省际面板数据测算了各省市的金融中介发展指数，实证得到金融中介的发展对技术创新能力的提升影响总体上为正、但存在结构性失衡的结论。丁一兵、傅缨捷（2014）[198]利用了20个中等收入国家的相关数据，研究得到一国金融发展可以通过技术创新显著影响这一渠道来优化产业结构的结论。彭建娟（2014）[199]通过构建面板向量自回归模型，实证分析得出，中国目前金融发展促进技术创新更多地来自金融发展规模的扩张而不是金融结构的优化。李后健、张宗益（2014）[200]利用中国大陆 32 个省份的省际面板数据实证分析表明金融发展促进了技术创新效率的改进，但金融市场化也在一定程度上阻碍了技术创新效率的提高。吴勇民（2014）[201]认为技术进步的发生与金融结构的变迁通过紧密耦合蕴含在一个协同演化的系统中，成为推动经济持续增长的内生力量。同时，高研发投资企业会将自身暴露在高风险之中，而权益融资通过降低财务负担和清算可以缓解创新项目失败的可能性（龚强等，2014）[202]。陈昆玉（2015）[203]通过中国 A 股上市公司数据实证发现，无论使用专利授权量抑或专利申请量作为创新能力的替代变量，其对内源融资或股权融资均具有显著的促进作用。马如飞和何涌（2015）对我国 A 股上市高科技企业的研究表明，银行信贷对企业 R&D 投资具有阻碍作用，而商业信用对 R&D 投资基本无影响[204]。严成樑、李涛（2016）[205]最新研究发现金融发展水平越高，企业越会容易获取 R&D 融资，我国应该充分发挥金融发展的技术提升效应来实现经济的绿色发展、低碳发展。

另外，2009 年以来陆续出现的关于科技金融的相关论著需要特别关注。赵昌文等（2009）[206]明确提出科技金融的概念和体系内容。之后，房汉廷（2010）[207]、游达明和朱桂菊（2011）[208]、周昌发（2011）[209]等学者从理论层面对科技金融的内涵、运行模式、保障机制等进行了相应研究。

第三节　对现有相关研究的评析

现阶段，对技术创新和金融发展理论的分别研究是比较充分的，这为本书提供了坚实的基础，但论述主要涉及金融结构对技术创新的影响和效应。总体上看，目前对金融结构促进技术创新的机制、路径的研究还没有形成一个完整的理论体系和框架结构，尚处于不同侧面的研究，特别是对于何种金融结构更有利于技术创新，现有研究尚未得出明确的结论。不同金融结构在资金配置、价值发现、风险分散、风险控制等方面的制度特性各有不同，对于何种金融结构及其制度安排更有利于技术创新，现有研究尚未达成一致的结论（林毅夫等，2009）。从企业选择金融制度安排的偏好来看，以 Modigliani 和 Miller（1958）[210]完美市场理论框架下的企业融资方式选择（股权融资、债务融资）为起点，研究者们通过引入信息不对称、委托代理等因素，不断丰富和完善企业融资方式选择的理论基础，但已有理论仍未得到经验证据的充分支持。我国学者研究的实证结果一般笼统地认为，我国的金融结构有利于技术进步，而较少对技术创新模式变迁后金融结构演化的路径进行深入分析。并且，对于可抵押资产不足且不确定性较高的技术创新企业，其融资方式选择具有何种特点、如何帮助这些企业获得更好的金融支持，相关研究还有待深入的探讨（龚强等，2014；龚强、张一林，2014[211]）。

同时，已有的研究对金融结构影响技术创新在不同国家的表现做了较详细的分析，从中可以得到有意义的借鉴。但相关研究未能从国际模式的比较中提炼出一般规律，一些比较分析还比较"宏观"，缺乏对不同国家、不同发展阶段和不同背景下技术创新与金融结构结合所表现的差异进行系统性的对比分析。特别是缺乏基于转型期中国的实际，如在金融制度变革的大背景下金融结构的传导效应和作用于技术创新的相关研究。

最后，从现有文献来看，基于创新型国家建设视角的科技创新与金融创新合作的路径和对策还缺乏有针对性的、系统的实证研究。特别是有关合作的路径选择仍然缺乏科学的理论支撑，因而其可信度不够，制定政策的理论导向不明确。

因而，如何通过全局性的体制机制顶层设计和多视角、多维度的供给侧结构性改革，解决技术创新与金融结构结合的深层次问题、解决金融资本短期逐利性与技术创新高风险性的矛盾冲突、解决资本排他性与创新知识传播社会性的矛盾，探索出一条符合中国这么一个处于转型期的转轨经济体的制度演化特点的，有利于切实支持、助推、服务技术创新的金融结构的优化路径，实现金融结构与技术创新的双向协同演化，切实提高金融结构演化对处于技术赶超阶段、亟待提升自主创新能力的我国技术创新发展的推动作用，这应该成为金融结构与技术创新结合研究领域亟待解决的重要课题。

本章小结

本章主要围绕金融结构与技术创新的作用关系，对国内外的研究文献进行综述，并结合研究意图对既有文献进行了评述。国外学界关于金融结构对技术创新的推动和支持作用的研究是金融结构与技术创新关系的主要内容，大体来说形成了三种观点：银行主导型金融结构（Bank-based Financial Structure）、市场主导型金融结构（Market-based Financial Structure）和综合利用型金融结构。国内关于金融结构对技术创新影响的研究起步比较晚，大部分学者从技术创新性质和类型、技术创新不同阶段、产业经济发展禀赋、金融支持机理和金融政策等层面展开金融结构对技术创新的影响研究。总体上看，学界目前对金融结构促进技术创新的相关研究较为同质化，缺乏对不同国家、不同发展阶段和不同背景下技术创新与金融结构结合所表现的差异进行的系统性对比分析，特别是缺乏针对转型期助推中国技术赶超的金融结构需求的实际分析，以及在金融制度变革的大背景下对金融结构的传导效应和作用于技术创新的相关研究。因而，如何通过全局性的体制机制顶层改革和多视角、多维度的供给侧结构性改革，解决技术创新与金融结构结合的深层次问题、解决金融资本短期逐利性与技术创新高风险性的矛盾冲突、解决资本排他性与创新知识传播社会性的矛盾，探索出一条符合中国这么一个处于转型期的转轨经济体的制度演化特点的，有利于切实支持、助推、服务技术创新的金融结构的优化路径，实现金融结构与技术创新的双向协同演化，切实提高金融结构演化对处于技术赶超阶段、亟待提升自主创新能力的我国技术创新发展的推动作用，这应该成为金融结构与技术创新结合研究领域亟待解决的重要课题。

第三章

金融工具与技术创新的
理论分析

本章试图通过解析构成金融结构比例关系的两种金融工具（银行中介和金融市场）与技术创新的关系机制，厘清银行（间接金融）与资本市场（直接金融）在技术创新活动中的不同功能和差异化比较优势。

第一节　不同层面技术创新的金融工具需求

不同金融工具在风险管理、信息处理、解决激励、公司治理等机制方面存在较大差异，适合于不同性质、不同阶段的技术创新。另外，处于不同发展阶段的高科技企业、不同生命周期和技术创新程度的企业、不同技术创新手段的国家所面临的技术创新特征也各不相同，同样要求各具优势的金融工具及服务与其相匹配。

一　技术创新不同性质、不同阶段的金融服务需求

根据技术创新的不同性质及其对经济的影响程度，技术创新可以分为不同类型。范·杜因（Van Duijn，1983）[212] 把创新分为新行业与既有行业的主要产品创新、现有行业与基本部门的工艺创新四类。门施（G. Mensch，1979）在其代表作《技术的僵局》一书中，把创新分为基础

创新（Basic Innovation）、改进型创新（Improved Innovation）和虚假创新（False Innovation）三种类型。莫基尔（Mokyr，2002）[213] 将技术创新分为宏观发明（Macro-innovation）和微观发明（Micro-innovation），其中宏观发明是没有先例的根本性的新见解和全然一新的技术突破和飞跃，而微观发明则是对现有技术的微观和局部的改进或升级。英国 Science Policy Research Unit（SPRU）根据创新的重要程度将技术创新分为渐进性创新（Incremental Innovation）、根本性创新（Radical Innovation）、技术系统的变革（Change of Technology System）和技术—经济范式的变更（Change in Techno-economic Paradigm）四个层次，分别对应着：渐进的、连续的小创新；开拓全新领域、有重大技术突破的创新；具有深远意义的变革，通常出现技术上有关联的创新群；根本性、颠覆性的创新集群和技术系统整合。可见，从性质上区分，技术创新一般可分为渐进性技术创新和突破性技术创新。美国是突破性技术创新的典型，其信息通信技术革命之所以得以突飞猛进，得益于其基础研究的强大优势，不断研发创造出新的产品和工艺方法，开辟新技术轨道，形成新技术路线图，从而使其技术遥遥领先，位居世界前列，并可能产生新的技术范式。相比较而言，日本是渐进性技术创新的典型，其通常不是某项技术或工艺的首创者，而主要通过引进他国的技术和设备来获取技术领先国的技术，继而通过消化吸收再创新，走的是一条技术跨越者的模式。在我国，较早提出自主创新三种基本方式的是科技部原部长徐冠华（2006）[214]，他提出自主创新包括原始创新、集成创新和在引进国外先进技术基础上的消化吸收再创新。这是中国特色自主创新道路的主要特点。原始创新是指基础科学和前沿技术领域前所未有的重大突破、独到发现和颠覆性创新；其本质属性是原创性、根本性和引领性，在三种自主创新模式中处于最重要的地位。集成创新是对已经存在的技术、工艺等创新内容和创新要素进行重新组合、结构优化和系统集成，形成功能优势互补、有机协同的全新产品或工艺的创新过程。消化吸收再创新又称模仿创新，是指企业利用各种引进的技术资源，通过消化吸收先进者的核心技术，并在此基础上对原有技术进行再创新。引进、消化吸收再创新是发展中国家普遍采取的最常见、最基本的创新形式。由于研究的需要，本书将对原始创新和消化吸收再创新进行深入探讨，集成创新不在研究范围内。

在现实经济系统和实践活动中，技术创新与产业的发展和演进是相互作用的，二者存在协同作用关系和复杂演化过程。在这方面，国内外许多研究证明了这一过程，其中，最具有代表性的是美国哈佛大学的 Abemathy 和麻省理工学院的 Utterback 提出的产业创新动态过程模型，即 A-U 创新过程模型，该模型较为准确地反映了许多产业成长的创新分布规律。综合来看，国外学者对技术创新过程的阶段有二阶段、三阶段、四阶段、五阶段、六阶段和七阶段等划分标准，[215] 如表 3-1 所示。不同的学者主要是以 A-U 创新过程三阶段模型为依据，根据自己的研究需要和目的划分了不同的阶段，其划分方法不存在优劣，对技术创新过程的阶段划分也没有本质的差别。本书拟采用五阶段划分法。

表 3-1　国外学者对技术创新过程的阶段划分

二阶段过程	三阶段过程	四阶段过程	五阶段过程	六阶段过程	七阶段过程
1. 一种想法或一项发明的构思； 2. 这种想法的商业化	1. 产生思想； 2. 解决问题； 3. 完成与扩散	1. 感性知觉； 2. 概念化； 3. 开发； 4. 操作实现	1. 识别； 2. 思想形成； 3. 解决问题； 4. 实现； 5. 应用扩散	1. 概念形成； 2. 可行性分析； 3. 开发； 4. 小规模试验； 5. 半商业化； 6. 常规化	1. 基础性搜索； 2. 技术发展与试验； 3. 信息扩散； 4. 接受； 5. 实现； 6. 评估； 7. 常规化
	1. 思想产生； 2. 问题求解； 3. 实施	1. 研究开发； 2. 工具和制造设施； 3. 开始生产； 4. 开始销售			

技术创新发展阶段可细分为某项技术创新生命周期的微观切面——研发期、成长期、快速发展期、稳定期和升级或衰退期五个阶段，如图 3-1 所示。其中，研发期和成长期对应一国技术创新发展阶段的创造技术（技术的研发和新技术的推广）阶段；快速发展期对应改造技术（技术的改进与传播）阶段；稳定期对应使用技术（技术的成熟与产业化）阶段；升级或衰退期对应新技术的研发期，意味着新一轮技术创新可能开始。整体来看，创造技术阶段的技术创新要求市场融资与之相适应，改造和使用技术阶段的技术创新要求银行融资与之相适应。

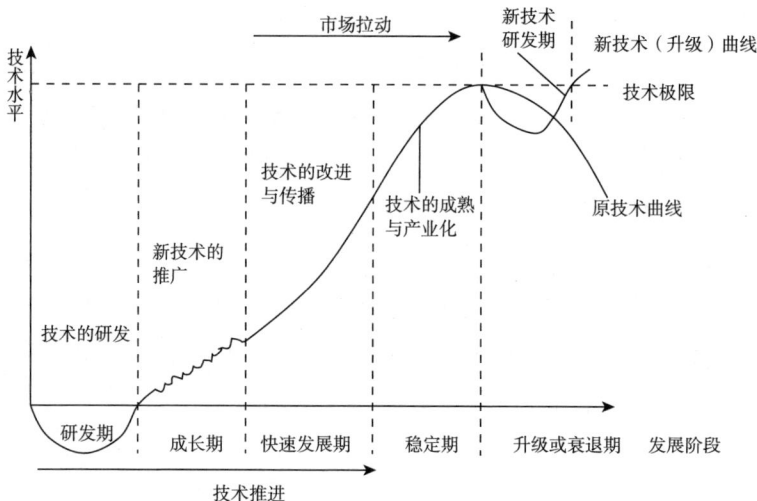

图 3-1 技术创新不同阶段

从英、美、德、日等国不同性质技术创新的发展历程也可以充分考察和论证其不同的金融服务需求。英国在 1825 年后新建铁路的热潮和 19 世纪五六十年代炼钢技术率先取得的关键性突破，驱使伦敦证券交易所得到大规模的融资，逐步形成了金融市场主导型金融结构。19世纪末 20 世纪初美国汽车产业崛起并赶超德国；二战后美国计算机等产业的极大成功以及 20 世纪 90 年代信息技术革命将德国和日本远抛身后，这些皆得益于美国风险资本的大量涌现和股票市场的高效率融资。与之相对应，德国和日本是以银行中介为主的金融结构的代表。当各类新兴技术趋于成熟并开始广泛运用于全世界时，德国和日本表现出了很强的学习吸收能力。德国在 19 世纪六七十年代铁路里程的增加额大幅度超过英国，19 世纪 90 年代钢产量永久性地超过了英国，这与这一时期德国的全能银行体系和紧密的银企关系有关，这样的金融结构有利于大型基础设施建设和迅速工业化所需要的大量资本。二战后日本政府制定了"吸收型创新战略"，即创新主体通过引进、吸收率先创新国的核心技术和技术秘密，在此基础上加以改进和完善，迅速实现再创新。因此，20 世纪 80 年代之前，日本的金融结构主要是实施与技术创新阶段相适应的主银行制的金融结构。20 世纪 80 年代后期，以信息技术为中心的新技术革命蓬勃兴起，日本开始逐渐地重视自主研发政策和机制设计，此时，日本的证券市场也获得了强劲的发展，但日本还是以银行体系为主。从以上所述也不难发现，不同性质的技术创新在信息传导、收益预期和风险特征方面存在差别，这就要求金融体系能为之提供相匹配的风险管理、信息处理以及监控与激励。换言之，从使用技术到改进技术再到创造技术阶段的转变，确实存在明显的技术和经济性标志。

通过对英美和德日的技术创新成长历程再考察，笔者发现，也可将一国技术创新发展阶段细分为某项技术创新生命周期的微观切面——初创、成长、扩张和成熟四个阶段。其中，生命周期的初创与成长期对应一国技术创新发展阶段的创造技术阶段，扩张期对应改造技术阶段，成熟期对应使用技术阶段。创造技术阶段的技术创新要求市场主导型金融结构与之相适应，改造和使用技术阶段的技术创新要求银行主导型金融结构与之相适应。创造技术阶段的国家处于技术最前端，往往能够引领技术发展的潮流，拥有一流的产品创造、工艺设计和服务创新能力，且形成了若干具有竞争力、最先进的优势产业。由于这一阶段技术不成熟，产品研发、市场前景等诸多方面尚不确定，技术创新风险较大，所以该阶段的技术创新投资具有不可预测、高风险等特点，相关信息传递成本较高，市场融资具有优势。而处于改造和使用技术阶段的国家，引进和吸收技术是其技术创新的主要方式，包括购买专利、模仿等。其引进的技术往往是较为成熟的，且具有成熟商业模式和市场价值的技术，技术、产品、市场类风险相对较小，所以对于这一阶段的技术创新投资具有可预测、低风险等特点，相关信息传递成本较低，银行融资具有优势。

可得到如图 3-2 所示的技术创新阶段与金融结构的对应关系。

一般而言，在初创阶段，新的技术创新刚刚诞生，新技术还不太完善，技术研发者独享技术垄断。其融资模式一般以内源融资和信贷融资为主，同时也可以吸引创业投资。在成长阶段，初创的新技术得到不断完善和发展，并被大量而广泛地使用，在此阶段技术研发者仍然拥有新技术垄断优势。其融资模式包括风险投资、创业资本、科技小贷公司。在扩张阶段，新技术逐渐扩散，技术研发者不再享有完全的技术垄断，但新技术的扩散程度和范围仍有严格的限制。其融资模式包括科技银行、中小银行、场外交易市场和创业板市场。在成熟阶段，新技术已完全发展成熟，并且扩散到越来越广的市场。这一时期的技术创新主体，一般来说其财务能力、创新能力和成长能力比较均衡，融资缺口相对缩小，大型银行开始介入。此时科技主体的企业上市融资除了考虑资本融入问题，还需考虑的是上市对企业知名度、市场地位提升等无形资产增值方面。因此这一阶段创业板和主板市场也是重要的融资渠道。

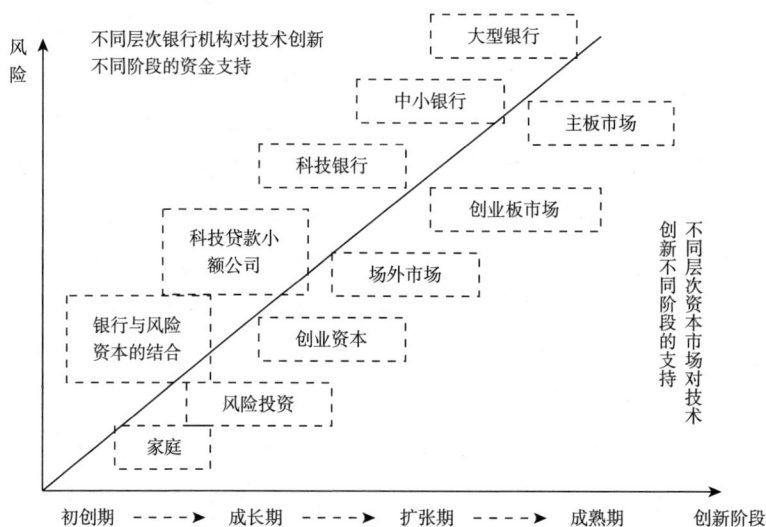

图 3-2　不同层次银行和资本市场对技术创新不同阶段的资金支持

二　不同特征产业和产业区段的金融服务需求

伴随人类社会发展历程，主导产业更替顺序为农业、轻纺工业、以基础工业为重心的重化工业、低度加工组装型工业、高度加工组装型工业、第三产业、信息产业。马克思曾指出："工业较发达的国家向工业较不发达的国家所显示的，只是后者未来的景象。"[216] Rajan 和 Zingales 最早从产业层面研究了金融发展与经济增长的因果关系，实证计算结果表明：在金融市场和金融中介发展较好的国家，由于金融体系能降低外部融资成本，那些依赖外部融资的产业增长会更快；在金融体系欠发达国家，那些能产生较快现金流的产业增长会更快；在金融市场发达国家，那些更依赖外部融资的产业能够实现超比例的增长。之后，二人又从产业结构这个视角出发，研究发现一个国家金融体系发育程度的差异，会对具有不同技术创新特质产业的发展产生影响。由于不同的产业具有不同的技术创新特质，所以其对外源融资的依赖程度也不同，而银行信用贷款和股票市场筹资是企业外源融资的主要渠道。美国社会学家丹尼尔·贝尔（Daniel Bell，1984）在《后工业社会的来临——对社会预测的一项探索》[217]一书中对"后工业社会"的思想做了全面的理论阐述和实例分析，系统地研究了工业社会的未来，预测了发达国家的社会结构变化及其后果。贝尔表达了类似的观点：从资源结构变动的角度来看，产业结构变迁的顺序是劳动密集型产业→资本密集型产业→技术（知识）密集型产业。分别对应迈克尔·波特提出的一国经济发展的三个阶段：生产要素驱动阶段、投资驱动阶段和创新驱动阶段。

不同特征产业的生命周期特征、技术创新程度的不同决定了外部融资依赖度的不同和总体金融服务需求的表现。随着发展阶段的提高，一个更加趋于市场主导型的金融结构将更有利于金融资源的优化配置。具体来说，在经济发展的早期阶段，劳动密集型产业具有比较优势，投资者面临经济活动中的不确定性和风险都比较小，有较多的信息反映企业的利润前景，从而较易做出正确的投资决策。随着经济发展阶段和要素禀赋结构的提升，资本和技术密集型产业具有比较优势，同时投资规模的上升、技术的迅速发展以及产品的多样化使得经济中的不确定性和风险都大大增加，因而需要有一个能够将信息、风险予以汇集并迅速处理的市场（证券市场），准确反映出产业的利润前景。

始于20世纪80年代的以微电子、电子计算机等高科技产业为先导的信息革命，使美国的产业结构加速从以工业生产为主向以知识信息生产为主转变，主导产业正从钢铁、汽车、化工等传统产业迅速向包括集成电路、计算机软硬件、传真机、光缆等在内的信息技术产业转变。美国风险投资和股票交易额在所有国家中居首位。德国和日本主导产业是以汽车、家用电器和化学工业为代表的资本密集型产业，它们的银行业资产占GDP比重远远高于美国。代表性国家主导产业和金融发展状况如表3-2所示。

表 3-2　2011 年底代表性国家主导产业和金融发展状况

单位：%

国别	主导产业	风险投资/GDP	股票交易额/GDP	银行资产/GDP
美国	技术密集型	1.27	203.7	63.7
日本	资本密集型	0.03*	70.9	187.4
德国	资本密集型	0.02	49.2	126.9
中国	劳动密集型	0.68	104.8	131.5

注：* 为 2009 年末数值。

资料来源：Financial Development and Structure Dataset，2012。

　　一般情况下，从要素密集度视角看，劳动密集型产业融资需求主要通过内源融资和银行得到满足，而资本密集型产业融资需求主要通过银行和证券市场得到满足，技术密集型产业融资需求主要通过风险投资和证券市场满足。美国以劳动密集型产业为主导的工业化阶段持续了 110 年，日本持续了 80 年，中国台湾持续了 40 年。改革开放以来，我国依据比较优势逐渐形成以劳动密集型产业为主导、经济增长高度对外依赖的经济发展模式，资本密集型产业和技术密集型产业所占比重较低（吕政，2008[218]）。当前，我国无法跨越以劳动密集型产业为主导产业的工业化阶段（尚启君，1998）[219]。这就决定了我国劳动密集型产业和资本密集型产业的金融服务需求将主要倚重内源融资、商业银行、资本市场来实现。

　　我国自改革开放以来，在工业化方面取得了举世瞩目的成绩并实现了经济的持续增长，以很大的规模总量优势成为世界上第二大经济体，主要归功于其按照自身的比较优势来选择技术结构和产业区段。总体上看，劳动力多、素质高、价格便宜是我国产业发展的比较竞争优势。为此，章奇（2002）[220]就认为，由于中小企业在产业经济中的主要作用，银行融资仍然会在金融结构中占据相当的地位，但随着要素禀赋结构和发展阶段的提升，经济活动的类型以及性质的变化将诱导一个更加倾向于 MS 型的金融结构。发达国家的比较优势在于资本密集型、技术密集型的产业，发展中国家的比较优势主要在于劳动力比较密集的产业或是高科技产业中劳动力相对密集的区段。在此方面，各国（地区）在实现产业调整升级上有典型的金融支持经验（见表 3-3）。

表 3-3　各国（地区）金融支持产业调整升级的典型经验

国家（地区）	产业结构	金融结构	金融支持方式	共同点
美国"锈带"地区	从传统装备制造业向现代制造业和服务业转变	直接融资为主	通过发展并购市场，推动制造业重组和产业集群发展；通过形成政府性和非政府性相结合的金融支持体系，推动制造业转型升级	促进金融结构协调发展，形成多元化和多层次的金融支持体系；根据产业转型升级的不同阶段和不同对象，注重发挥不同类型金融机构和金融工具在产业转型升级中的作用；在坚持市场化原则的前提下，积极发挥政府在产业转型升级中的引导和支持作用，促进金融政策和产业政策的有效衔接
德国鲁尔工业区	从传统煤、钢工业向服务、文化、旅游和现代工业转变	间接融资为主	利用政策性资金改造升级传统产业；建立技术研究中心、技术服务公司和风险资本基金会，为企业研发和创新服务；为中小企业提供财政补贴和咨询服务	
英国中南部地区	从传统纺织业向高新技术产业和现代服务业转变	直接融资为主	建立二板市场；推出小企业贷款担保计划；通过税收激励，鼓励民间资本对初创科技企业投资；鼓励大学创办科技园，支持大型投资机构进入	
法国洛林地区	从煤、钢、纺织业向汽车、机械、物流、高新技术等多元产业转变	间接融资为主	为技术创新提供财政补贴；成立"创新财务公司"和"风险资本联合基金"，促进对高科技产业和企业的投资；政府出资成立矿区工业化基金和"矿区再工业化金融公司"，支持传统产业转型升级	
中国台湾地区	从劳动密集型产业向高新技术产业转变	间接融资为主	设立发展基金；成立发展银行，推动辛迪加贷款；从税收优惠、资金支持和退出机制建设等方面引导和鼓励创业投资公司发展	

资料来源：陈雨露、马勇，2013。[221]

　　另以中国台湾、中国香港和新加坡的横向对比为例，20 世纪六七十年代，这三个原本属于发展中国家阵营的小国和地区，却在一系列的产业上构建了各自的国际竞争力，极大地带动了地区经济和社会的发展[222]（见表 3-4）。其成功很大程度上归因于遵循了比较优势原理，在劳动密集型产业上奠定了竞争的基础。

表 3-4　中国台湾、中国香港和新加坡的关键产业及其发展阶段

	中国台湾	中国香港	新加坡
纺织	20 世纪 60 年代至 70 年代	20 世纪 50 年代	20 世纪 60 年代至 70 年代
服装、皮衣	20 世纪 60 年代	20 世纪 50 年代至 60 年代	
玩具、表、鞋	20 世纪 60 年代至 70 年代	20 世纪 60 年代至 70 年代	

　　表 3-5 是美国 1990 年若干企业的资本性支出和外部融资情况。汇总数据表明：同一行业比较，年轻公司的外部融资、权益融资比重和资本支出率大都高于成熟期企业；技术含量高、企业风险较高、投资者缺乏共识的产业如药品、塑料产品、办公计算机、无线电等，非常依赖于外部融资，尤其是权益融资。

表 3-5　美国 1990 年若干企业的资本性支出和外部融资情况

产业部门	全部公司			成熟公司			年轻公司		
	外部融资	权益融资	资本支出率	外部融资	权益融资	资本支出率	外部融资	权益融资	资本支出率
药品	1.49	0.76	0.44	0.03	0.00	0.32	2.16	1.15	0.47
塑料产品	1.14	0.26	0.44	—	—	—	1.14	0.96	0.48
办公计算机	1.06	0.67	0.60	0.26	0.05	0.38	1.16	0.78	0.64
无线电	1.04	0.46	0.42	0.39	0.02	0.30	1.35	0.74	0.48
专业产品	0.96	0.62	0.45	0.19	0.03	0.33	1.63	0.94	0.52
电动机械	0.77	0.36	0.38	0.23	0.02	0.29	1.22	0.78	0.46
玻璃	0.53	0.02	0.28	0.03	-0.02	0.28	1.52	0.48	0.33
其他产业	0.47	0.16	0.37	-0.05	0.01	0.28	0.80	0.37	0.49
轮船	0.46	0.02	0.43	0.04	-0.04	0.34	1.05	0.52	0.56
机械	0.45	0.11	0.29	0.22	0.04	0.25	0.75	0.41	0.33
纺织品	0.40	0.01	0.25	0.14	0.00	0.24	0.66	0.36	0.26
汽车业	0.39	0.01	0.32	0.11	0.00	0.33	0.76	0.02	0.32
石油/煤产品	0.33	0.06	0.23	0.16	0.01	0.26	-0.26	0.30	0.22
运输设备	0.31	0.05	0.31	0.16	0.01	0.28	0.58	0.16	0.31
木制品	0.28	0.04	0.26	0.25	0.01	0.23	0.34	0.01	0.40

续表

产业部门	全部公司			成熟公司			年轻公司		
	外部融资	权益融资	资本支出率	外部融资	权益融资	资本支出率	外部融资	权益融资	资本支出率
基础化肥	0.25	0.12	0.30	0.08	0.04	0.24	0.79	0.36	0.29
金属产品	0.24	0.02	0.29	0.04	0.00	0.25	0.87	0.25	0.34
家具	0.24	0.01	0.25	0.33	0.01	0.17	0.68	0.26	0.29
橡胶制品	0.23	0.11	0.28	-0.12	-0.01	0.21	0.50	0.32	0.32
其他化学品	0.22	0.02	0.31	-0.18	0.00	0.25	1.35	0.33	0.46
印刷出版	0.20	0.03	0.39	0.14	0.00	0.33	0.60	0.20	0.41
纸和纸成品	0.18	0.02	0.24	0.10	0.02	0.23	0.57	0.11	0.29
合成树脂	0.16	0.03	0.30	-0.23	-0.09	0.20	0.79	0.25	0.45
纸浆	0.15	0.02	0.20	0.13	0.02	0.21	0.22	0.01	0.20
食品	0.14	0.00	0.26	-0.05	0.00	0.25	0.66	0.28	0.33
钢铁	0.09	0.01	0.18	0.09	0.02	0.16	0.26	0.12	0.19
饮料	0.08	0.00	0.26	-0.15	0.00	0.28	0.63	0.00	0.26
非金属制品	0.06	0.01	0.21	0.15	0.03	0.22	-0.03	0.00	0.26
石油精炼	0.04	0.00	0.22	-0.02	0.00	0.22	0.85	0.27	0.28
服饰	0.03	0.00	0.31	-0.02	-0.01	0.27	0.27	0.15	0.37
非黑色金属	0.01	0.02	0.22	0.07	0.00	0.21	0.46	0.61	0.24
鞋袜	-0.08	0.04	0.25	-0.57	0.00	0.23	0.65	0.20	0.26
纺纱	-0.09	-0.09	0.16	—	—	—	—	—	—
皮革	-0.14	0.00	0.21	-1.33	0.00	0.27	—	—	—
陶瓷	-0.15	0.11	0.20	—	—	—	—	—	—
烟草	-0.45	-0.08	0.23	-0.38	-0.21	0.24	—	—	—

注：成熟公司定义为已经上市 10 年以上的公司；年轻公司是指上市时间不超过 10 年的公司；上市时间定义为在 NYSE、AMEX、NASDAQ 挂牌交易的年份。

资料来源：孙伍琴，2014。[223]

借贷金融主要吸储对象是风险规避者，以保本收息为目的，倾向于投向低风险、收入平稳的成熟产业领域。当然银行金融也并不绝对排斥创新，但银行金融比较适合低风险创新行为（如模仿创新），以及创新成果产业化、批量化生产阶段。此时主要为程序化运作，在创新度降低同时经营风险也大大降低，达到银行金融可接受程度；同时创业企业也不愿意通过增资扩股而稀释创业利润，转向银行融资。同时银行能有效发挥"代理监督"（Delegated Monitor）的功能，由金融中介的管理者实现了对投资项目的事前筛选和事后监督，代理所有的存款人行使对借款人的监督权，提高了金融资源的配置效率。所以成熟产业占主导、创新度较低、以模仿创新为主的经济后发国家或地区，往往形成银行主导金融体系。

资本金融具有风险偏好，更倾向于投向高风险、高收益产业创新领域。技术创新的研发是一项风险性极高的探索性的工作，风险较高、不确定性较强，素有"成三败七"之说。这在世界各国都是普遍存在的问题，即使在发达国家，近90%的技术创新项目在进入市场实现商业化之前就宣告失败。由于银行更善于获取、处理和揭示"标准化"的信息，对此类信息具有较低的信息获取成本，相反地，在为新技术和高风险项目融资时，通常缺乏效率。而金融市场允许投资者持有不同的信息和看法，多数秉持"买股票就是买未来"的观念，风险较高的创新企业更易通过金融市场获得资金。与高风险、高技术产业发展相适应，其资金投入资本市场主导型金融体系予以配合，资本金融特别是天使基金、VC与PE，就自然地成为技术创新的主力军。资本金融的参与特别是风险投资的介入对初创企业能否度过"死亡谷"（Death Valley）至关重要。因此，新兴产业发展活跃、创新度较高的国家或地区，往往形成市场主导的金融体系。因此，产业发展阶段与主要融资方式形成如图3-3所示的耦合关系。

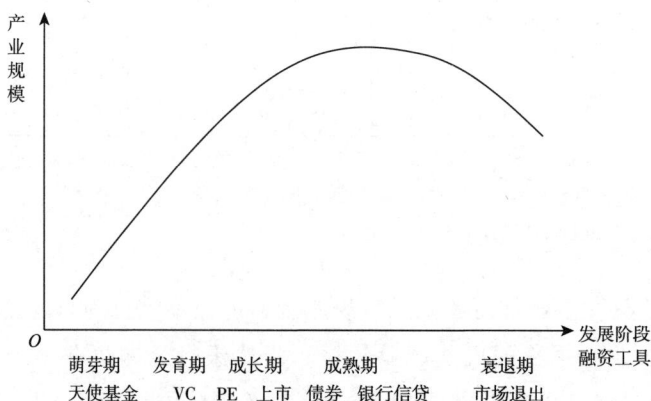

图3-3 产业发展阶段与主要融资工具耦合

从历次技术革命和产业革命的经验来看，创造技术（技术的研发和新技术的推广）阶段的国家处于先进技术最前端，往往能够引领技术发展的潮流，拥有一流的产品创造、工艺设计和服务创新能力，且形成了若干具有市场竞争力、最为先进的优势产业。这一时期，技术尚未成熟，产品研发、市场前景等诸多方面尚存在不确定性因素，技术创新风险较大，该阶段的技术创新投资具有不可预测、高风险等特点，相关信息传递成本较高，资本市场融资具有优势。在该时期的新技术推广阶段，新技术并不为人们所普遍熟知。而处于改造和使用技术（技术的改进、传播、成熟及产业化）阶段的国家，引进和吸收技术是其技术创新的主要方式，包括技术引进、购买专利、消化和模仿创新等。引进的技术往往是较为成熟的且具有成熟商业模式和市场价值的，技术、产品、市场类风险相对小，特别是在技术的成熟和创新成果的产业化、批量化生产阶段，银行表现出其比较优势，此时主要为程序化运作，在创新度降低同时经营风险也大大降低，达到银行金融可接受程度。同时在此阶段，创业企业也不愿意通过扩大股权而稀释创业利润，而转向银行融资。

从近年来的战略性新兴产业的培育发展来看。迈克尔·波特（Michael Porter）认为，第二次世界大战后至 20 世纪 80 年代末，美国、德国、意大利、日本、韩国等国的发展历程表明，国家发展的"创新驱动"传导链是：国家钻石创新体系→企业战略创新→产业创新升级发展。作为国家创新系统的钻石体系，通过把创新动力与压力内化于企业战略创新行为，创造出持续的企业竞争优势，从而推动了国家产业完成经由"要素驱动→投资驱动"向"创新驱动"升级发展的转变。[224]

新兴产业的形成过程是对新兴技术的商业化过程。"新兴技术"（Emerging Technologies）作为一个明确的概念出现在管理科学研究中始于 20 世纪 90 年代。乔治·戴（George S. Day，2000）等认为，新兴技术是建立在科学基础上的革新，它可能创造一个新行业或改变某个老行业。"新兴技术的知识基础正在扩展，其在现有市场中的应用在经历革新或新市场正在发展或形成。"[225]通俗地讲，新兴技术是那些新近出现或发展起来的、对经济结构产生重要影响的高技术。[226]新兴技术的演化能够带来中观层面新兴技术产业的演化进而促进宏观层面经济结构的演化和发展。如图 3-4 所示，技术创新推动了新兴产业的发展。[227]产业发展规律及世界技术先进国家的经验也都证明，每一项重大的新兴技术都会催生一个新兴产业的崛起。如 20 世纪 40 年代电子技术的飞速发展带动了一批高技术产业崛起，60 年代信息技术、空间技术和生命科学迅猛发展带动了信息产业和生物产业的大发展。

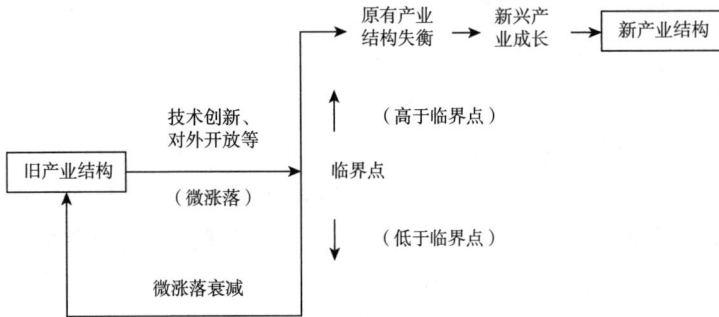

图 3-4　新兴产业演进的过程

从这个意义上说，新兴产业一般都具有较高的技术含量，新兴产业的形成和发展更多依赖的是无形知识的增长和科技的发展。可以采用"技术进步贡献率"的方法来衡量产业的选择标准。根据柯布-道格拉斯（Cobb-Douglas）生产函数，战略性新兴产业的生产函数可以表示为 $x_i = Ae^{bt}L_i^{\alpha}K_i^{\beta}$，其中，$b$ 为综合技术进步参数，可根据索洛余值法进行估算。那么，战略性新兴产业的技术进步贡献率可以表示为 $\eta = \dfrac{b}{\dfrac{\Delta x_i}{x_i}}$。战略性新兴产业只有具备一定的技术进步贡献率，才宜于作为战略性新兴产业选定的标准。

可见，战略性新兴产业是新兴科技和新兴产业的深度融合，是典型的创新驱动型产业，代表了未来技术创新及产业发展的方向，其核心内容是新技术的开发和运用。因而，要用重点技术、核心技术、关键技术上的突破来带动整个战略性新兴产业的发展。从这个意义上说，战略性新兴产业的提出，不仅对传统产业的转型升级具有重要促进作用，而且有利于推动产业结构调整，改变核心技术受控于人的状况，推动创新型国家建设，实现未来产业发展和宏观经济发展的创新驱动。

表面上，新一轮地方在战略性新兴产业的选择和发展上的竞争焦点源于一些地方政府的盲目跟风，但从操作层面上看，则源于地方政府在谋划"战略性新兴产业"时跌入"惯性陷阱"，沿袭或套用传统产业的发展模式，忽略了"战略性新兴产业"的科技创新导向特征。[228]总体而言，我国经济增长主要依赖投资驱动和外延扩展的局面尚未从根本上改变，科学技术发展滞后于经济发展，有利于科技创新及其产业化的体制机制还有待进一步完善，科技供给能力不足的矛盾依然突出，经济社会发展尚未真正走上依靠科技创新的可持续发展轨道。[229]我国发展战略性新兴产业必须在引进技术的同时，更加重视对引进技术的消化吸收和再创新。

创新驱动不仅意味着科技的发展和进步，还包含着一场深刻的社会变革，需要经济体制、科技体制改革的双管齐下。[230]战略性新兴产业的培育和发展，需要金融服务的支撑作用。没有一个制度化、有机的金融体系来满足战略性新兴产业的培育和发展中对金融服务的需求，那么，战略性新兴产业的培育和发展可能要付出更为艰苦的努力，付出更大的代价。

新兴产业处于一个产业生命周期的孕育和成长期，也就是经济长波的初期。战略性新兴产业整体上处于 A-U 模式的流动阶段，其突出特点如表3-6 所示。

表 3-6　战略性新兴产业生命周期

流动阶段（或不稳定阶段）A-U 模型	竞争焦点	创新激励源	创新类型	生产线	生产过程	设备	材料	组织控制
	产品功能、性能	用户需求、用户技术投入的信息	不断对产品进行重要变革	多种多样的，常包括定制的设计	柔性的，效率不高，易于进行重大变更	通用，需求技术熟练的劳动力	投入大多限于现有的材料	非正式的，企业精神的

资料来源：柳卸林，1993。[231]

据段小华（2011）[232]的分析，新兴产业的发展要经历孕育、成长和发展三个阶段（见图 3-5）。战略性新兴产业在不同发展阶段适合于不同的金融制度安排。

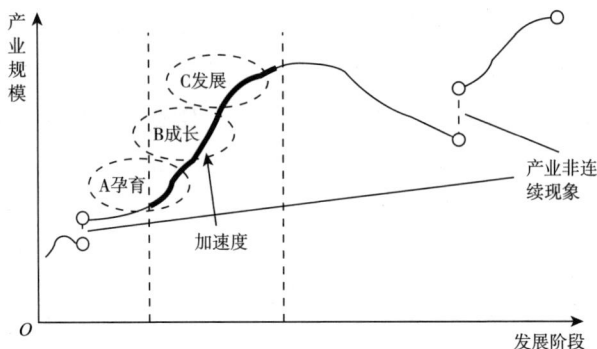

图 3-5　新兴产业发展的三个阶段及其特点

在战略性新兴产业孕育期，技术成熟度低、市场不确定性因素多，新兴产业的培育充满了高风险、低收益的特征，这往往需要政策性金融制度的安排，同时，政策性的信贷支持在此阶段也很重要。另外，孕育期所具有的高风险、高增长的潜力特征，需要来自私募股权基金（PE）、风险投资基金（VC）、创业板上市等风险偏好型的股权融资模式[233]的参与。

在战略性新兴产业的成长期，其产业规模与产业增长潜力适中，风险和收益均为适中水平。此时，间接金融制度的安排显得尤为重要，可通过设立中小商业银行、专业性贷款机构等金融创新方式。另外，政策性贷款有效融合了政策性信贷支持与市场性信贷支持的机制优势，是另一种有效的金融制度安排形式。

在战略性新兴产业的发展期，其产业具有低风险、高收益特征，产业规模较大，产业增长速度稳定。此时，需要政策性金融机制的扶持作用，这种扶持方式可能更多地表现为：一方面，政府通过制定战略性新兴产业的信贷扶持政策，来引导信贷资金向战略性新兴产业倾斜；另一方面，政府通过制定战略性新兴产业的优先上市政策，来推进战略性新兴产业的载体企业进入资本市场上市。[234]同时，间接金融制度如商业银行的市场化信贷支持也是重要制度安排。另外，还需要通过证券市场主板公开上市的直接金融制度形式，此时，在孕育期的风险投资则实现退出。

不仅不同特征产业具有不同的金融服务需求，同一个产业的不同区段也对金融服务提出不同的需求。一个产业中包含众多区段，可以将各个生产区段按资本和劳动的相对密集度的不同，从高到低排列成资本最密集的区段到劳动最密集的区段。[235] 我国的要素禀赋结构决定了一个资金相对稀缺的发展中国家，劳动力相对密集的产业（如传统的纺织业、家电产业，或者是进入新产业、资本密集产业）中劳动力密集的区段，如组装、零部件生产，这是我们的比较优势所在。[236] 同时应该看到，在我国劳动力相对密集的产业或是产业区段的企业，是以中小企业为主的。这就决定了我国金融发展的方向，应该是保证这些企业的金融服务需求。也就是说，在我国建立一个有效的金融体系要解决的问题是如何给那些最有活力的中小企业的融资提供最好的服务（林毅夫、李永军，2001）[237]。只有适应了这种要素禀赋结构的金融体系及结构，才能克服和缓解金融市场交易中的信息不对称、交易成本畸高等问题；随着要素禀赋结构的提升，产业结构和技术结构将随之变迁，服务于实体经济的金融结构和内部子结构也内生地相应演变。[238] 因此，具有地方性和小规模优势的中小金融机构能适应这种要素禀赋结构并随之发生演变。从我国经济发展水平来看，我国工业化尚未完成，仍然处于工业化的中后期，推进金融制度创新应该坚持直接金融市场与间接金融市场并重的原则，在积极发展直接金融市场的同时，仍应完善以银行信贷为主要内容的间接金融市场建设，使其更有效地为国民经济、特定产业和产业区段发展服务。

我们借鉴林毅夫等（2002）[239] 提出的方法，构建一个技术选择指数（Technology Choice Index，TCI），并以实际的 TCI 和理论上最优的 TCI 的比值来度量一个经济体的发展战略。

如图 3-6 所示，假定一个经济体只有两种生产要素——资本和劳动，并可配置到 I、J、K 三个产业某种产品的生产上。每个产业的等产值线上的每一个点都代表以一定的资本和劳动的比例所生产的一种该产业中的特定产品。当该经济体的要素禀赋结构中劳动相对较多而资本偏少时，由这种要素禀赋结构决定的等成本线将会是图中的 C 线而不是 D 线，反之，其

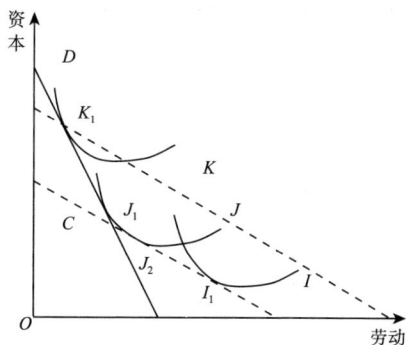

图 3-6 工业产业与技术选择

等成本线将会是 D 线而不是 C 线。当等成本线是 C 线时，企业只有选择 I 和 J 产业，并以 I_1 和 J_1 所代表的资本和劳动的比例来生产 I_1 和 J_1 点上所代表的 I 和 J 产业上的特定产品才会有自生能力。其他点上所代表的产品、技术都会增加成本，将使企业在竞争性的市场中无法获得可以接受的预期利润，从而不具有自生能力。因而，某一个经济体政府如果推行符合比较优势的发展战略，则每个企业或产业甚至整个制造业的资本和劳动的比例都是内生决定于这个经济体的要素的相对价格，而后者又内生决定于该经济体的要素禀赋结构。

三 高科技企业不同生命周期的金融服务需求

企业处于不同生命周期成长阶段会有不同的融资需求。20 世纪 50 年代，国外学术界开始研究企业生命周期理论，Haire（1959）[240] 首先提出企业生命周期理论的概念，他认为企业的发展与生物的成长路径相一致，都要经历一个从诞生、成长、成熟、衰退至死亡的过程。以弗农（Vernon）的企业生命周期理论为基础发展起来的"企业金融生命周期"理论对此有系统的理论说明。20 世纪 70 年代，韦斯顿和布里格姆（Weston and Brigham，1970）[241] 根据企业在不同成长阶段融资来源的变化提出了企业金融生命周期的假说，以资本结构、销售额和利润等作为主要参考因素，将企业划分为初期、成熟期和衰退期三个发展阶段，即企业金融生命周期理论。Weston 和 Brigham（1978）[242] 扩展了三个阶段企业金融生命周期理论，并提出创立期、成长阶段Ⅰ、成长阶段Ⅱ、成长阶段Ⅲ、成熟期和衰退期的六个阶段金融生命周期理论（见表 3-7）。

表 3-7　企业生命周期与融资来源

阶段	融资来源	潜在问题
创立期	创业者自有资金（A）	低资本化
成长阶段Ⅰ	A+留存利润、商业信用、银行短期贷款及透支、租赁（B）	流动性危机
成长阶段Ⅱ	A+B+来自金融机构的长期融资（C）	"金融缺口"
成长阶段Ⅲ	A+B+C+证券市场融资（D）	控制权分散

续表

阶段	融资来源	潜在问题
成熟期	A+B+C+D	保守的投资者回报
衰退期	金融资源撤出：企业并购、股票回购、清盘	下降的投资回报

资料来源：Weston J. F. and Brigham E. F.，1978。

Adize（1989）[243]明确了企业生命周期理论，该理论认为企业在某种程度上呈现一定的生命特征，即要经历十个时期，具体如图 3-7 所示。

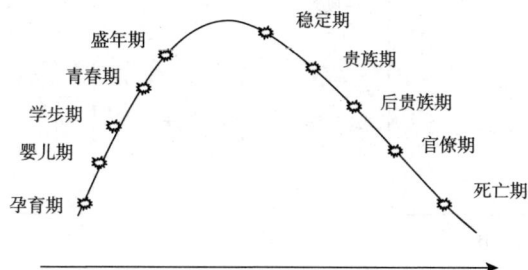

图 3-7　Adize 生命周期理论

Churchill 和 Lewis（1983）[244]认为企业生命周期包括创立阶段、生存阶段、发展阶段、起飞阶段和成熟阶段五个阶段。爱迪思（1997）[245]把企业成长过程分为孕育期、婴儿期、学步期、青春期、盛年期、稳定期、贵族期、官僚初期、官僚期以及死亡期共十个阶段。由于成熟期后的企业资金需求下降，所以企业生命周期分为种子期、初创期、成长期和成熟期四个阶段。其中，种子期和初创期合称为企业发展的早期阶段。

随着信息理论的发展及其在经济研究领域的应用，学者们对 Weston 和 Brigham 的企业金融生命周期理论进行了修订。Berger 和 Udell（1998）[246]将信息约束、企业规模和资金需要量等作为企业融资决策的基本影响因素，在引入信息隐蔽性和约束性并进行理论综合后提出的五阶段理论，较好地说明了中小企业在成长过程中分阶段融资的特点。国内学者通常也将企业成长周期分为种子期、成长期、成熟期和衰退期等四个阶段，以科学地对企业成长过程进行全面考察。

表3-8 高新技术企业不同阶段特点一览

阶段	主要活动	市场情况	面临的风险	信用情况	资金需求	融资压力	资金来源
种子期	研发活动	无正式产品、市场风险大	技术、市场、财务、经营风险	无信用	很大	很大	私人资金、天使投资
创业期	研发、成果转化	产品单一收益增长竞争开始	技术、市场、财务、经营风险	无规模无抵押信用差	很大	很大	风险投资基金
成长期	科技成果收益	竞争加大	技术、市场及管理风险	信用增加但有限	大	大	以风险投资为主
成熟期	收益相对稳定	稳定	流动风险	信用具备	小	大	风险投资退出；金融机构介入；发行股票

资料来源：荆婉，2011。[247]

　　生命周期理论说明了企业不同的成长阶段要对应不同的融资选择方式。受技术风险与规模的影响，高科技企业发展的生命周期与一般企业相比，既有共性，也有其固有特性。按企业金融生命周期理论，高科技企业从种子期阶段、初创期阶段、扩张期阶段、稳定期阶段、成熟期阶段，企业不同的成长阶段具有不同的融资需求和制度供给要求，这就需要建立全方位、多层次、混合化的金融服务方式。高新技术企业的融资体系是以服务于高新技术企业的、按照金融制度的一系列规则而建立起来的资金融通系统。由于不同阶段的高科技企业的技术创新特征不同，其投资风险和投资价值也不同，对资本需求的方式和数量便不同，从而要求不同的金融结构为其提供匹配的资金融通、风险管理、信息处理以及监控与激励服务。

　　与其他企业一样，高新技术企业同样遵循企业生命周期规律。高科技企业的成长是一段充满风险的历程，从形成一个概念，创造"种子"，到产生样品，进行实验室生产，直至形成产品、创办企业，最后发展成产业，实现科技研发成果向产业发展的"惊险一跳"。在这全过程中，高科技企业所需要的资金规模、资金性质和资金来源也都有所不同。综上，将高新技术企业的生命周期划分为种子期、初创期、成长期、成熟期和衰退期五个阶段，每个阶段的风险大小、融资需求与融资策略如图 3-8 所示。

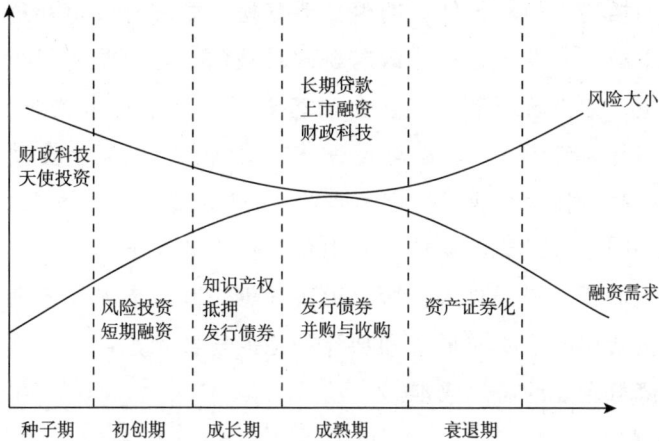

图 3-8 高新技术企业五个阶段及其风险大小、融资需求与融资策略

1. 种子期

种子期的高新技术企业正处于技术萌芽期，项目或产品的研发处于初步构想阶段，很容易因为某一细节考虑不周而前功尽弃，因而技术创新失败的可能性极大，企业面临较高水平的技术风险。据国外研究资料记载，从创新项目的形成到项目最终落地，淘汰率高达 95%。另外，由于市场需求是变动的，一项新产品从研发、初次生产到批量生产，需要的时间较长，在这个过程中原先预期符合市场需求的产品极有可能被淘汰，或是被竞争对手抢先发布。此时，前期的工作则有可能成为无经济效益的投入，形成较大的经济损失。所以，高新技术企业在种子期还面临较大的市场风险。

种子期的高新技术企业没有发生实际的经营活动，因而没有产生利润。但是这个时期的研发人员成本投入、采购研发设备或其他固定资产等都需要资金的支持，而此时的内部制度建设不完善，只有现金流出，没有现金流入，加上缺少相关业务记录导致没有信用评价，且抵押能力不足，导致很难获取银行等金融机构的信贷资金。种子期的高新技术企业一般选择内源融资，如依靠创业者的资本投入，或基于家庭和朋友的民间借贷等。[248]但是内源融资的资本来源较为分散，借款周期往往较短，仅依靠这种渠道难以缓解面临的资金压力。处于种子期的高新技术企业还有部分资金来源于天使投资，天使投资进入企业的方式简单快速，对企业的门槛要求相对较低，期限灵活宽松，能够有效填补这一阶段融资市场的空缺。[249]除此之外，政府财政科技的支持也是此时重要的外源性融资渠道，如由政府牵头成立专项基金（如高新技术企业创新基金、创业投资引导基金等），以参与投资、贷款贴息、无偿金资助等方式扶持种子期的高新技术企业进行产品研发；通过房租补贴、税收优惠政策、提供担保等间接方式予以支持。其中税收优惠政策方面，由于种子期的高新技术企业暂无经营收入，所以税率优惠对其正向作用不明显，而若对研发人员费用给予税前抵扣和加计扣除的税额优惠政策，则能够在一定程度上降低企业的研发成本。

2. 初创期

进入初创期，创业者开始逐步进入科技成果转化阶段。这一阶段高新技术企业对产品的工艺过程已经掌握，技术风险有所下降。但经营规模较小，资本实力仍较弱，产品性能还不稳定，产品市场占有率低，产品初入市场需要一定的推广时间，因此产品能否最终被市场认可仍存在较大的不确定性等因素的影响，导致整体经济效益不稳定，使得市场风险和经营风险成为这一阶段的主要风险。

初创期的高新技术企业需要大量的资金来购买原材料、维持产品的持续性研发、确定产品的市场认可度及构建可行的市场营销网络。此时的资金需求量远远高过种子期。而这个阶段的经营特点，经常引起一批偏好高风险的创业风险投资机构的关注。创业风险投资不仅在资金方面为高新技术企业提供支持，还能对其发展发挥出许多正面效应，如凭借丰富的行业经验，为企业提供运营管理、财务、战略规划、人才引进、再融资等方面的咨询与服务；[250]能够较准确地掌握市场需求，有利于帮助高新技术企业规划技术创新的发展方向，为技术创新活动的成功助力。另外，政府在此阶段可以通过创建孵化器平台来提供融资服务，这类孵化器往往具有针对性，能够有效地解决初创期高新技术企业的资金问题。最后，经过种子期阶段的积累，此时的高新技术企业已拥有一些固定资产，可作为抵押品向银行获取短期借款来用作日常流动资金。通过上面的分析，笔者认为初创期高新技术企业的融资方式主要有政策性资金、风险投资、短期融资。

3. 成长期

高新技术企业在初创期基本实现将科研成果转化到实际的生产线，初步建立起核心竞争力，顺利过渡到成长期。此时企业的产品技术在不断完善和成熟，产品性能稳定，产品从生产到销售再到服务日趋完善。新产品通过前期的推广宣传已初步得到市场认可，占领了一定的市场份额，逐步确定自身在行业的地位并且增强垄断，因此产品的销售额也随之得到大幅提升，带动了利润的稳步增长。成长期的高新技术企业的各项管理制度已基本建立完成，管理层的管理经验也得到一定的积累，经营风险开始下降。但由于市场需求不断变化，产品也要根据需求变化及时更新换代，因此此阶段的市场风险仍旧存在，且高于一般企业。另外，伴随生产和经营规模的扩大，高新技术企业在这阶段的融资也同步呈现增长趋势，再加上主营业务的高创新性，此时的财务风险也很突出。

进入成长期，高新技术产品已占领了一定的市场，且市场占有率逐渐提高，但此时产品生产规模还需要继续扩张，需要更多的资金来支持生产以及产品持续的宣传与推广，因此仍然会存在资金缺口。此时的高新技术企业初具规模，发展预期较明确，且已经积累了一定的固定资产，形象和产品品牌都享有一定的知名度，是最受风险投资关注的时期。随着在市场的稳定立足，政策性基金融资渠道逐渐对其关闭，但仍可通过财政投资、税收优惠等政策性金融融资渠道融入资金。此外，一些新的融资方式开始出现并可供选择，如发行债券、知识产权抵押贷款等，但在现实实践中难度较大。这主要是因为：一方面我国债券市场发展不成熟，企业发行债券需要符合一定的条件，门槛较高，成长期高新技术企业难以通过发行债券获取满意的融资额；另一方面，由于专利权等知识产权属高风险性的无形资产，在国内目前的金融体制下还未全面放开，只有个别银行在为高新技术企业提供融资服务时愿意接受以知识产权作为抵押品，因此能够通过知识产权抵押获取贷款的高新技术企业数量较少。

4. 成熟期

经过种子期、初创期、成长期三个阶段的过渡发展，高新技术企业正式迈入发展稳定性较高的成熟期阶段，这也是高新技术企业成长过程中的顶峰阶段。在成熟期，高新技术企业产品取得了市场的普遍认可，销售情况得以稳定，因而财务状况也较好。同时，成熟期的高新技术企业在行业中建立了良好的知名度和影响力，具有绝对的竞争优势，所积累的经验使其能够灵活应对各市场因素的变动，所以当下的市场风险和经营风险较小。但是，高新技术企业在成熟期往往需要进行资产重组，要面临改制、不良资产剥离、优质资产的置换等种种挑战，所以此时的风险主要为转型风险。另外，这一阶段的主要经营任务是通过扩大生产、技术改造、产品升级等途径更进一步占领市场，加强完善组织结构与内部管理以尽量避免企业寿命过早终结。

经过前面的分析，可以看出进入成熟期的高新技术企业已经有了稳固的经营基础，产品有了相当大的市场占有率，资金状况也有了较大的改善，此时面临的财务风险、市场风险、经营风险都相对较小，使得其融资环境得到较大改善，融资难度明显降低，融资渠道丰富化。满足国内创业板、新三板直接上市条件的，可以通过发行股票、债券等途径实现融资；若条件不成熟，也可考虑通过借壳的方式注入资产，间接上市筹措资金；以应收账款、商业票据等作为抵押品获取长期贷款。此外，政府财政科技的支持继续发挥效用，表现为对成熟期的高新技术企业实施固定资产加速折旧、投资减免、税率优惠、延迟纳税等优惠政策来降低企业的成本，缓解企业的经营压力；设立专项基金，引入相关金融机构，专门用于技术改造、扩产增效的项目。

5. 衰退期

在成熟阶段的后期，销售增长率和利润率逐步下降，高新技术企业进入衰退期。此时，高新技术企业面临生产装备老化、技术落后、生产效率低下、竞争力不足等问题。同时，这个阶段的产品市场份额不断下降，利润逐步减少直至亏损。另外，高新技术企业在前期的大量融资，使得此阶段面临较大的财务风险、被同行收购兼并的风险和破产倒闭的风险。衰退期的高新技术企业生死攸关，要么退出市场，要么重新寻找市场机会，以期进入新一轮的生命周期。

在衰退期，资金的主要用途是维护前期的规模成果，但是由于产品已经缺失了市场竞争力，日常的经营活动也难以持续开展，没有经营效益，倘若此次又扩大外部融资规模，将有可能引发不可控的财务风险，导致企业破产。因此，此时可以采取资产证券化的方式来获取融资，帮助高新技术企业清理陈旧的生产设备，且这个路径的融资成本也相对较低。

由此可见，高新技术企业在其企业生命周期的不同阶段需要不同的资金融通渠道来实现对企业发展的支持。相应的金融市场也会针对不同的科技企业类型及不同阶段的创新实现资金配置与供给，如配合商业银行、共同基金、风险投资基金及资本市场等多种形式的资金配置方式共同助力企业的科技创新活动，同时实现金融机构的投资目的。

可见，在技术创新过程中，银行金融也扮演着与资本市场同样重要的角色。因此，提出第一个假说。

假说 I：从技术创新全过程考察，不同金融工具适用于不同创新阶段，资本金融适用于技术创新研发试验阶段，而银行金融则适应技术创新产业化阶段，在推动创新过程中二者具有相对比较优势，扮演着同样重要的角色。

两种金融结构在三次技术革命的不同阶段具有不同的表现，不同金融结构在风险管理、信息处理、解决激励、公司治理机制等方面也存在较大差异，适合于不同性质、不同阶段的技术创新。另外，处于不同发展阶段的高科技企业、不同生命周期和技术创新程度的企业、采用不同创新策略的国家和地区所面临的技术创新要求也各不相同，同样要求各具优势的金融服务与其相匹配。

第二节　间接金融促进技术创新的作用机理

总体上看，间接金融促进技术创新的作用机理如图 3-9 所示。

图 3-9　间接金融促进技术创新的作用机理示意

一 信息揭示

西方学者斯蒂格利茨和韦斯（Stiglitz and Weiss）建立的 S-W 模型，在理论上解释了信息揭示功能下银行的信贷配给行为（见图 3-10），以此促进企业自主创新。

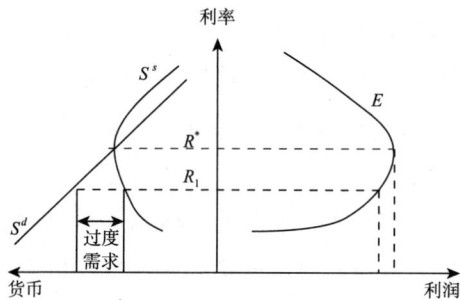

图 3-10 S-W 模型

图 3-10 中，E 为银行的利润曲线，S^s 为银行的资金供给曲线。在信息不对称的情况下，当利率上升到 R^* 后，银行的利润达到最高，此后，利润曲线弯曲，利润达到临界点后开始下降，这说明贷款利率和利润这两个因素对银行提供信贷资金都有决定作用。图 3-10 较好地解释了银行对不同类别借款人采取的不同策略和差别待遇[251]。可见，金融中介（银行）的信息揭示功能及其所带来的较低的信息获取成本是金融中介（银行）区别于金融市场的相对比较优势（Diamond，1984[252]；John Boyd，1992[253]），减少了创新投资者获取和处理有关公司的信息成本。换言之，银行中介在处理信息不对称，进行信息揭示方面具有优势，将更好地促进企业自主创新的成熟与繁荣。

二 代理监督

金融中介通过吸收大量分散在单个储蓄者的存款资金，并将其贷放给创新型项目的承担者，从而实现为产业部门提供信贷支持的过程。在此过程中，存款者与金融中介之间存在意见一致、长期合作的利益联结体关系。其中，金融中介的管理者实现了对投资项目的事前筛选和事后监督。此时，金融中介实质上是充当了某种"代理监督"的角色，代理所有的银行存款人行使对企业借款人的监督权，在提高银行监管有效性的同时，也节约了总体监督成本（Diamond，1984）。除此之外，金融中介代理监督的功能也促进了公司所有权与经营权的分离，实现现代治理体系的建立和完善，对创新投资全过程形成了更具效率的分工，从而便利公司的治理（Merton and Bodie，1995）。

三　风险内部化

区别于金融市场的风险分散化功能，金融中介有助于实现风险的内部化管理。所谓风险内部化，是指金融中介在提供风险管理功能时，首先将所管理的金融风险直接转化成自身运营所承担的内部风险，然后再以自身的各种具体机制去管理这些风险[254]。风险内部化促使金融中介在向技术创新企业提供信用融资的过程中，主动辨识技术创新企业的技术风险、产品风险和市场风险，自动地将创新投资者的流动性风险转化为自身的管理风险。

第三节　直接金融促进技术创新的作用机理

总体上看，直接金融促进技术创新的作用机理如图 3-11 所示。

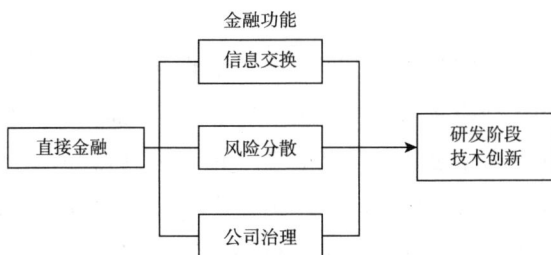

图 3-11　直接金融促进技术创新的作用机理示意

一 信息交换

在市场主导型金融结构中，金融市场发达，有大量上市公司，并要求广泛披露信息，这意味着有关公司经营活动的大量信息被公开显示。而各种隐含公司经营活动的大量信息是通过反映在相应的证券价格上最终的大范围投资者的投资选择，从这个意义上说，证券成为一个信息的集合体。当该证券进行市场交易时，进行交换的不光是价格信号，还有更重要的"多元审查"（Multiple Check）机制。也就是说，金融市场能够准确表达企业的真实信息、传达投资者的信息。

二 风险分散

技术创新的特性决定了技术创新投资将面临研发风险、流动性风险、产品风险、市场化风险等各类风险，创新主体往往难以独自承担全部风险。Allen（1993）深刻地揭示了金融市场提供不同类型的投资者在某个时点对投资风险表达不同意见、不同观点的有效机制。概而言之，国内外学者对市场主导型金融结构的优越性取得共识的一点是：金融市场在风险集成、风险分散、多样化组合、有效控制和管理等方面的比较优势突出，可以根据不同的投资需求提供各类风险分散工具和柔性服务，使每一创新主体所担负的投资风险都相对较小，方便其选择具有创新意义的专有化技术进行投资，从而有利于高新技术的诞生及新兴产业的形成和发展。

三 公司治理

所有权和控制权的分离所带来的委托代理问题是公司治理领域面临的主要难点和问题。当市场前景不明朗时，金融市场能更好地引入高风险投资者，有利于企业自主创新的萌芽。资本市场可以在改善公司治理方面发挥积极作用（Jensen and Murphy，1990）[255]，可以快速、实时地反映公司的市场价值，为管理层的绩效评价提供依据，从而可以将管理层报酬与企业绩效结合起来，对公司高管形成激励。

第四节　银行金融不利于技术创新吗？

本部分试图回答一下大家普遍关心的问题：到底银行金融是否真的不利于技术创新？关于市场主导型金融结构与银行主导型金融结构孰优孰劣的论断，至今尚无定论（Diamond，1984；Stiglitz，1985；Bencivenga，Smith，1991[256]；Holmstrom and Tirole，1993[257]；Merton and Bodie，1995；Boot and Thakor，1997[258]；Allen and Gale，2000；Levine，2002[259]；Luintel，Khan，et al.，2008[260]）。坚持市场主导型金融结构的观点与坚持金融中介主导型金融结构的观点针锋相对，这些严重分歧的观点都有其理论基础，但其皆从各自角度所进行的阐述，使其理论分析的政策指导意义大为削弱。从技术创新长周期角度来看，对 BS 型金融结构与 MS 型金融结构的相对重要性并不存在一个绝对优劣的解释。应该说，在技术创新全过程的各个阶段，银行金融也扮演着与资本市场同样重要的角色。

我们这里主要吸收了 Franklin Allen 和 Douglas Gale（2000）、徐静（2010）[261]的模型思想，建立一个简单分析框架来分析当新技术推广变迁时，存在的观点多样性（意见多样性或分歧）、不同的事前乐观程度和风险不可避程度，导致市场融资和中介融资表现出差异化的融资绩效，与此相对应的融资方式选择形成不同的融资结构。在拟构建的模型中，考虑了新技术融资的四个因素：当事人对新技术投资前景的乐观程度，群体乐观程度和当事人的观点多样性程度，信息的加工成本，创新项目的风险。在新技术的融资过程中，事件发生的路径与支付收益如图 3-12 所示。

初始时刻 $t=0$，所有投资者都缺乏有关创新项目详细特征的信息，每个投资者可能成为乐观者或悲观者的概率分布是均等的。在 $t=1$ 时刻，出现了有关该项目的新信息，每个投资者可以选择依然对该项目不知情或者通过支付信息需要的成本 C 而成为项目知情者。虽然如此，在 $t=2$ 时刻，由于不同的投资者对信息的理解不同，存在意见多样性的分布概率，在成为知情者后，对项目乐观的概率为 α，悲观的概率为 $1-\alpha$，乐观时候的投资收益为 $H>0$，悲观时候的投资收益为 $L<0$。

设 R 为投资者对创新项目进行投资的预期收益，这里我们假设不同投

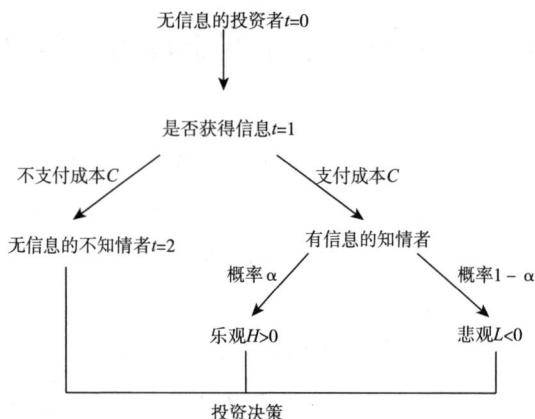

图 3-12 基于新技术的融资过程

资者对该项目有不完全信息，投资者之间对投资该项目的价值也存在两种观点：第一，乐观者认为该项目能够盈利，即预期收益 $R_H > 0$；第二，悲观者认为该项目将亏损，即预期收益 $R_L < 0$。假设每个投资者是理性的，风险是中性的，运用单位资金对该创新项目进行投资持乐观态度的概率为 α。基于此，投资者面对该项目就有了四种投资选择。

第一种情况不对该项目进行任何投资。假定投资者只偏好于投资零风险的零报酬资产，此时，他的预期收益为：

$$R_1 = 0 \tag{3.1}$$

第二种情况选择对该项目进行投资，但投资者不愿意支付成本 C，使其成为该项目的不知情投资者。此时，投资者对其持乐观态度的概率为 α，他的预期收益为：

$$R_2 = \alpha R_H + (1 - \alpha) R_L \tag{3.2}$$

第三种情况选择对该项目投资，并且愿意支付成本 C 且其是否真正盈利皆不影响其所做出的对该项目投资的决策。当每个投资者都相对独立地做出如此投资决策时，则这种投资方式其实就等同于金融市场的融资方式。因此，投资者通过金融市场投资的预期收益为：

$$R_3 = \alpha R_H + (1 - \alpha)0 - C = \alpha R_H - C \tag{3.3}$$

第四种情况是投资者通过金融中介（如银行）进行投资，此时，金融中介成为各投资者的代理者。如果作为金融中介管理者的投资者，其对该项目持乐观态度的概率为 α，因而投资者通过中介投资的预期收益为：

$$R_4 = \alpha R + (1 - \alpha)0 - C/n$$

同理，当中介管理者对该项目持悲观态度，该项目得不到融资。此时，选择中介投资的预期收益为：

$$R_4 = \alpha[\beta R_H + (1 - \beta)R_L] - C/n \tag{3.4}$$

以上四种不同情境下的差异化投资决策取决于投资方式的预期收益。这里我们重点比较金融市场投资与金融中介投资的预期收益。根据式（3.3）和式（3.4），当且仅当 $R_3 > R_4$ 时，占优的选择是市场融资而非中介融资，即

$$\alpha R_H - C > \alpha[\beta R_H + (1 - \beta)R_L] - C/n \tag{3.5}$$

通过整理，不等式（3.5）可转化为：

$$\alpha(1 - \beta)(R_H - R_L) > C - C/n \tag{3.6}$$

也就是说，创新项目投资者选择金融市场投资而非金融中介投资的充要条件是不等式（3.5）或不等式（3.6）的成立；同理，当且仅当满足上面相反的不等式时，投资者选择金融中介投资而非金融市场投资。具体而言，各变量如投资者对项目的事前乐观程度 α、投资者与金融中介管理者的观点多样性程度 $1 - \beta$、项目的风险 $R_H - R_L$、信息搜寻成本 C 等均对投资选择方式产生不同程度的影响。

我们这里继续采用 Franklin Allen 和 Douglas Gale（1999，2000）的模型思想，用纵轴坐标表示观点多样性程度 $1-\beta$，用横轴坐标表示信息搜寻成本 C。当投资者不进行投资时，其决策方式是 $R_1 = 0$。下面着重求解其他三种投资决策之间的边界。

金融市场融资与不进行融资的边界由 $R_3 = R_1$ 决定，即 $\alpha R_H - C = 0$，解之得到它们之间的边界线是：

$$C = \alpha R_H \tag{3.7}$$

同理，金融中介融资与不进行融资的边界由 $R_4 = R_1$ 决定，即 $\alpha[\beta R_H + (1-\beta)R_L] - C/n = 0$，解之得到两者之间的边界线是：

$$1 - \beta = -\frac{1}{n\alpha(R_H - R_L)}C + \frac{R_H}{R_H - R_L} \tag{3.8}$$

中介融资与市场融资的边界由 $R_3 = R_4$ 决定，即 $\alpha R_H - C = \alpha[\beta R_H + (1-\beta)R_L] - C/n$，解之得到它们之间的边界线是：

$$1 - \beta = \frac{1 - 1/n}{\alpha(R_H - R_L)}C \tag{3.9}$$

建立式（3.8）和式（3.9）的联立方程，可得两条直线交点坐标为 $\left(\alpha R_H, \frac{n-1}{n} \times \frac{R_H}{R_H - R_L}\right)$，由此可得截距坐标分别为：

$$\left(0, \frac{R_H}{R_H - R_L}\right), (n\alpha R_H, 0) \tag{3.10}$$

由（3.7）式、（3.8）式、（3.9）式、（3.10）式以及 $0 \le 1 - \beta \le 1$ 得到图 3-13。

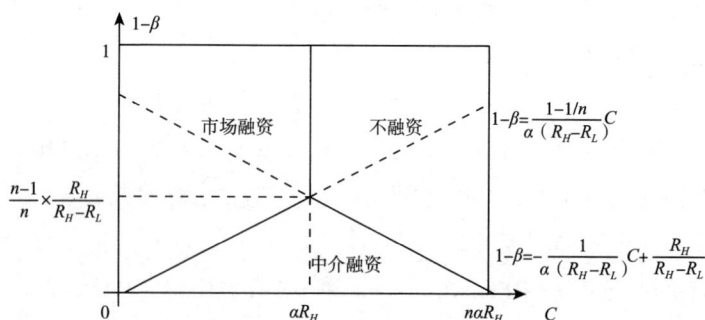

图 3-13 融资方式选择的比较

由图 3-13 可知，当观点多样性程度 $1-\beta$ 较高时，金融市场融资是较好的选择，而当观点多样性程度较低时，金融中介融资是较好的选择。这里存在一个观点多样性程度 $1-\beta$ 的临界值 $\dfrac{n-1}{n} \times \dfrac{R_H}{R_H - R_L}$，即当观点多

样性程度 $1-\beta > \dfrac{n-1}{n} \times \dfrac{R_H}{R_H - R_L}$ 时，中介融资方式不会发生。

　　而当考虑事前的乐观程度 α 和项目风险 $R_H - R_L$ 增加时，式（3.8）所刻画的直线斜率增加，而式（3.9）所刻画的直线斜率减小。因而两条直线的变动情况如图 3-14 所示，由虚线情形变为实线情形。从图 3-14 可以看出，市场融资的可能性增加了而中介融资的可能性下降了。

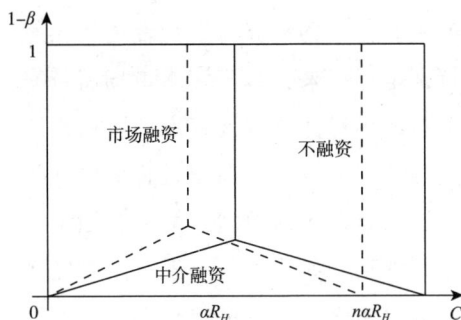

图 3-14　事前的乐观程度和风险增加对融资方式选择的影响

　　从上述模型我们可以得出两个结论。

　　第一，观点多样化程度、事前乐观程度、风险偏好程度乃至信息获取成本是决定金融市场融资与金融中介融资技术创新相对绩效的关键因素。当事前乐观概率大、意见分歧大时，金融市场融资的绩效较好；当事前乐观概率小、意见分歧小时，银行中介的融资绩效较好。对于包含大量多样性的观点或分歧较大的意见、风险较高的新兴技术早期阶段（研发阶段、成长阶段）和技术创新早期项目来说，金融市场融资方式的内在激励明显要优于银行中介融资方式。

　　第二，金融市场的优势主要在于容许观点多样化（意见分歧）、有效规避风险、实现不确定性条件下的创新激励，中介的优势则体现在分散信息成本。当事前乐观概率很小，且观点多样化程度很高时，银行就不具比较优势，不倾向于融资，而市场则能担当此项任务。因此，银行主导型金融发展模式适用于技术条件成熟情况下的成熟型产业扩张或规模化生产时

的赶超阶段。这方面可以从二战以后德国和日本银行主导型金融结构（主银行制度、全能银行制度）促进其赶超战略的成功（包括德国在化学工业、机械制造、精密仪器等领域和日本在汽车行业、电子行业等领域所获得的巨大成功等案例）得到佐证。而相比之下，金融市场主导型金融发展模式则有效激励和推动了技术创新和新兴产业的崛起。历史的实践发展也证明了这一点，如铁路的大规模投入得益于伦敦证券交易所的融资；汽车产业也与美国成熟发达的资本市场密切相关。

这一结果有力地支持了我们的假说 I，也与 Tadesse（2000）、Allen 和 Gale（2000）、Levine（2002）、林毅夫（2003a）等研究结论相一致。从技术创新的长周期来看，市场融资与银行融资的相对比较优势使其能交替发挥主导作用。特别是近年来，基于资本市场所带来的行为短期化，学者们逐渐开始关注资本市场对创新可能存在的阻碍效应。市场主导型金融结构与银行主导型金融结构在技术创新全过程中的融资、风险分散、公司治理等方面各有优势，依据不同的国情，两种金融结构并不是一种非此即彼的替代关系，而是一种互补和共存的关系。随着经济的发展和信息通信技术的进步，金融结构的演化会朝着更加高级化、复杂化和多元化的方向发展。

本章小结

本章通过解析组成金融结构比例关系的两种金融工具（金融市场和银行中介）与技术创新的关系机理，厘清了银行（间接金融）与资本市场（直接金融）在技术创新活动中的差异性功能，回答了一个大家普遍关心的问题：银行金融在技术创新生命周期的某些阶段，对某种类型的技术创新也能发挥积极作用。之后得出如下结论：从技术创新全过程考察，不同金融工具适用于不同创新阶段，资本金融适用于技术创新研发试验阶段，而银行金融则适应技术创新产业化阶段，在推动创新过程中二者具有相对比较优势，扮演着同样重要的角色。这一结果有力地支持了假说 I，为其后研究奠定理论基础。

第四章

技术创新与金融结构的协同演化

本章将从唯物史观的角度，阐述金融结构形成和演变的动力机理及其发展规律，提出不同的金融结构对技术创新有着差异性影响。也较为新颖地提出随着世界经济技术一体化步伐加快，当后起模仿国技术追赶，逼近技术先进国家时，后发国的技术创新策略将由模仿创新转向自主创新，此时，其资本金融比重将会逐渐增加，导致后发国与先进国的金融结构呈现趋同化现象。本章最后部分还将对促进我国技术创新的最优金融结构给出理论阐述。

第一节　金融结构演进机理、因素及趋势

早在 20 世纪 60 年代，Gerschenkrou（1962）就研究了英国与其他欧洲大陆国家的金融结构差异所导致的经济发展模式的差别：英国是以股票市场为基础的融资模式，而欧洲大陆的商业银行在金融体系中的作用更为重要。时至今日，世界上主要形成了两种截然不同、各具特点的金融结构：一种是以美国、英国为代表的市场主导型金融结构（Market-based Financial Structure），以金融市场作为金融资源配置的基础；另一种是以德国、日本为代表的银行主导型金融结构（Bank-based Financial Structure），以金融中介（主要是银行）作为金融资源配置的基础。

总体来看，金融结构的演进呈现如下规律。

一　金融结构演进的原动力：实体经济

古典经济学家们关注的焦点是实体经济，他们认为货币不过是便利的交易工具，是实体经济的符号。在现代经济理论的视野中，金融发展与实体经济的发展是相伴相生的。Robinson（1952）[262]就指出，"金融是产业的仆人"，经济发展带动了对金融服务的需要。金融中介和金融市场是伴随着产业经济的发展需要逐渐形成的，并提出"企业领着金融走"或"实业引领，金融跟随"或"金融跟随企业及经济发展"（Where Enterprise Leads Finance Follows）的重要观点。金融体系作为实体经济的润滑剂，可以减少经济运行中的摩擦，降低交易成本，从而通过有效的资源配置促进经济增长。国际经验表明：适合的金融结构可以促进经济增长，反之，将妨碍经济持续增长。脱离实体经济的金融发展将是本末倒置、无本之木，必然导致实体经济泡沫化、经济运行低效率和金融体系不稳定。一个国家的金融结构在促进经济持续增长中的有效性，关键在于金融结构是否与其经济运行的环境相适应，是否能够满足不同经济发展阶段提出的不同需求。世界各国之所以形成相异的金融结构，源于其各自适应了不同时期经济发展的需要。如美国，20世纪70年代开始，其经济陷入"滞胀"的困境，急需产业结构的转型升级，培育高技术、高附加值、高成长性的新兴产业成为当务之急。实体经济的发展需要决定了金融结构也必须进行相应的调整。之后，美国的资本市场开始加大对高科技中小企业的支持力度，股票市场迅速崛起，风险投资体系规模也迅速扩大，在整个金融结构中的占比显著提升。这样的金融结构安排，成为支撑起知识经济、"新经济"在美国率先形成的重要原因。相似地，二战以后德国和日本的银行主导型金融发展模式促成了其赶超战略的成功实现。

坚实的实体经济基础是确保宏观经济稳定的基本保证，也是虚拟经济健康发展的必要前提，根据休·帕特里克（1966）的"需求追随"[263]理论，实体经济增长能够引导市场的资金流向，促进虚拟资产总量的扩张与种类的多元化发展。克罗克特（2012）指出："我们在设计一套全新的、更强健的金融体系时，同样应该时刻这样提醒自己，它应该是全球的、强健的，并且能够有效地服务于实体经济。安全只是一个起点，但还远远不够。"[264]应以安全为底线，更有效地服务于实体经济的金融结构。实体经济的发展所产生的金融服务需求将拉动金融业在规模上的膨胀和结构上的优化，这为金融结构的发展和演进提供了空间。换言之，金融结构优化必须满足实体经济的发展、转型和创新的需要，结束客观上存在的金融约束，加快金融体系的市场化改革进程；通过市场化机制的充分发挥，有效提升金融体系的功能和资源配置能力，为产业结构调整和升级提供支持和保障；另外，通过结构优化扩大金融服务的覆盖范围，体现"普惠"的价值取向，加大对薄弱领域、区域和环节的金融支持力度，确保各经济成分和经济主体都能得到相应的、充分的金融服务。

金融体制的变革不能超越经济发展的阶段，实体经济的发展需求对一国的金融结构具有决定性影响和作用，金融结构应随实体经济的发展变化及时调整和优化，这一调整和优化即构成了最优金融结构的演变路径。契合实体经济发展需要的金融结构将对经济增长起到促进和推动作用。美国经济史学家查尔斯·P. 金德尔伯格（Charles Kindleberger，2003）在其名著《世界经济霸权：1500—1990》[265]中曾意味深长地指出，一个国家的经济最重要的是要有"生产性"（Productive），历史上的经济霸权大多经历了从"生产性"到"非生产性"的转变，这就使得霸权国家往往难逃由盛而衰的生命周期命运。可见，这种"生产性"不仅是霸权国家盛衰的重要基础，也是一般国家经济长期稳定持续发展的重要保障。在现代经济金融体系下，金融和实体经济之间的关系早已密不可分，脱离任何一方面孤立地发展都将损伤一国长期经济增长的持续性和有效性。

正是因为实体经济的发展所产生的金融服务需求将拉动金融业在规模上的膨胀和结构上的优化，这就为金融结构的发展和演进提供了空间。换言之，金融结构优化必须满足实体经济的发展、转型和创新的需要。金融体制的顶层设计和持续变革也不能超越经济发展阶段和脱离实体经济发展需要（Crockett，2012）。在现代经济金融体系下，金融和实体经济之间的关系早已不可分离，已经形成深刻的耦合体。两者的分离存在必将使任何一方孤立发展行之不远，且终将损伤一个国家和地区长期经济增长的持续和健康。林毅夫（2012）在《新结构经济学》一书中指出，实体经济对金融服务的需求特性应该是决定不同国家或同一国家在不同发展阶段的金融结构及其动态变化的根本性因素，实体经济决定了金融结构及其内生演化的依据。目前，大多数金融改革建议或方案（巴曙松，2013[266]；谢平、邹传伟，2013[267]；李扬，2014[268]；魏尚进，2015[269]等）均是基于提高金融服务实体经济的效率这一维度设计的。

二　金融结构演进的推动力：金融创新

自20世纪70年代，学界对金融创新的研究就已经开始。可以说，金融创新是金融发展的动力，没有创新就没有金融发展，整个金融业发展的历史就是金融创新的历史。

不同的学者将熊彼特对于创新的定义应用到金融领域，根据研究的范围不同进行了不同的定义。国外的学者在研究过程中更多从狭义上对金融创新进行界定，将金融创新看成金融工具或金融服务的创新，如十国集团中央银行研究小组（1990）的研究报告《国际金融业务创新》[270]中认为每一种金融工具都包括若干特性，如收益、风险、流动性、定价和期限等，金融创新则是对金融工具这些特性进行的分解和重新组合。德赛和劳于1987年根据区位理论提出了金融创新的微观经济模型，认为金融创新是对现有金融产品进行拆分和组合，创造出新的金融产品的过程。根据陈岱孙和厉以宁（1991）[271]的观点，金融创新是指在金融领域内产生"新的生产函数"，是各种金融要素（新工具、新方式、新市场、新手段、新技术、新型组织形式、管理方法等）的新组合，是为了追求利润机会而形成的一场改革。因而，金融创新的内容和范畴十分宽泛。如果从金融创新最广义的范畴来看，即"金融创新一直是伴随着金融业的发展"，换言之，金融创新史也是金融结构变迁史。

随着金融创新活动的日趋深化，新的金融创新模式、形态、业态不断涌现，金融系统的内部结构更加复杂，并且持续处于变化之中。在 Merton（1995）[272]看来，金融市场与金融中介在不同市场周期中会有一个交互替代即"金融创新螺旋"（Financial Innovations Spiral）的过程。特别是20世纪90年代以来，一大批新的金融业务和交易工具伴随金融自由化和金融创新浪潮大量涌现，金融创新对实体经济的服务功能无论从深度上还是广度上都有了显著提升。以美国为例，二战后美国快速工业化的背后包括激增的工业品需求、大量自由流动的劳动力、健全的产权保护机制和便利的交通运输系统，但金融创新所带来的多层次资本市场的快速发展是这众多原因中最根本的基础条件。投资银行及保险信托等领域的金融创新，成为美国引领第二次科技革命浪潮的重要力量。时至今日，美国正是凭借其 VC 与 PE、NASDAQ 市场等领域金融创新，建立了与英国、德国不同的金融体系结构，并且引领世界金融发展的潮流。

同时也应看到，脱离实体经济的金融创新蕴含极大风险。金融创新加大金融体系内在风险的同时，也加大了社会管理的成本，助长了投机氛围。Dynan（2006）[273] 认为金融创新具有典型的双面效应：在经济增长的稳定时期使金融市场和经济发展更具有弹性；但是在经济增长的衰退和危机期间，则会助长波动性、增加脆弱性，甚至可能造成系统性金融风险和整体金融危机。BIS（2008）[274] 对信用风险转移工具创新的研究也认为，金融创新掩盖了信用衍生品的风险，一旦基础资产发生问题（比如次贷），金融创新就会将金融冲击的作用系统性地放大。刘鹤（2013）[275] 经过对两次全球大危机的比较分析，得出结论：历史一次次验证，缺乏有效监管的金融自由化改革和脱离为实体经济服务本质属性的金融创新活动都是极具风险的。

三 影响金融结构演进的其他因素

金融结构的形成和演变，与其他制度的变迁一样存在路径依赖，普遍受到各国如下因素和条件的广泛影响。

（一）产业发展阶段

从产业要素角度来看，劳动密集型产业、资本密集型产业和技术密集型产业的融资需求分别通过内源融资和银行、银行和证券市场、风险投资和证券市场等不同的融资组合得以满足。随着产业要素的提升和发展阶段的升级，一个更加趋于市场主导型的金融结构将更有利于金融资源的优化配置。

改革开放以来，我国根据国情特点和比较优势理论做出了"赶超"的战略性选择，逐渐形成了以发展劳动密集型产业为主要路径特点的经济增长模式（吕政，2008[276]；李钢等，2008[277]）。当前，我国尚未跨越以劳动密集型产业为主导产业的工业化阶段（尚启君，1998）[278]，这就决定了我国劳动密集型产业和资本密集型产业的金融服务需求将主要倚重内源融资、商业银行、资本市场来实现。章奇（2002）[279]认为，由于中小企业在产业经济中的主要作用，银行融资仍然会在金融结构中占据相当的地位，但随着要素禀赋结构和产业发展阶段的提升，金融市场主导型的金融结构将被寄予热切期望。

以近年来战略性新兴产业的勃兴与发展来看，战略性新兴产业与金融资源供给体制上存在的错配，使得战略性新兴产业在不同发展阶段的融资方式也产生了相应错配（见表4-1）。这种融资错配现象，可以从金融结构能否满足战略性新兴产业发展阶段融资需求的特征来进行解释。

表 4-1 战略性新兴产业在不同发展阶段的融资方式错配比较

生命周期	风险程度	信用条件			融资方式	是否错配
		抵押	盈利	现金		
种子期	极高	无	无	无	天使投资	是
					信贷借款	是
					股权投资	否
幼苗期	高	不足	无	无	风险投资	是
					股权投资	否
					信贷借款	是
成长期	低	充足	极高	充足	股权投资	是
					信贷借款	否
					发行股票	否
成熟期	中	足	中	中	信贷借款	否
					发行股票	否
					发行债券	否
衰退期	极高	不足	低	不足	信贷借款	是
					发行债券	是
					并购基金	否

资料来源：王剑，2013。[280]

可见，新兴产业所需的资本规模和风险通常会比原有的产业大，需要有新的能够动员更多资本、有效分散风险的金融制度安排与其匹配，这也不是第一个"吃螃蟹"的企业家自己可以解决的问题[281]。

（二）政治体制因素

一国的政治体制中的政党施政纲领、政府偏好、顶层设计、制度安排、权力配置、产权界定等因素是影响各国金融发展路径差异演化的重要因素。Raghuram 和 Luigi（2003）[282]认为，特定政治体制背景下经济开放程度或政治体系的集权程度，是影响金融发展阶段水平和金融结构国别差异的重要因素。例如，英国三权分立下行政权力所受的必要制约、健全的法制化进程和完善的市场声誉机制促进了资本市场的发育和繁荣。相比来看，中国中央集权下的治理模式和特定的制度设置使政府对金融资源具有"父爱的"支配和操控，限制了我国资本市场的发展。

（三）法律基础

法律体系对金融结构影响的研究以 LLSV 的法律观为代表。法律观[283]认为：普通法法系（又称英美法系、英国法系）坚持行业领导监管型管理，相应国家或地区能更有效地贯彻实施法律法规，从而能比民法法系（大陆法系，倡导政府领导监管）国家或地区更灵活有效地体现对股东和债权人的保护。具体而言，具有普通法传统、对股东和债权人权益的保护力度很强、会计系统运作良好、腐败水平较低的国家和地区往往具有市场导向型金融系统。具有欧洲大陆民法传统、对股东和债权人权益的保护力度较弱、合同执行不力、腐败水平较高、会计准则不完善、限制性的银行管制、高通货膨胀率的国家和地区往往具有银行导向型系统。

（四）经济外向度

一个地区的经济外向度水平直接决定了该地区的金融外向度水平。外向度水平体现在金融结构上，就是差异化的结构表现。例如，在金融中心的功能定位上，中国香港是国际级的经济和金融中心，具有更强的外向性，香港的金融结构就呈现直接金融发达、衍生金融工具繁多的特点。

（五）文化传统

Allen 等（2005）[284]的研究发现，不同国家或地区的金融体系及其金融结构与国民的风险偏好度和国民的信任度息息相关，如风险厌恶型的国家或地区往往更倾向于与银行产生业务往来，建立"银行导向型"的金融体系。以德国为例，"全能银行"型金融结构的形成有其深刻的原因。区别于美、英等国股权分散的企业，德国的企业多由早期的家族企业发展而来，传统上习惯于依靠银行的信贷融资，民族性格中崇尚团队协作，倾向于与银行建立长期、稳定、密切的合作关系，银企关系较为密切。而相反地，美国的民族性格中特有的自由主义、开放张扬，使民众容易接受高风险、高收益的资本市场投资活动，这使美国的金融创新、新型金融工具得以大跨步发展。在此方面，陈雨露和马勇（2008）[285]在研究了63个国家的信用文化和金融体系之后认为，金融市场导向型的金融体系在社会信任关系越强的经济体中表现越为明显。

四 新中国金融结构的演变历程

新中国成立以来，我国总体经历了计划经济下单一的国家银行金融结构到改革开放初期的以国有银行业为主导的金融结构，再从以银行业为主导的金融结构到目前以银行业为主导、多元化金融格局逐步形成的四大金融结构演变过程。[286]

（一）1949~1978年

单一的国家银行。我国在1949年后，实施的是高度集中的计划经济管理体制，财政在资源配置过程中占据主导地位。在这样一个计划经济管理体制下，1953年后，我国开始对金融体系进行改造，建立了高度集中的、以行政管理为主的单一国家银行体系结构，仅有中国人民银行办理银行业务。这个阶段的中国人民银行，首先是国务院管属下的一个政府管理机构，然后才是一家金融企业，它既承担吸收存款与发放贷款的商业银行职能，还行使政府宏观货币调控与资金配置的中央银行职能，全国93%左右的金融资产均由其控制，可以说基本上包办了所有的金融交易。

（二）1978~1992年

以国有银行业为主导。1978年，十一届三中全会拉开了经济体制改革的序幕。伴随着改革开放，在计划经济体制向市场经济体制转轨的大背景下，我国的金融结构也进行了一场大的变革，即从原来的计划型、单一型金融结构逐步向市场化、多元化的金融结构转变。这一阶段，我国金融体系打破了原有的由中国人民银行一统天下的旧格局，开始建立多元化的金融机构体系。虽然这个阶段，各类金融机构纷纷建立，新的金融产品开始出台，但国有银行作为金融机构的绝对主力，一直保持着满足社会融资90%以上的需求，整体金融体系呈现由银行特别是四大国有银行绝对主导的格局。这个阶段的银行筹融资活动主要接受政府部门的指导，具有很强的政府性质。

（三）1993~2007年

以银行业为主导。1993年，我国金融业也进入全面发展的新阶段。在银行体系方面，成立了三大政策性银行，市场化的商业银行大量涌现，民营银行踊跃发展。在非银行金融体系方面，新建了大量证券公司、基金管理公司、信托公司，同时设立了四家金融资产管理公司处置四大国有商业银行的不良资产。一个以银行体系为主导，证券、保险分工合作，功能互补的多元化金融机构体系逐步形成。在金融市场和金融工具方面，证券市场、期货市场、外汇市场、债券市场等重要的金融市场得到快速迅猛地发展。股票、期货、债券、大宗商品、远期等衍生金融产品都获得了不同程度的发展。虽然众多的非银行金融机构和金融工具涌现，但在这一阶段，银行在金融结构中的主导性地位仍非常显著，直到2007年，银行业的总资产占比在全部金融机构中仍高达91%。

（四）2007年至今

以银行业为主导的多元化金融格局。2007年至今，虽然银行业仍在融资体系中占据主导性地位，但同时我国的金融结构已经悄然地发生了一些重大变化。一方面，企业的股权融资占比水平得到了一定程度的提升；另一方面，从2008年开始，企业利用债券市场进行融资的额度也从2007年的2000亿元快速上升至2015年的近3万亿元，在三种主要融资方式中占比也从最初的10%提升至20%的水平，企业债也逐步成为债券市场的发行主力。这一阶段，我国金融结构最为显著的变化表现在影子银行业务的兴起与快速发展上。特别是2008年以来，中国的金融体系结构、金融市场发展产生了巨大变化，传统银行信贷占社会融资规模的比重显著下降，诸多非银行信贷融资方式快速增长，已经形成了具有中国特色的影子银行体系（注：这种中国式影子银行体系是指行使商业银行功能却基本不受监管或受很少监管的非银行金融机构及其相关金融工具与业务）。从 2008 年开始，我国各种银行理财、信托产品大量发行，各种利用银行表外业务开展的融资业务出现快速增长，其他利用互联网进行的直接资金融通活动也开始活跃，这标志着中国影子银行开始产生并呈现快速发展之势。相关数据显示，我国影子银行规模在 2008 年后呈明显加速扩张态势，但随着监管政策的针对性调整，其增速在 2013~2014 年有所放缓。在绝对规模上，2014年我国宽口径影子银行规模达 50 万亿元。在相对规模上，其规模占 GDP比重与其他金砖国家和日本相差无几，但与美、英这类典型的市场主导型国家仍有明显差距。这一阶段金融结构的变化与影子银行的产生发展主要是由经济环境变化引起的，是金融体系适应经济发展的必然结果。其一，企业将经济效益作为出发点，产生了强烈的降低融资成本要求，从而带来了债券市场的大发展；其二，这个阶段我国的实体经济结构已经发生了深刻的变化。2000 年后，私营企业、中小企业越来越多地成为经济的生力军，从而产生了更为多样化的融资需求。在这样的经济结构和资金需求变化下，一些更适应中小企业、更适应单体融资相对小额的融资方式应运而生，各种信托项目、银行表外业务、P2P 等影子银行迅猛发展。

五　金融结构的演进趋势

（一）横向来看，间接金融与直接金融是功能互补、结构趋同的互动发展

关于市场主导型金融结构与银行主导型金融结构孰优孰劣的论断，至今尚无定论 [Diamond（1984）[287]；Stiglitz（1985）；Bencivenga and Smith（1991）[288]；Holmstrom and Tirole（1993）[289]；Merton and Bodie（1995）[290]；Boot and Thakor（1997）[291]；Allen and Gale（2000）；Levine（2002）；Luintel, et al.（2008）[292]]。但主流研究者都认为，银行和证券市场是互补而不是替代关系，特别是在发达国家，两者是共生的关系（Allen and Gale, 2000）。

　　传统上，人们对间接金融和直接金融存在刚性定义与简单标签化划分，通常认为美国和德国分别代表市场主导型和银行主导型等两种截然不同的金融结构模式，但通过考察美国（1918~1933 年）、日本（1980~1995 年）、德国（1980~1995 年）的金融结构演进相关性分析（见表 4-2），发现市场主导型国家与银行主导型国家的金融结构存在耦合趋同现象：在一定历史时期，美国、日本、德国间接金融的主导作用几乎完全相同或相近，拥有非常近似的金融结构和演进路径，这在很大程度上支撑了不同金融结构是动态演进、良性互动的观点（见图 4-1）。

表 4-2　美国、日本和德国相应年份间接融资比重

单位：%

美国（A）		日本（J）		德国（G）	
年份	间接金融占金融总量的比重（L/T）	年份	间接金融占金融总量的比重（L/T）	年份	间接金融占金融总量的比重（L/T）
1918	54.12	1980	59.40	1980	60.89
1919	43.36	1981	58.90	1981	60.84
1920	49.56	1982	59.89	1982	59.97
1921	48.94	1983	58.16	1983	58.66
1922	41.83	1984	56.16	1984	57.61
1923	50.26	1985	54.97	1985	56.39
1924	51.00	1986	50.78	1986	53.63
1925	52.33	1987	48.96	1987	55.07
1926	53.66	1988	45.30	1988	54.24
1927	45.45	1989	43.46	1989	52.10
1928	49.53	1990	51.20	1990	50.43
1929	51.94	1991	52.76	1991	49.70
1930	52.50	1992	57.80	1992	49.38
1931	51.51	1993	57.67	1993	46.89
1932	37.39	1994	56.75	1994	46.24
1933	40.85	1995	56.98	1995	46.64

资料来源：姜海川，2006。[293]

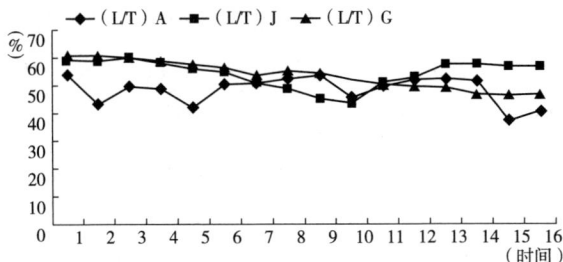

图 4-1 美日德相应年份间接融资比重

如前所述，金融功能观的提出，为更好地理解在实践中不同的金融系统在风险分担、信息处理、融资和治理结构方面都各具优势提供了理论基础。从这个意义上说，金融系统的演进是各国根据本国的经济环境和发展阶段实现直接金融与间接金融功能互补的过程。

特别是 20 世纪 80 年代以来，随着经济全球化和金融深化的发展，世界金融体系在结构上出现了如下显著变化。一是传统商业银行在金融体系中的地位在一些工业化国家呈现相对下降的趋势。如罗布津斯基 Rybczynski 认为金融体系的两种模式可以看作金融体系演进历程中的两个阶段，并指出一国金融体系将会从银行主导型阶段向市场主导型阶段演进。二是 20 世纪 90 年代以来美国经济持续强劲的增长势头，使得美国以资本市场为基础的金融体系备受瞩目。金融市场特别是资本市场在许多新兴市场国家发展非常迅速，在金融体系中的地位不断提升。市场主导型国家不断加强其全能型银行的功能，如美国转向全能型银行，而银行主导型国家也大力发展金融市场，如德国加强了其市场导向的融资，传统金融行业之间的界限越来越模糊，有些金融新产品已很难明确地归属于某一个传统行业。三是近年来为了应对多样化的市场需求和日趋激烈的市场竞争，金融机构的业务范围逐渐扩展，并呈现多元化和混合化的特点。金融机构的业务边界变得日益模糊，混业经营成为金融结构发展的主流。商业银行不仅经营传统存贷业务，而且大力开展与证券相关的业务；证券公司也向商业银行领域渗透，将证券业务与信贷等业务逐渐结合起来。金融行业的业务多元化、结构趋同化，逐渐打破了金融行业职能分工的界限，进而导致各类金融机构的业务结构、资产结构和市场份额结构等发生了重大变化。以美国为例，虽然 20 世纪 30 年代大萧条和本次危机爆发时美国都是以市场为主导的金融体系，但是近 30 年美国的金融创新工具和产品层出不穷，多样化的证券化资产、金融期货期权以及其他金融衍生产品迅速发展，进一步强化了金融系统的市场导向。从金融机构资产份额的角度来看，商业银行地位的弱化趋于明显（Allen and Gale, 2000）。[294]

总体来看，金融结构的演进是一个动态的过程，直接金融与间接金融之间可能存在双螺旋缠绕上升、此起彼伏的变迁路径，并不是以一种趋势压倒或替代另一种趋势的过程。Claudia 和 John（1998）[295]也提出了西方国家金融系统的趋同问题，即美国正转向全能型银行，而德国也加强了其市场导向的融资功能，两种金融系统似乎要趋同于一种中间模式。20 世纪 80 年代以来，西方国家的金融结构也正呈现某种趋同融合的态势。原来以银行中介为主的德国（全能银行制）、日本（主银行制）等国纷纷发展证券市场，向以金融市场为主的金融结构转变；银行业开始向多元化、综合化、网络化经营迈进，各相关业务边界不断拓展，分行业间的界限逐渐模糊。金融结构上的这种变化趋势使不同的混业经营模式的特征边界变得越来越模糊，不同结构模式之间出现了渐进的融合趋势。

由表 4-3 可以看出，各国的银行贷款占 GDP 的比重整体都有上升，这说明银行系统在经济发展中的渗透力和支持力正不断加深和强化。在金融市场的发展上，原来以银行主导为特色的德国和法国，其国内的股票市场也有了很大的发展，表现在其股票市值占 GDP 的比重整体在上升。

表 4-3　银行与资本市场发展的比较（1988~2002 年）

年份	美国		英国		德国		法国		日本	
	银行贷款/GDP	股票市值/GDP	银行贷款/GDP	股票市值/GDP	银行贷款/GDP	股票市值/GDP	银行贷款/GDP	股票市值/GDP	银行贷款/GDP	股票市值/GDP
1988	114.65	55.12	104.66	92.54	99.15	19.02	96.67	25.00	250.56	131.02
1989	114.83	64.53	118.37	98.30	98.39	27.73	99.35	37.14	257.91	147.55
1990	110.77	53.21	121.18	85.80	104.43	21.24	104.35	25.82	259.57	95.64
1991	112.98	68.96	117.96	95.57	105.42	22.20	104.41	28.52	257.26	89.72

年份	美国		英国		德国		法国		日本	
	银行贷款/GDP	股票市值/GDP	银行贷款/GDP	股票市值/GDP	银行贷款/GDP	股票市值/GDP	银行贷款/GDP	股票市值/GDP	银行贷款/GDP	股票市值/GDP
1992	114.43	71.70	115.54	86.47	110.32	17.22	105.02	26.08	264.45	63.01
1993	118.14	78.02	113.74	119.54	118.29	23.68	106.60	35.74	272.48	68.58
1994	116.32	72.46	116.27	116.07	122.72	22.49	100.81	33.41	279.07	77.30
1995	124.66	93.45	122.37	124.04	127.41	23.49	101.94	33.61	285.00	69.14
1996	130.89	109.46	126.19	146.34	134.87	28.15	102.10	38.03	288.46	65.63
1997	140.25	136.97	125.26	150.34	140.33	39.09	102.23	47.96	291.50	51.28
1998	150.51	154.26	122.48	166.82	145.66	51.01	NA	68.29	300.38	63.24
1999	162.46	180.57	125.37	200.89	147.43	67.94	104.62	102.20	320.56	101.73
2000	162.91	154.72	133.80	179.21	147.75	67.92	104.93	110.57	316.03	66.27
2001	163.23	137.83	139.96	155.09	146.89	57.83	107.14	88.94	316.15	53.93
2002	159.38	106.45	145.35	119.02	144.72	34.57	104.96	67.56	312.51	53.24

（二）纵向来看，金融发展表现为金融结构向功能高级化、结构复杂化的过程转变

直接金融与间接金融的功能互补和良性互动是金融结构向高级化、复杂化转变的内在动力。金融结构这个概念的首倡者戈德史密斯（1990）就认为，金融结构是一个国家的"金融上层结构"（Financial Superstructure），金融发展（Finance Development）就是金融结构的变化。发展金融理论的职责就在于找出决定一国金融结构、金融工具存量和金融交易流量的主要经济因素，并阐明这些因素怎样通过相互作用，从而形成金融发展；并且进一步定义，金融上层结构与经济基础结构的关系体现为一国金融结构和金融发展水平的基本指标即金融相关率 FIR（Financial Interrelations Ratio），并通过定性分析和定量分析相结合，及国际横向比较和历史纵向比较相结合的方法，得出了 FIR 值与经济发展水平正相关的基本结论。在他看来，

FIR 反映了一国金融上层结构与经济基础的关系，可用来衡量金融体系在整个经济体系中的重要程度，或者说经济体系的金融化程度。其"金融发展就是金融结构的变化"的观点为此后的金融研究提供了重要的方法论参考和分析基础。

从历史的纵向视角来看，金融结构主导模式的变迁演化也是有规律可循的，即金融结构主导模式的演化进程一般遵循"早期的实物货币交易的初期阶段→信用货币创造的银行主导阶段→非货币金融工具扩张的金融市场主导阶段"进程[296]，融资方式也从以间接融资方式为主过渡到直接融资方式占主导，具有清晰的历时性脉络和明显的阶段性特征（见图 4-2）。Rybczynski（1997）[297]将三阶段调整为银行主导阶段、市场主导阶段（又分为弱市场阶段和强市场阶段）、资产证券化阶段，三个阶段的投资需求分别通过银行、资本市场、投资银行与资本市场来实现。在人均 GDP 和产业结构变迁双因素驱动下，一国金融结构从银行主导转向证券市场主导（劳平，2004[298]；Allen and Gale，2000）。银行和证券市场规模都变大，但是银行规模和经济产出之间的相关性变弱，证券市场和经济产出之间的相关性变强，证券市场在经济系统中的作用提高而银行作用下降。

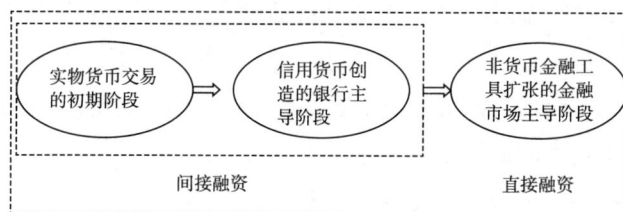

图 4-2 金融结构在时间维度上的演化示意

发达国家金融市场的发展在很大程度上有效促进了国际金融结构趋势的演变。发达国家金融结构变迁的顺序为：银行主导阶段→市场主导阶段→强市场导向阶段。美国和英国在 20 世纪 80 年代就已经进入第三阶段，德国、日本这类银行主导型国家在 2000 年前后发生逆转，目前直接融资占比已经超过间接融资，而中国还是典型的银行主导型金融结构，如表 4-4 所示。

表 4-4　主要国家间接融资与直接融资的比例

国家	1980 年	1990 年	2000 年	2012 年
美国	29：71	23：77	14：86	18：82
德国	61：39	50：50	48：52	26：74
日本	59：41	51：49	44：56	31：69
中国	—	92：8	81：19	84：16

资料来源：中国数据来自《中国金融年鉴》，1980 年、1990 年美德日三国数据来自劳平（2004），2000 年、2012 年美、德、日三国数据来自 OECD 数据库。

国内学者白钦先（1989）[299] 较早对金融结构的演化进行了系统分析。他指出，一国金融结构的演变可归纳为从初级到高级、从间接融资为主发展到以直接融资为主，即经历"金融倾斜及其逆转"的动态变迁，并将之形象地概括为金融发展的倾斜与逆转，即先倚重银行主导的间接融资，再向市场主导的直接融资转变。白钦先教授还指出，金融倾斜和逆转的大体趋势是向现代金融、以非银行金融机构为主体的金融、以金融市场为主导的复杂金融、高度开放的高度流动性的金融、真正全球性的全球金融方向发展。随着内外环境的变化和金融创新活动的发展，两者的比较优势又会不断地交替和变更，从而促进金融功能的优化和完善，进而引起金融体系的深刻变化，推动金融体系不断向高级化演进[300]。王维安（2000）[301] 分析了我国金融结构的三大变迁，即从内源融资主导型转向外源融资主导型，从单一的国家银行融资型转向以间接融资为主、直接融资为辅型以及从封闭型金融趋向开放型金融。

未来面向技术创新的金融结构的演变趋势应是不同金融体系的互相融合，即兼收并蓄、优势互补。当然，这不是两种不同金融体系结构的简单拼凑，而是一个结构逐步合理、功能不断优化、效率日益提高的演进过程。金融市场的各种组合方式和证券化的融资方式创新，风险投资与创业板市场、证券市场以及金融衍生产品市场的发展，进一步增加了金融市场的层次，也使金融市场结构日益复杂化。同时，金融工具的种类如股票、股票期货、股指期权等日益增多，规模日益庞大，结构日益复杂，层次不断提升，形式日益无纸化、电子化。同时，金融资产的证券化特征也彰显出金融结构演化的复杂化和高级化。

第二节 金融结构差异及其对技术创新路径的影响

一 金融结构的差异化表现

以上章节论述了不同国家内生于要素禀赋结构和经济发展阶段的金融结构呈现差异性特征，可归纳为表4-5。

表4-5 银行主导型金融结构与市场主导型融资结构的特征比较

	银行主导型	市场主导型
融资方式	银行借贷	股票融资、债券、风险投资等
对价格信号反应	弱，以内部信息为主	强，以外部市场信息为主
风险偏好	低风险、保本保息	高风险、高收益
流动性	弱	强
产业特点	成熟产业、模仿创新	新兴产业、原始创新
政府可控性	强	弱

资料来源：笔者根据相关资料整理。

根据金融效率维度和金融结构维度，可将世界主要国家的金融体系粗略划分为四类：低效率市场主导型金融体系、低效率银行主导型金融体系、高效率市场主导型金融体系和高效率银行主导型金融体系（见图4-3）。

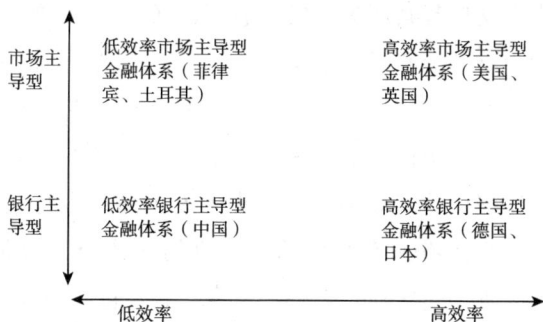

图4-3 金融体系与金融结构的分类

金融结构的差异化表现普遍受到各国经济形态的深刻影响。作为一个新兴的移民国家，美国的金融制度是在西欧国家的金融制度已经建立起来的情况下才逐渐形成的。大体来看，美国的金融结构是与其经过了二百多年的发展和完善所形成的独特社会经济和历史文化分不开的：高度分散且受诸多限制的银行体系、发展宽松且功能完备的金融市场。19世纪中后期，已经完成工业革命的英国进入发展的鼎盛时期，相关产业逐步发展成熟，中小企业在丰沛社会资金支持下实现工业化。而此时，刚统一后的德国仍处于工业化初期阶段，百废待兴，缺乏大量的原始产业资本积累，又没有发达的金融市场提供资金来源。为了快速赶超工业化发达国家，需要依靠重工业和化工行业实现工业化。为此，德国形成了以全能银行为主要特点的金融结构体系，实现大型银行、几大银行财团与企业之间的互相渗透和紧密结合，为工业化进程提供了强有力的金融支持。而日本在二战战败后，旧式财阀被解散，工商企业脱离原财阀母体的控制，形成了产业资本对银行借贷资本的高度依赖。在政府主导型市场经济的框架下，要寻求日本宏观经济的赶超，需要比较适合的计划金融系统，这是日本最终发展成为主银行金融系统的根本原因。

Allen和Gale（2000）根据金融市场与银行机构两种方式在金融系统中的相对重要性，对主要发达国家的金融制度结构进行了区分。

从美国、英国、德国和日本四国的金融结构来看（见图4-4），同一类型金融结构内部也存在差异性。美国、英国与德国、日本分别代表两种不同的金融结构模式，美国、英国以直接融资为主，德国、日本以间接融资为主。美国的技术创新能力维持着美国一百多年来的世界霸权地位，英国的技术创新能力支撑起其历史上的"日不落帝国"地位，德国的技术创新能力使其被誉为欧洲经济的"发动机"，日本企业的创新能力引领日本在不到半个世纪的时间内一跃成为世界第二号强国。英美虽同属于资本市场主导型国家，但由于英国有着更为漫长的资本主义经济萌芽时期和发展阶段，其银行业比美国分工更加细致，集中度更高，银行业相关制度更加成熟，其四家大银行拥有遍布全国的分支机构。美国银行业则非常分散，由于其拥有世界上最先进的间接融资体系，主要包括商业银行和财务公司，这些金融机构通过自身的不断创新为自主创新企业提供越来越丰富多样的融资工具，因此美国的非银行金融机构最发达，银行业最不发达。同样的，德国、日本同属于银行主导型金融结构，但两者也有区别。德国的全能银行制度是在吸收法国银行制度的经验基础上发展起来的，但其银企关系远比法国的密切；德国的银企关系是早期家族企业长期自发形成，为实现后发赶超而主动选择与银行合作的客观结果，而日本的主（办）银行制的形成与二战后日本政府为控制银行的"超贷"现象，允许银行投资股票和证券，从而为银行控制企业管理权的时代背景密切联系。[302]德国的银行体系最发达，非银行金融机构最不发达；而日本的非银行机构是最发达的，其次是银行，最后才是证券市场的规模。可以看出，同属银行主导型金融结构的日本与德国，其金融结构其实有相当大的差异。

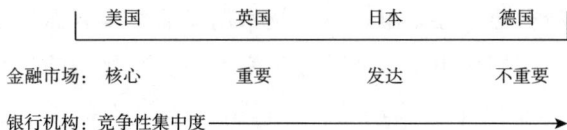

美国	英国	日本	德国
金融市场：核心	重要	发达	不重要
银行机构：竞争性集中度 ⟶			

图 4-4　典型国家的金融制度结构差异

二　金融结构差异性对技术创新的路径影响

综观世界历次产业革命实践，可以清楚看出，不同国家或地区之间的金融结构差异，主要反映各个国家之间产业结构与技术结构差异，二者之间所形成的合理比例，反过来又会促进当地产业技术发展。市场主导型金融体系（如英国和美国）比银行主导型金融体系（如德国和日本）在发展新兴产业上更成功，适合处于产业生命周期初期的产业发展；而日本和德国似乎更擅长学习和推广成熟技术产业，银行主导型金融体系更有利于成熟产业的发展[303]。

根据以上分析背景，我们提出待检验的假说Ⅱ：金融结构会影响技术创新模式。一般而言，以资本金融为主的金融结构主要表现为原始创新；以借贷金融为主的金融结构，多数倾向于模仿创新。技术创新模式的变迁也会影响金融结构演化，后发模仿国技术追赶，逼近技术先进国家，前者由模仿创新转向自主创新，资本金融比重将会逐渐增加，导致各国金融结构呈现趋同化现象。随着金融制度变革的深入，我国的最优金融结构也呈现与主要发达国家渐进趋同的特征。

银行金融过多，资本金融不足，会造成创新抑制；反之，银行金融不足，缺乏对创新成果产业化的金融支持，也会造成创新过度和创新成果闲置。

一方面，资本市场比例高低在新兴技术发展中存在差异化表现。技术创新的研发是一项风险性极高的探索性的工作，风险较高、不确定性强，素有"成三败七"之说。这在世界各国都是普遍的问题，即使在发达国家，近90%的技术创新项目在进入市场实现商业化之前就宣告失败。资本金融的参与特别是风险投资的介入对初创企业能否度过"死亡谷"（Death valley）至关重要。英国经济学家Hicks（1969）通过对英国工业革命发生的深层原因进行分析，在金融市场对技术创新的影响方面做出了开拓性的研究。他指出，英国历史上工业革命的发生不能直接归功于技术创新，而在很大程度上是金融革命的结果，并得出"工业革命不得不等待金融革命"的重要结论。英国伦敦股票交易所为19世纪铁路产业大发展提供了源源不断的资金。同样，20世纪，美国资本市场的繁荣是其汽车、民用飞机和信息技术等新兴产业实现跨越发展的重要因素。正因为如此，英国金融业促进了科技向生产力的转化，促进了经济的发展，这为伦敦国际金融中心功能演进注入了动力。总之，英国工业革命的历程可以启示：工业的发展是金融体制结构纵深发展的必然结果。伦敦证券交易所成为真正成就英国"日不落"帝国的火车头。

另一方面，银行比例高低在技术创新产业化和创新成果应用方面也存在差异化作用。熊彼特（1912）在其创新理论中特别强调金融制度能有效推动企业家创新，为其提供资本和机会。Gerschenkron（1962）特别提到了银行体系在19世纪为欧洲在追赶型经济发展中实现经济快速发展起了关键的创造性作用。美国经济史学家金德尔伯格[304]也曾断言，英国的工业革命是以其之前发生的银行业革命为基础的。在战略性新兴产业发展的各个主要价值链中，产业化是其中的重点环节。这一时期的战略性新兴产业迫切需要商业银行通过发挥其灵活的利率、存贷机制、资金规模和风险组合以提供长期资金支持。倘若这一时期缺乏大型商业银行的金融支持，技术创新成果将难以商业化，也无法实现科研成果转化为生产力，将导致大量创新成果闲置和浪费。据世界银行估计，我国的研究成果只有10%～

30%用于生产，70%~90%的研究成果成为样品、展品、礼品。[305]高新技术成果推广和商业化中信贷投放的不足也成为制约中国"产学研"协同发展的最薄弱的环节之一。

第三节　技术创新模式变迁与金融结构的趋同化

一　技术创新模式变迁

发达国家与发展中国家的技术能力演化路径是不同的。很多学者认为发展中国家的技术发展过程与以 Utterback 和 Anernathy（1994[306]）的研究为代表提出的典型发达国家技术发展"流动—转换—明晰"三阶段模型（见图 4-5）有着显著的差异，因而纷纷提出对于发展中国家技术发展过程的认识（见表 4-6），这为后来很多关于技术能力演化路径的研究提供了大量启示。

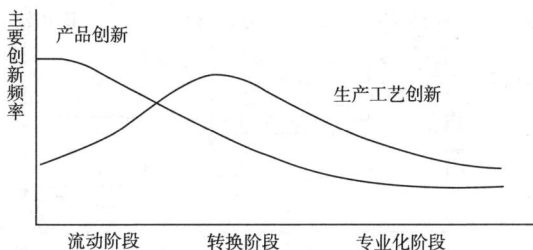

图 4-5　发达国家的技术发展过程

资料来源：Utterback 和 Anernathy，1994。

表 4-6　早期后发国家技术发展过程研究概要

代表人物	技术发展阶段
IDRC（1976）	引进—吸收—创造
Judet 和 Perrin（1976）	引进、复制—改进—创新
Cortez（1978）	复制—模仿—改进和创新
Stewart（1979）	自主搜寻和选择—细微的技术变革—新技术开发和输出

续表

代表人物	技术发展阶段
UNIDO（1980）	选择和获取—改进和吸收—开发
Kim（1980）	使用—吸收—改进
Ogawa（1982）	引进—吸收—改进—创造

资料来源：Lee、Bae 和 Choi，1988。[307]

此后，金麟洙（Kim，1998）[308]从比较的视角也认为奋起直追国家中的技术能力发展过程与发达国家有所不同，并依据对韩国几个不同工业行业的研究，结合 Utterback 和 Anernathy（1994），Lee、Bae 和 Choi（1988）分别关于发达国家和发展中国家技术发展过程的描述，设计了一个技术能力三段式发展的模式——获得、消化吸收和改进，如图 4-6 所示。

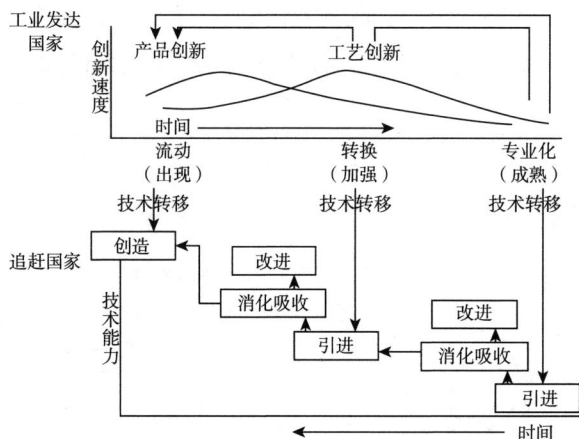

图 4-6　Kim 的技术能力三段式发展模式

延续 Kim（1998）从模仿到创新的分析框架，可以将三个阶段的调整概述如下，如图 4-7 所示。

在第一阶段，发展中国家利用后发优势，从引进技术开始，主要立足本土市场，依靠干中学、用中学，逐渐形成产业发展的基础，为引进、消化吸收和再创新创造产业平台。产业链分工主要在企业内部实现，产业配套能力较低，只有少数有实力的企业才能进入，这往往形成垄断型市场结构。由于产业发展处于起步阶段，发展中国家产业处于复制性模仿阶段，技术能力主要体现为生产能力。

在第二阶段，随着市场规模的扩大，产业内部的分工逐渐深化，一些生产环节独立出来，其所形成的外部经济降低了企业最小有效规模，更多的企业加入产业链条，一方面造成竞争的加剧，另一方面逐步形成了产业链雏形。这一阶段，一些企业进行创新性模仿，在产品系统层次上进行技术学习，利用发达国家的产品元件，发展整合子系统的能力，并根据本土市场需求特点发展出自主产品概念，逐步形成建构创新能力。需要指出的是，成功的模仿绝非人们形容的缺乏创造力的征兆，而是学习独创性的第一步。模仿和与之而来众多创新性的改进，最终会发展为开拓性的创新[309]。但是，这一时期产业技术能力仍较低，还无法掌握核心技术，关键部件和技术仍需进口。

在第三阶段，产业内部的分工日趋完善，在产业链环节有效协同的基础上，产业技术能力进一步提升，逐步向产业链高端延伸。由于外部核心元件技术的变化往往决定企业选择产品功能的范围，仅仅具备建构创新能力往往受制于人，利润率也比较低，而且由于此时发展中国家产业的发展已经对发达国家构成竞争威胁，因此发达国家也将极力控制关键技术的输出，发展中国家必须发展核心元件的技术能力。而核心元件的生产将推动产业链上游关键设备能力的发展，形成良性互动的局面。前一阶段所积累的产品知识、市场知识是这一阶段技术能力提升的基础。核心模块创新能力形成的标志，不再是外部核心元件技术的变化决定企业选择产品功能的范围，而是企业的产品创新引发外部元件技术及其供应商的变化。

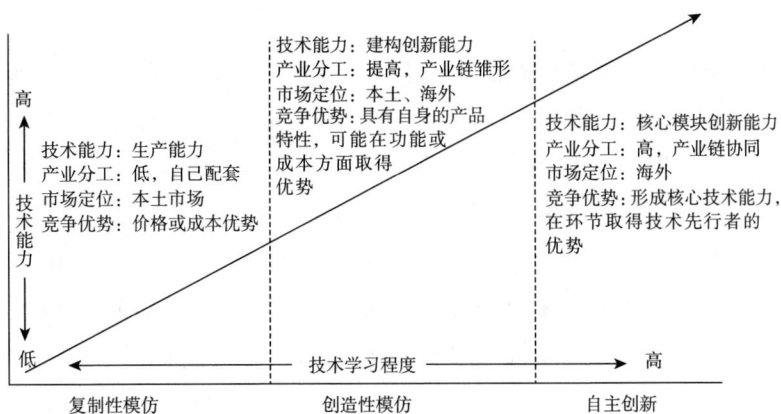

图 4-7　发展中国家产业技术能力的阶段演进：从模仿到创新

技术引进是后发国家产业起步阶段的必然选择，但后发国家的产业技术发展不应该被视为一个通过技术引进就能很容易和很快提升的过程，它需要通过有意识的技术努力以最终实现自主创新。后发国家的产业通常脱离主要的国际技术来源、R&D、大学及它们想供应的国际主流市场（Hobday，1995）[310]，为了变得有竞争力和追赶上技术领先者，它们必须开展技术学习以建立自有技术能力去开展独立的自主创新活动（Figueiredo，2003）[311]，才能确保技术追赶战略的实现。不以自主创新为目标，落后国家产业的技术能力就会陷入路径依赖式的"落后—引进……再落后—再引进"怪圈，路径依赖式落后国家产业技术能力发展路径[312]如图 4-8 所示，随着时间的推移和技术的更新换代，落后国家产业的技术能力发展只会有量的变化而没有质的跨越，引进之后还是引进，落后之后还是落后。

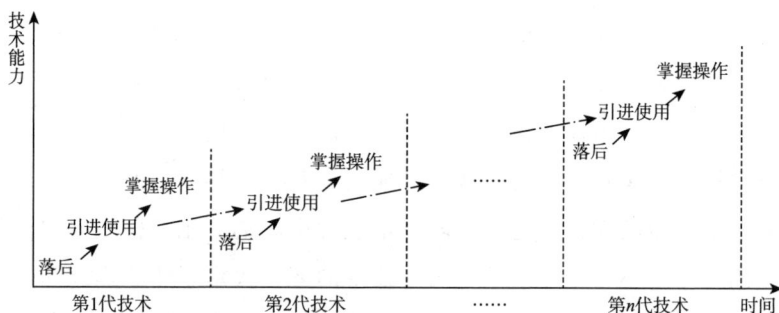

图 4-8　路径依赖式的落后国家产业技术能力发展路径

技术引进，乃至模仿创新只是让自己的技术基础得到提高，达到一定程度之后要想实现跨越式发展必须基于自身的努力，必须采取自主创新的方式构筑国家的创新能力（Kline and Rosenberg，1998）[313]，创新才是产业和企业竞争成功的关键（Sadowski and Roth，1999）[314]。所以只有以实现自主创新为目标，通过技术努力突破技术引进的路径依赖式困境，落后国家产业技术能力发展才会实现后发追赶，在量变的基础上最终实现质的跨越。追赶战略下后发国家产业技术能力发展路径[315]如图 4-9 所示，随着时间的推移和技术的更新换代，后发国家的技术能力发展会呈现"落后—引进……适应改进……自主创新—领先—自主创新"的路径轨迹。

后发国家产业技术能力只有实现从技术引进到自主创新的跨越，后发国家产业才能由技术落后者迈入技术领先者的行列，实现对发达国家产业的技术追赶。

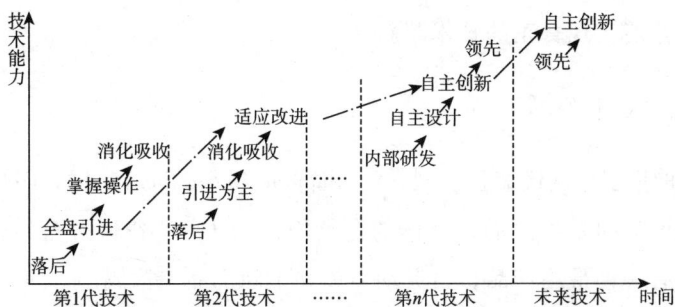

图 4-9　追赶战略下后发国家产业技术能力发展路径

　　经济学家们针对后发国家的技术进步提出了许多理论假说，其中最著名的是技术后发优势假说（Advantage of Backwardness）。该理论认为：后发国家吸收先发国家的技术，并通过技术模仿和自主创新两个路径实现技术差距的收敛和技术进步（Gerchenkron，1962）。在此过程中，金融机构的主要职能就是在技术创新最前沿的部门实现金融资本支撑和创新投资引导。1993 年，Krugman 等（1993）[316]总结了后发国实现经济成功赶超的经验，提出先进国家的技术水平可能会因为技术惯性而被锁定在某一范围内小幅度变化，在这种情况下，后发国家可能超过原来的先发国家，即形成"蛙跳"模型（Leap-flogging）。其后，Coe 和 Helpman（1995）[317]，Barro 和 Sala-i-Martin（1997）[318]等证明了技术后发国可以通过技术模仿和技术学习，在某些领域、某些产业实现对技术先进国家的技术赶超，实现所谓的"蛙跳"奇迹。

　　后来 Rachel（1996）[319]通过建立技术转移、模仿和创新的一般均衡模型，提出了技术—经济趋同论，即当后发国家通过技术模仿实现与发达国家之间技术差距的收敛后，技术模仿的空间将趋于缩小，后发国家的技术发展策略将从技术模仿转向自主创新。Kim（1998）提出了后发国家的技术创新模型——"获得—消化—吸收—改进"，而且从长远看，各国在技术模仿和创新方面的回报率也将趋于一致。[320]当后发国家的技术水平与技术前沿之间的差距缩小时，后发国家的技术发展战略可能从技术引进策略逐渐转变为自主研发策略（Acemoglu et al.，2006）[321]。在此方面，自主性创新派代表就鲜明地提出：由于技术引进、后发优势收益递减（Yang and Maskus，2001）[322]和摆脱创新惰性的需要（Stiglitz，2000）[323]，唯有自主创新才能实现真正的技术革新。

（一）基本假设

我们的模型与世代交叠模型（Overlapping Generation Model，OLG）[324][325]类似。假设时间是离散的，个体的存续周期为1，消费偏好是线性的，且全社会只有一种最终产品，由劳动力 L 和中间产品 x 构成。

$$Y_t = L^{1-a}A_{it}^{1-a}x_{it}^a di, \qquad 0 < a < 1$$

其中，x_{it} 是中间投入产品数量，A_{it} 是生产效率参数。为简单起见，我们假设劳动力 $L = 1$。

最终产品市场是充分竞争的，因此，中间投入品 x 的价格 p 等于它的边际成本，即：

$$p_{it} = aA_{it}^{1-a}x_{it}^{a-1}$$

由于中间产品生产商都进行创新活动，因此具有垄断能力。我们也假设最终产品既可以用来消费，也可以作为投入品，用于生产中间产品。在利润最大化条件下，垄断厂商的生产利润为：

$$\prod_{it} = p_{it}x_{it} - x_{it} = aA_{it}^{1-a}x_{it}^a - x_{it}$$

由一阶条件可得到此时的中间产品数量为：

$$x_{it} = a^{\frac{2}{1-a}}A_{it}$$

进一步可以得到中间产品生产厂商利润为：

$$\prod_{it} = \pi A_{it}^*, \pi = (1-a)a^{\frac{1+a}{1-a}}$$

（二）创新投入与创新概率

厂商的创新活动与其创新投入息息相关。一般而言，创新成功的概率与创新投入存在正向关系。创新投入后创新成功的概率 μ 与经生产率调整的厂商研发投入 $\varphi(n)$ 成正比，其中的 $n = R_{it}/A_{it}^*$，R_{it} 是厂商研发支出，A_{it}^* 是厂商的目标生产效率。

那么厂商创新之后的利润可以表示为：

$$\mu \prod_{it} - R_{it} = [\mu\pi - \tilde{n}(\mu)]A_{it}^* \tag{4.1}$$

其中，$\tilde{n}(\mu)$ 是经生产率调整的厂商研发投入。

与 Aghion 的研发投入函数类似，我们假设厂商研发投入函数为：

$$\tilde{n}(\mu) = \eta\mu + \psi\mu^2/2 \tag{4.2}$$

η 和 ψ 影响创新活动效率的一些因素，η 和 ψ 越大，在一定的研发投入下，创新概率越低，影响创新活动效率的教育水平、基础设施等。

式（4.2）的一阶条件，即边际研发成本为：$\tilde{n}'(\mu) = \eta + \psi\mu$，$\eta$ 和 ψ 都大于 0。

这样，即使 $\mu = 0$，也就是即便创新失败，边际研发成本也为正，这和现实是吻合的，因为并不是所有的研发投入都会带来成功的创新。

另外，我们还假设 $\eta + \psi < \pi$，这个假设可以保证模型中均衡的创新成功概率 μ 小于 1。

接下来，我们讨论厂商创新的条件，也就是对式（4.2）进行最大化求解，即：

$$\tilde{n}'(\mu) = \pi$$
$$\mu = (\pi - \eta)/\psi > 0$$

那么，我们可以很容易得到厂商是否创新的决定条件。

情形 1　创新

如果 $\eta < \pi$，$\mu > 0$。也就是，在这种情况下，对于厂商而言，创新后的利润大于零，即相对于研发支出，创新的收益足够大。因此，厂商会持续地增加研发投入。

情形 2　不创新

如果 $\pi \leq \eta$，$\mu < 0$。在这种情况下，对于厂商而言，创新后的利润小于零，创新收益为负，因此创新是不划算的，厂商选择的研发投入为 0。

接下来，我们在模型中加入技术模仿活动。要描述模仿活动，我们需要引入一些变量。这些变量包括经济体自身现有的技术水平 A_{it}、被模仿的世界技术前沿 $\bar{A}_t$，以及两者之间技术距离等因素。由于世界技术前沿 $\bar{A}_t$ 是发达国家的创新成果，因此对于落后经济体而言，$\bar{A}_t$ 是外生给定的变量。

（三）模仿与技术前沿

假设厂商的目标是世界前沿技术，如果模仿成功，厂商的技术水平追赶上了前沿技术，即技术模仿成功的厂商的技术水平为 $\bar{A}_t$，$\bar{A}_t$ 代表了世界技术前沿，同时 $\bar{A}_t$ 是由发达国家研发的，因此 $\bar{A}_t$ 以外生的速率 g 增长。厂商的技术水平参数 A_{it} 由以下条件决定：

$$A_{it} = \begin{cases} \bar{A}_t, & p = \mu \\ A_{i,t-1}, & p = 1 - \mu \end{cases}$$

也就是说，由于厂商模仿成功的概率为 μ，那么在所有的厂商中，创新成功的厂商的技术水平将提高为 $\bar{A}_t$；如果创新失败，那么厂商的技术水平仍等于它自身上期的技术水平。第一种情况也就是被 Keller 称为"有效的"技术模仿的特征，即技术在各国之间无障碍地扩散，各国可以充分交换和使用最新的创意和技术。

那么，经济体的平均技术参数 $A_t = \int_0^1 A_{it} \mathrm{d}i$ 可以表示为：

$$A_t = \mu \bar{A}_t + (1 - \mu) A_{t-1} \tag{4.3}$$

也就是说，在某经济体所有的厂商中，厂商创新成功的概率为 μ，将自身技术水平提升至世界前沿水平；厂商创新失败的概率为 $1 - \mu$，这部分厂商的技术水平与上期持平。

接下来，我们来考虑该国技术水平与世界技术前沿的距离，我们将这个距离表示为该国与技术前沿的相对生产率，可以用生产率 A_t 与全球技术前沿生产率 $\bar{A}_t$ 的比值来反映，即：

$$a_t = A_t / \bar{A}_t$$

a_t 就是国家相对于世界前沿技术的技术参数。我们将式（4.3）两边同时除以 $\bar{A}_t$，可以得到：

$$a_t = \mu + \frac{1 - \mu}{1 + g} a_{t-1} \tag{4.4}$$

如果当期和上期的技术水平相同，经济体处于增长的稳态，即当 $a_t = a_{t+1}$ 时，可以求解出稳态值 a^*：

$$a^* = \frac{(1 + g)\mu}{g + \mu} \tag{4.5}$$

从以上模型我们可以分析得到如下结论：一国越落后于世界技术前沿，它的增速也就越快；随着增长，它离技术前沿越来越近，与富国之间的增长差距也会缩小。

正是国家不断地投资于创新，使创新成功的概率为正，即 $\mu > 0$，才使得该国的相对生产效率参数始终为正。因此，在长期来看，一国的生产效率 A_t 与技术前沿 $\bar{A}_t$ 成正比，即 $A_t = a\bar{A}_t$。

因此，该国长期的增长速度等于技术前沿的增速：

$$\frac{A_{t+1}}{A_t} = \frac{a\bar{A}_{t+1}}{a\bar{A}_t} = \frac{\bar{A}_{t+1}}{\bar{A}_t} = 1 + g$$

世界上许多发展中国家（地区）（如"亚洲四小龙"、日本）发展的事实也证明，技术引进、消化吸收再创新是促进本国（地区）技术进步的重要途径，并由此走出了一条基于引进、消化吸收、自主创新的技术追赶"日韩模式"。

图 4-10 中横轴表示后发工业国技术赶超的动态时间进程，纵轴表示技术水准，A 点表示后发工业国的先期技术水平，B 点表示技术先进国转移技术时的技术水准，D 点为技术转移时该技术的国际最高水准，D

点与 A 点的垂直距离为后发工业国的技术水准与当时国际最高技术水准之间的技术差距。在 t_0 时期后发工业国开始引进国外先进技术，经过 $t_1 - t_0$ 时期的技术引进、技术模仿和技术学习，后发工业国逐渐达到了引进技术的水平。此时，如果不能很好地对引进的技术进行消化吸收再创新，后发工业国仍会被锁定在低端层次，形成对先进技术国的技术依附，陷入"技术引进—无法消化吸收再创新—技术再度落后"的恶性循环，在图 4-10 中就表现为技术轨迹线 $A - B - C$ 曲线，其发展始终在国际主流技术轨迹线 $B - D - E - G$ 曲线之下运行。最典型的例子是以巴西、墨西哥、西班牙、加拿大、泰国等为代表的"拉美模式"。其结果是停留在简单的复制和模仿阶段，不进行自主创新，陷入技术依附型发展方式。但在 $t_2 - t_1$ 的模仿阶段，如果后发工业国通过技术模仿、消化吸收，再创新出具有原创性的关键技术、核心技术，在 4-10 图中的技术轨迹线就表现为 $A - B - E - F$ 曲线。如果从 t_1 时期开始，后发国的创新能力将可能实现突破和跨越，表现为 $A - B - E - F$ 曲线在 t_1 时刻向上穿越 $B - D - E - G$ 曲线。在此过程中，实现技术后发国技术赶超的技术学习和自主创新需要科技制度、金融制度等的配套支持，这就为政府干预和金融支持提供了政策依据。

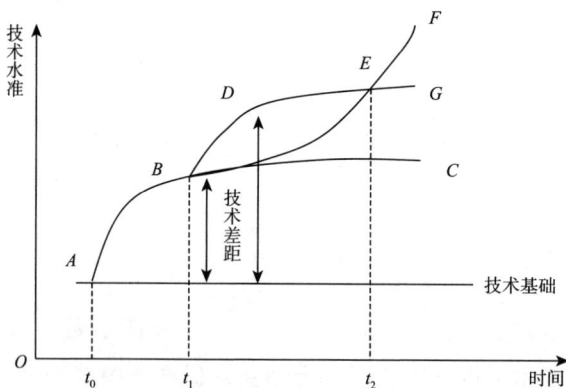

图 4-10　后发工业国技术赶超的动态过程

随着技术后发国与技术先进国之间的技术差距趋于收敛，基于技术后发优势的消化吸收再创新（模仿创新）的产出弹性逐渐缩小，后发国就必须从消化吸收再创新转向自主开发。由于技术先进国享有标准化专利、产业核心技术秘密、产业技术标准制定等先发优势，仅仅通过消化吸收再创新无法跨越与领先国技术差距的"最后一公里"，因而，自 20 世纪中期以来，大部分技术后发国采取了以推进自主创新驱动新增长、促进产业技术转型和结构升级为导向的经济发展战略。

采用 R&D 投入来衡量自主技术创新，可以获得对各国自主创新战略和政策演化的趋势判断。如图 4-11 所示，各发达国家 R&D 经费占 GDP 的比重大多为 2%~3%。与英国的趋于稳定不同，美国、日本、德国呈现相似的平缓上升曲线，这与其科技政策紧密相关。例如，日本战后的技术进步模式经历了引进、模仿和自主创新阶段，从"鼓励购买技术专利，禁止进口成套设备"，到鼓励模仿的"效用模式"（Utility Models）和"工业设计"（Industrial Design），再到鼓励创新的"科技创新立国"战略，特别是《知识产权推进计划 2005》，将知识产权保护提升到国策高度，有力地促进了自主创新。

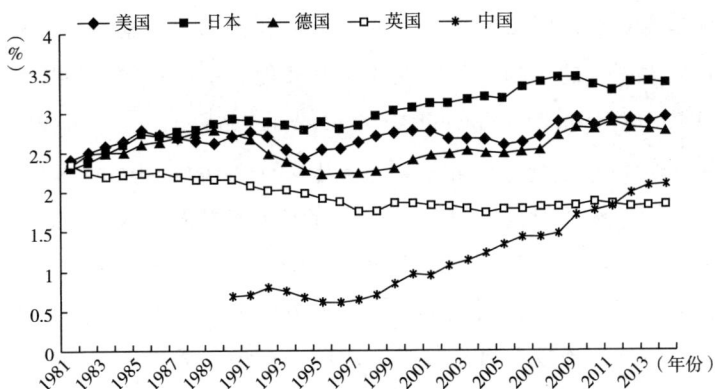

图 4-11　部分国家 R&D 经费占 GDP 的比重

资料来源：《中国科技统计年鉴（2015）》、世界银行《世界发展指标》WDI 相关数据。

我们还可以从高技术产业增加值占制造业增加值的比重来看，世界上较有代表性的国家，如美、日、英、德等国，其比重集中在 15%~20%。近年来，日本、德国逐步在高技术产业增加值占比方面与美国、英国趋近。高技术产业逐渐成为各主要国家推动经济结构调整的重要力量，对各国国民经济的贡献也越来越大。

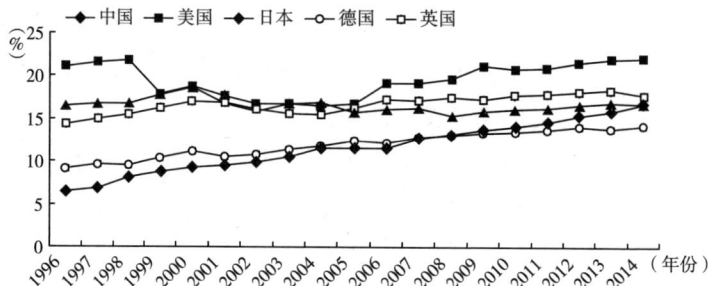

图 4-12 部分国家高技术产业增加值占制造业增加值的比重

资料来源：《中国高技术产业统计年鉴（2015）》、世界银行《世界发展指标》WDI 相关数据。

二 技术创新模式的四阶段：以中国高铁产业和通信设备制造产业为例

国外学者对后进国家的技术发展阶段主要按两种方法划分：第一种方法是将它分为完全的仿制、创造性的仿制和创新阶段；第二种方法是将它划分为 OEM（Original Equipment Manufacturer，贴牌加工）、ODM（Original Design Manufacturer，委托设计生产）和 OBM（Original Brand Manufacturer，自主品牌营销）三个阶段。就第二种划分方法的发展阶段看，中国台湾和韩国的经验并不相同，中国台湾发展遵循了 OEM—ODM—OBM 的发展过程，但韩国企业的发展路径更像是 OEM—OBM—ODM。由表 4-7 可以看出，我国目前已处于技术追赶阶段的后期，正加紧通过创新驱动提升技术能力，国家创新体系正在形成。世界银行和国务院发展研究中心在《2030年的中国》[326]中将中国向创新型转型的过程大致分为两个阶段：第一阶段是借助技术进口和改进性创新，以实现生产率提高和经济快速发展；第二阶段是原创性的创新，这类创新不但要依靠尖端的基础性研究，还要依靠中国企业充分利用这些尖端新思想。但是这两个阶段的划分并不是绝对的，具有一定的重合性。中国自改革开放以来，成功利用了技术后发优势，通过引进技术和购买先进机器设备等，借助 FDI 和国际贸易的技术溢出和学习效应，不断地模仿和学习发达国家的先进技术，快速地提高了技术水平，有效地促进了经济的快速增长。因此，技术模仿对于中国近年来的技术进步和经济增长起到了重要的作用。同时，在未来较长一段时间内，我国将不断通过技术创新追赶先发国家，并通过自主创新能力的提升，步入原始创新阶段。

表 4-7 技术追赶的路径

	阶段 1	阶段 2	阶段 3	阶段 4
追赶所处的阶段	完全的仿制（OEM）	完全的仿制（OEM）	创新性的仿制中国台湾（ODM）韩国（OBM）	真正的创新（OBM）
采取的追赶模式	路径追随	路径追随或阶段跨越	阶段跨越	路径领先或路径创造
学习的目标	操作技能	工艺过程技术	市场上已有产品的设计技术	新产品的开发技术
学习的机制	根据操作手册或指引进行生产	根据产品的设计方案进行生产	内部研发、研发联盟、海外研发	研发的战略联盟

资料来源：冯玉明，2007。[327]

熊彼特最早提出了创新的概念，同时他也根据产业间市场结构和创新动力的差异，将产业分为两种类型：熊彼特Ⅰ型和熊彼特Ⅱ型。熊彼特Ⅰ型是指具有"创造性破坏"特性的产业，这类产业进入的门槛较低、技术专有性较低，且有较低的累积特性，创业者和新成立的企业是创新活动的主要源头，典型产业是机械和生物技术；熊彼特Ⅱ型是指具有"创造性累积"特性的产业，这类产业中少数大型企业占统治地位，进入门槛、技术专有性和累积性都较高，代表产业是半导体和计算机（Malerba，2004）[328]。

熊彼特第一种创新模式（Schumpeter Mark I，见图 4-13）。第一，存在与科学新发展相关但不能确定的基本发明主流，它们大半处在现有企业和市场结构之外，基本上不受市场需求的影响；第二，一群企业家意识到这些发明的未来潜能，准备冒发明和创新的风险；第三，一旦成功地做出一项根本性的创新，它将使现有结构处于不均衡状态，成功的创新者将获得短期的超额利润，但垄断会因大量模仿者进入而削弱。熊彼特的这一模型中，突出了两个因素：一是高度重视企业家的作用，二是把技术活动看作外生的经济变量。这一模型的缺点：对技术创新的过程和机制缺乏分析。

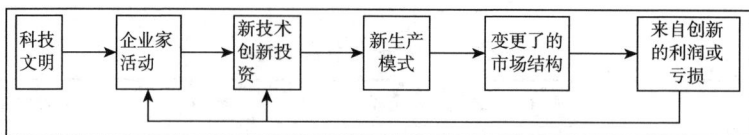

图 4-13 熊彼特 Mark I 创新模式

熊彼特第二种创新模式（Schumpeter Mark Ⅱ，见图 4-14）。第一，与过去强调企业家的作用不同的是，熊彼特强调垄断企业在创新中的巨大作用。熊彼特最后得出结论："完全竞争不仅是不可能的而且是低劣的，它没有权利被树立为理想效率的模范。"必须接受的事实是，大企业"已经成为经济进步的最有力的发动机，尤其已成为总产量长期扩张最有力的发动机"。第二，技术主要来自企业内部的创新部门，技术创新是内生的。

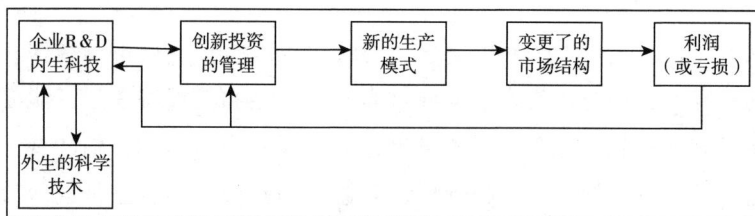

图 4-14 熊彼特 Mark Ⅱ 创新模式

后发国在引进成熟产业技术、消化吸收、形成自主创新能力的过程中，技术创新模式会经历四个阶段的重要变化：非熊彼特 Mark 阶段、弱熊彼特 Mark Ⅰ阶段、强熊彼特 Mark Ⅰ阶段和熊彼特 Mark Ⅱ阶段。[329]本部分将结合中国高铁（高铁产业在注重引进的同时，更注重之后的消化吸收再创新，通过消化吸收，形成产业自主创新能力，高铁技术顺利实现了从"引进来"到"走出去"的战略转变。如今，中国已经迅速成长为全世界公认的头号高铁大国，高铁技术得到国际认可，其在短时间内发展起来的高速铁路建造能力也开始向世界"输出")和中国通信设备制造业(虽然起步较晚,但发展速度较快。在中华人民共和国成立前和成立初期,通信设备几乎完全依靠进口。改革开放以来,随着技术的引进,产业发展迅速,产业链逐步完善,经过对引进技术的吸收与创新,当前门类齐全的产业体系成形。无论是技术水平还是产业规模,都在世界市场中占有重要地位,成为增长最快、市场潜力最大的一个产业,也成为新的经济增长点)的技术引进、追赶,直至超越的全历程来加以论述。

(一)非熊彼特 Mark 的技术创新模式阶段:政府选择主导下高度集中的市场结构,是产业技术引进共同的初期阶段特征

在许多后发国家技术追赶的初期阶段,技术引进和市场化改革的同时推进,导致技术引进主体的多元化格局开始逐步形成。这一时期技术追赶的重要特征是技术引进型市场进入的政府选择过程。

20 世纪 80 年代,中国铁路进行了一次大规模技术引进。如长春客车厂从 20 世纪 80 年代开始,曾先后从英国、韩国、加拿大等国引进不少客车先进技术[330]。由于当时中国制造业还比较落后,不仅产品质量不过关,而且管理水平也有限,无法成功实现消化吸收和再创新,因此没有掌握时速 200 千米动车组的成套技术。尽管如此,这个时期的技术引进仍然具有一定意义,不仅加深了企业对关键技术的了解,参加研发的人员更在 2003 年新一轮高铁技术引进中发挥了关键作用。长期技术积累形成了支撑高铁产业创新的技术基础和人才队伍,如南车青岛四方公司在转向架设计和制造方面有一定的技术积累[331]。

坚持核心技术转让是中国高铁实现技术赶超的前提。中国单个高铁企业规模相对较小,不具备与国际上掌握顶级高铁技术的跨国公司博弈的能力。为此,铁道部将全国铁路市场中 35 家机车车辆厂和各地铁路局集中起来,统一谈判,统一向企业下单,作为技术引进的谈判砝码。在技术引进的过程中,铁道部发挥战略买家作用,有重点、有选择地引进国外最先进的技术平台。在招标过程中,为防止跨国公司的技术控制,铁道部强势"约法三章":跨国公司必须有国内企业合作伙伴,必须全部转让核心技术,技术转让价格必须合理。在铁道部的统一协调下,经过艰苦、细致的谈判,国内重点机车制造企业分别受让了世界各国的先进技术。高铁企业

引进的技术涵盖当今世界最先进的动车组和大功率机车技术，转让价格比国际平均价格低 15%，既避免了企业分散谈判造成相互抬价的恶性竞争，又保证了引进占据产业制高点的关键技术，实现了国家利益最大化。[332] 招标结束后，为防止国内企业的技术依赖，铁道部也制定了相应的约束措施：要求参与高铁项目的企业必须隶属于中国南车、中国北车两大铁路装备制造集团，以竞争促创新；中标企业只有具备在消化吸收的基础上自主创新的能力，产品能够适应新的市场要求，才能与铁道部继续合作，得到新的合同。铁道部的"双向约束"在自主创新之初最大限度地保证了企业在掌握高速铁路关键技术时的自主创新基础，提高了企业自主创新的意识，增强了企业的核心竞争力。

铁道部在约束企业行为的同时，也发挥政府优势，向企业汇聚创新要素，帮助企业增强创新能力。铁道部加大对重要领域关键技术创新的投入力度，并且引导企业增加研发投入，按一定比例形成配套资金。同时，对于企业研究开发的设备折旧给予优惠安排；对于必须进口的关键试验设备，给予税费方面的优惠；对于自主创新产品，通过政府采购，在机会和价格方面给予优惠待遇；对于在高铁项目研发中做出突出贡献的科研人员，给予奖励和荣誉。此外，铁道部还与知识产权局达成协议，建立高速列车专利申报专用通道。

中国通信设备制造业也具有同样的先期阶段。在产业初建的创新铺垫阶段（改革开放之前），中国通信设备制造业发展起点较低，总体上落后国际先进水平 2~3 代。1956 年起，经过集体攻关，长话局成功研制出高 3 路载波设备。1958 年广东第一套模拟移动通信系统（TACS）开通，当年年底，单路、3 路、12 路载波电话终端机相继研究成功，标志着进口载波设备的历史结束。1960 年，1000 门纵横制自动电话交换机开通，标志着淘汰旋转制和步进制、引用纵横制的开始。1975 年，政府召开纵横制交换机的标准化工作会议，统一了相应的产品标准，为我国纵横制交换机的批量生产奠定了基础。这一时期我国通信设备制造产业的进步，奠定了产业发展的基础。然而当时的中国市场处于封闭状态，国内产业规模较小，技术和产品资源匮乏，与先进国家相比还存在较大的差距，其中，主要是政府选择行为起到主导作用，中国政府倾力而为，集体攻关。

（二）弱熊彼特 Mark I 的技术创新模式阶段：在市场选择程度提高中实现的逆集中化的消化吸收和初步本地化创新阶段

后发国家技术追赶在先期技术引进基础上，需要经历一个以新企业的创新性进入为主导，以市场结构的分散化为特征的消化吸收和本地化创新阶段，这是一个缺乏替代性和波动性的逆集中化创新实现过程。

"九五"（1996~2000 年）期间，国家重点科技攻关项目"高速铁路实验工程前期研究"和"200km/h 电动旅客列车组和动力分散交流传动电动车组研究"正式启动，并先后研制了 DJJ1（蓝箭）和先锋号高速电力动车组。2000 年初，原铁道部向原国家计划委员会提交了"270km/h 高速列车产业化项目报告"，继而以"中华之星"命名、以拥有完全自主知识产权为目标的 270km/h 高速列车被正式列入国家高新技术产业化发展计划项目。2002 年 11 月，"中华之星"电动车组冲刺试验创造了最高速度每小时 321.5 千米的当时"中国铁路第一速"。遗憾的是，"中华之星"项目虽取得重大自主创新成果，但其在试验过程中多次出现重大安全事故。国家发改委的论证指出，其设备要求低于国外高速铁路标准，整体技术不成熟，距离商业运营有很大距离，一些核心技术和设备的可靠性、稳定性不足，列车工艺水平较差，需要进口。于是，"中华之星"最终成为辉煌刹那的"流星"。虽然此次自主创新以失败告终，但国内各机车厂由此认识到高速铁路快速发展的时期已经来临，纷纷加大研发投资。2003 年，中国工业企业引进技术与消化吸收费用的比例仅为 1∶0.06，而参与高铁研发的企业，这一比例达到了 1∶3。当年研发"中华之星"时培养出来的人才后来在各主机厂消化引进技术过程中发挥了重要作用。2003 年以前的五次铁路大提速对提高相关企业实力也发挥了积极作用。中国高铁虽然只掌握了 160km/h 以下的客车制造技术，但具备了相对完整的装备制造体系，为下一步的消化吸收再创新奠定了基础。

在引进高速列车技术之初，企业通过与外国机构联合设计，以期尽快掌握核心技术和技术诀窍。联合设计不同于单纯的技术转让，其基本准则是总体标准以我方为主，外方提供技术培训与技术支持，双方合作生产，双方互派技术人员共同参与研发设计。在"边干边学"中，一支全面掌握动车组的设计标准、设计原理、设计控制程序和方法，技术娴熟的设计制造队伍被迅速培育出来。成功引进之后，由科技部、铁道部等部门整合全国的科技资源，依靠政府的组织和协调，凝聚科研合力，共同搭建高铁及列车技术自主创新的公共平台，形成"官产学研"联合攻关的开放式创新系统，铁道部是中国高速铁路创新平台的推动者与加速者。该研发平台在既有各平台技术的基础上，取各动车组的长处补各自的缺点和劣势，建立统一研发平台，实现模块化、谱系化。该平台共吸纳 8 名院士，几十所大学、科研单位，600 多家企业的近百名教授、研究员，960 余名高级工程师，5000 余名工程技术人员参与其中，使得科研成果转化为现实生产力的时间大大缩短了。中国高铁的成就是这个庞大的团队持续日夜奋战数年的必然结果。2003 年以来，申请了高速铁路相关的专利共计 1902 项，其中已经授权 1421 项，正在受理中 481 项。这种合作开发模式是中国目前高速铁路技术创新产学研合作最主要的形式，具有优势互补、结合度较高、抗风险能力较强等突出特点。

高速铁路技术创新的产学研合作模式中，除了传统的技术转让、联合设计模式外，还采用了一种新型的"共建研发实体模式"。该模式中，企业、高等院校和科研院所通过建立新的研发联合体，共享资源（包括信息、资金和技术等）和人才，使其拥有的资源配置最优化，并使三方从中受益。高速铁路建造技术国家工程实验室就是在国家发改委领导下，在原铁道部的主管下，由中国铁路工程总公司、中南大学、中国铁道科学研究院和铁道第三勘察设计院集团有限公司联合建设。目前这种模式在中国高速铁路技术创新产学研合作中所占比例虽然不高，却成为政府和业界力推的主要模式。

中国通信设备制造业的技术全面引进的创新模仿阶段是 20 世纪 80 年代至 90 年代初期。在邓小平同志"现代经济建设的先行和基础是交通和通信"思想的指引下，政府采取"以市场换技术"产业发展政策，利用我国市场巨大的特点，注意技术的获取，加速产业发展速度，缓解国内电信行业快速发展与落后的通信服务业之间的突出矛盾，为日后我国通信设备技术发展提供了很好的学习窗口，为其模仿创新创造了条件。

在"以市场换技术"政策的指引下，内资厂商最先取得突破的是生产交换设备的关键技术。1982 年，福建引进日本第一套万门程控电话交换机，此后，我国通信产业开启了通过引进设备改变落后面貌的历程。1984

年，中国邮电工业总公司与比利时贝尔电话设备制造有限公司合资成立上海贝尔电话设备制造有限公司，这是我国最早引进程控交换机的合资企业，其研发出数字程控交换设备 S1240 并迅速占据中国程控交换市场 50%以上市场份额，从此我国通信设备由主要依靠进口向依靠合资转变。20 世纪 90 年代初期，国外产品大量撤出中国市场，留下大量市场空白，上海贝尔借此机会迅速地提高了自己的生产能力和市场份额，成为国内程控交换机的唯一供应商，由此奠定了其在国内通信设备制造业的领先地位。[333]1989 年 11 月，中国邮电工业总公司下属的洛阳电话设备厂等企业和解放军信息工程大学进行产学研合作，在创造性模仿的基础上将计算机概念应用于大型交换机设计中，其共同研发出的 HJD04 型程控交换机是我国第一台大型局用数字程控交换系统，其中包含逐级分布式控制结构和全分散复制式 T 型交换网络两项世界独创性的技术，被评价为"具有八十年代末期国际先进水平"。我国通信设备制造业的开山鼻祖巨龙通信，正是在HJD04 机研发团队基础上，由国家有关科研机构与原电子工业部、邮电部下属的若干国有大中型骨干企业共同组建的。

虽然个别关键技术的突破为产业的发展带来了曙光，但是我国与发达国家之间的差距还很大。[334]我国通信设备制造业主体是国有生产企业，产品为机电式交换机等。[335]此时，产业研发经费投入远低于技术引进经费的投入强度，很多领域都没有自己掌握的核心技术，只能依靠吸收国外先进技术来支撑产业发展。在局用交换机领域，1992 年国内产品只占市场份额的 10%，进口产品占 54%，市场上使用的程控交换机呈现"七国八制"（来自 7 个国家 8 种制式）的特征，满足不了中国经济快速成长对通信设备的发展需求。

（三）强熊彼特 Mark I 的技术创新模式阶段：在替代明显、竞争激烈的延伸创新阶段实现产业整体技术能力的提升阶段

产业在经过对引进技术的消化吸收和初步的本地化创新阶段后，将会进入整体产业技术能力大幅提升的延伸创新阶段。技术体制特征变化以及与市场化改革转型过程的融合，使这一阶段的技术追赶表现出集中度稳定、替代明显、竞争激烈的强熊彼特 Mark I 的技术创新模式特征。

2004 年 1 月，国务院第 34 次常务会议批准了《中长期铁路网规划》。

这是中国铁路历史上第一个中长期发展规划，确定到 2020 年全国铁路营业里程达到 10 万千米，其中时速 200 千米及以上的客运专线达到 1.2 万千米。不久，国务院提出"引进先进技术、联合设计生产、打造中国品牌"的基本方针，至此，发展高速铁路已经成为国家重大发展项目，体现了国家的战略利益和发展目标。2004 年至 2005 年，中国南车青岛四方、中国北车长客股份和唐车公司先后从加拿大庞巴迪、日本川崎重工、法国阿尔斯通和德国西门子引进技术，联合设计生产高速动车组。[336] 基于铁路装备既有的技术基础和技术人才，高铁的各项平台（如基础研发平台、制造平台和产学研联合开发平台）在各大企业被迅速搭建成型。2007 年 4 月，时速 200 千米以上的高速动车组 CRH2A 型"和谐号"国产动车组首次启用并批量投入运营。至此，中国高铁企业系统掌握了高速动车组总成、车体、转向架等九大关键技术及主要配套技术。中国不仅实现了时速 200 千米、国产化率达到 75% 的 CRH 动车组批量生产，此次搭建起的高速动车组技术平台也达到了国际先进水平。短短数年，中国高速铁路取得大量技术创新成果，工程建造技术、高速列车技术等已达世界先进水平。这一时期高铁企业对引进技术的吸收能力有很大程度提高，总体技术水平一流，但关键技术尚未掌握。

高速动车组是尖端技术的高度集成，一列高速动车组由 70 多万个零部件、5 万根导线、10 万个节点组成，相当于几十辆轿车的工作量，大到车体型材，小到一颗螺丝，每一处都需要严格的技术标准做指导。[337] 高铁技术的发展融合了机械制造、冶金、电力、电子、新材料、信息等各个领域的新技术，高铁项目拉动了产业链上交通运输、新能源、加工冶炼等多个行业上千家企业的发展，诸多重大项目的技术引进与国产化工作在一条产业链上同步展开，核心技术与主要配套技术的各个难点被产业链上的企业逐一攻克。高铁技术为整个产业链带来了磁铁效应和扩散效应，通过高铁这一终端消费品的生产，带动与其相关的技术研究、列车生产、线路建设、配套设备、海外扩张等整条高铁产业链的发展，一条我国自主拥有的高铁全产业链被迅速培育成熟，高铁产业链无数细节上技术创新的成功才成就了今天的高铁。正是产业链的整体升级，保证了关键技术不受制于人，高速铁路不仅有了中国标准，很多中国标准更成为世界标准。

中国通信设备制造业的消化吸收再创新的突破阶段是 20 世纪 90 年代中期至 2006 年。通信设备制造业是典型的研发密集型、知识密集型、资本密集型高技术产业。不同于一般产业的规模报酬递减规律，通信设备制造业作为高技术产业之一，遵循规模报酬递增的规律。通信设备制造业只有将技术创新作为企业一项持续性的活动，不断追加研发投入，才能提高企业的技术创新能力。[338] 同时，科技价值的高低，必须通过市场来检验，以市场应用成功为目标实现的重要标志。[339] 研发主要受益于市场需求的拉动和技术发展的推动。我国通信设备制造领域成功的企业，在创新中都恪守这一准则，以较高性价比的产品满足国内需求，赢得较强的市场竞争力。1995 年作为中国通信设备制造业的分水岭，是其超越"中国工厂"论十年历程的开端。在 HJD04 机获得突破性进展后，我国在大型程控交换机领域的"群体突破"由此展开。1995 年 3 月，巨龙通信设备有限公司在北京正式注册成立；6 月，大唐电信通过改进与再创新，采用 20 世纪 90 年代先进计算机技术、超大规模集成电路技术，成功研发出 SP30 机并通过原邮电部生产定型鉴定；11 月，中兴通信基于产业经验的不断积累、技术能力的不断提升，成功研制出 ZXJ10 型程控交换机，被评审专家认定为"目前能与国际一流机型相媲美的最好机型"；华为自主研制的新一代大容量数字程控交换机系统 C&C08 C 型机通过邮电部的生产定型鉴定，隔年，推出容量可达 10 万门的 C&C08 B 型机。这些成就都是中国通信企业对多种技术消化吸收后的全新创新。从 1996 年起，中国制造的交换机大批量进入中心城市，占据国内交换机市场，规模服务于通信网络建设，以"巨大中华"为首的产业格局开始形成。到 20 世纪 90 年代末，国内新增程控交换机容量中，国产机型占据了 80% 的份额。国内企业的集体崛起，打破了"七国八制"的市场格局，为海外制造企业带来了巨大的压力。此刻，虽然产业自身的技术研发能力依旧十分薄弱，但此时的积累，无论是资金的积累还是技术的积累，都为未来光传输和移动通信等领域的技术赶超奠定了基础。20 世纪 90 年代末，中国开始建设基于 SDH 技术、超前的光传输网络，与国外企业同步展开竞争。21 世纪初，华为、中兴等企业的产品已经远销东南亚、中东甚至欧洲地区，开始真正形成了自身的国际竞争力。

（四）熊彼特 Mark Ⅱ的技术创新模式阶段：在技术范式转换中形成自主创新能力，确立对于发达国家的技术优势，同时形成新的集中度提升过程，建立新的高集中度市场结构

后发国家在引进技术、消化吸收和本地化创新的基础上，通过技术范式转换形成对于发达国家的自主创新能力优势，同时也提升了在位企业累积性创新优势，形成以在位大企业创新为主导、集中度提升的技术创新实现过程。

2008年2月，原铁道部和科技部共同构建国家级自主创新平台。2008年8月，中国第一条具有完全自主知识产权、世界一流水平的高速铁路——京津城际铁路投入运营，标志着国内企业具备了自主设计制造时速300~350千米级别高速列车的能力。这也意味着，中国高铁在轮轨动力学、气动力学控制、车体结构等关键技术上实现重大突破。2009年12月，世界上一次性建成的里程最长、工程类型最复杂的武广高速铁路开通运营。2010年5月，中国首辆具有自主知识产权的、时速380千米的新一代高速列车CRH380A在中国北车长春轨道客车股份有限公司高速车制造基地竣工下线，系统地解决了许多关键技术性难题，在流线型头型、气密强度与气密性、振动模态、高速转向架等方面均表现了高品质的技术先进性。2011年6月，世界上建成线路里程最长、技术标准最高的高速铁路——京沪高速铁路顺利开通运营。2012年12月，世界上第一条地处高寒地区的高铁线路——哈大高铁正式通车运营。这些都有力地证明了高铁产业"中国创造"的实力。2013年，中国高铁营业里程达到11028千米，约占世界高铁运营里程的45%，中国成为世界高铁投产运营里程最长的国家。

经过多年发展，中国高铁在工程建设、装备制造、运营管理等方面取得的重大技术进步有目共睹，[340] 中国南车、中国北车与中国铁建等高铁领域的顶尖公司纷纷与欧美日等国家和地区的高铁公司在国际订单上展开竞争。目前，已经有美国、俄罗斯、巴西等十多个国家同中国达成合作建设高铁和发展铁路的意愿和共识，部分项目已经取得重要进展。中国企业在境外承揽的铁路项目涉及50多个国家和地区，铁路技术装备已出口30多个国家。[341]

　　中国通信设备制造业参与全球竞争的创新超越阶段是 2007 年至今。2007 年是我国通信设备制造业大发展时代的开端。这一年，华为进入全球电信设备前五强，中兴也名列全球第八名。与此同时，两者海外收入占比达 50%，已成长为真正的跨国公司。"中华"稳步前行，即使在全球遭遇金融危机的 2008 年，PCT 国际专利申请量的排名中，华为依旧以 1737 项的申请量夺冠，其所申请的专利绝大部分为发明专利；中兴通信以 329 项的申请量首度进入前 50 强，居全球第 38 位。[342] 2009 年底，我国已经成为世界最大的电子信息产品制造基地和通信设备制造业出口国，产业的国际竞争力大幅度提高。此阶段，光通信领域迎来了我国通信设备制造产业的第二次群体突破。移动通信数据领域，截至 2015 年年底，华为已经与挪威、德国、科威特、土耳其、阿联酋、加拿大、新加坡等国家和地区的运营商合作部署了 4.5G 商用和预商用网络，中兴也提出了介于 4G 和 5G 之间的 Prea 5G 方案。中国通信设备制造企业目前在 5G 发展进程中处在比较顶尖的地位，对于即将到来的 5G 时代，中国企业已经有了较强的话语权。

　　21 世纪，全球通信产业迎来新一轮迅速发展。我国通信设备制造产业在技术上与国外厂商的差距不仅逐步缩小，而且一些技术已经达到了国际先进水平。在更加深入地融入全球价值链分工的过程中，企业的技术创新和研发活动也逐渐拓展到国外。一批优秀的本土企业已经在激烈的国际市场竞争中成长并发展壮大。以华为、中兴为代表的中国典型高科技通信设备制造商始终坚持自主研发，不断增强企业的技术创新能力，积极地参与全球竞争，已经连续数年跻身全球国际专利最多企业前三名，无论从规模还是技术上都已跻身世界前列，实现了赶超式的发展。

　　综上，产业生命周期随着技术不断成熟和市场不断开拓，将经历从熊彼特 Mark Ⅰ（弱、强熊彼特 Mark Ⅰ）向熊彼特 Mark Ⅱ的创新模式转化，这是后发转型国家向发达国家的技术赶超中呈现的普遍规律。高铁产业可以说是中国举全国之力，基于政府主导的技术引进，通过自主创新实现赶超型创新的典范；通信设备制造业则是依靠产业自身力量，在结束了初期"以市场换技术"后，依靠企业自行引进先进技术后解构创新实现赶超的榜样。[343] 两者赶超型自主创新的模式不同，但也存在共性，即产业在技术创新过程中并不完全依赖技术引进，而是在引进的基础上消化吸收，并根据市场需求的实际对技术进行适应性改造，同时在掌握先进技术的前提下进行自主创新，研制出具有自主知识产权的产品，最终实现技术的赶超。在改革发展初期，模仿性和引进性技术创新是中国的现实选择和主要依靠；而在中国成为制造业大国和世界第二大经济体的当代，未来的经济增长更多取决于自主性创新（刘骏民，2014[344]；刘鹏等，2016[345]）。

三　技术创新模式变迁下的金融结构趋同演化

在上一节理论模型的基础上，我们仍然将经济体中的最终产品生产函数设定为：

$$Y_t = \int_0^1 A_{it}^{1-a} x_{it}^a \mathrm{d}i$$

A_{it} 是部门 i 在 t 时刻的生产效率，x_{it} 是 t 时刻中间产品 i 的投入数量。假设中间产品 i 具有固定的边际成本 1，价格为 $p_{it} = \chi > 1$；。另外，部门 i 在 t 时刻的均衡垄断利润为：

$$\pi_{it} = \pi A_{it}$$

其中 $\pi = (\chi - 1)(a/\chi)^{1/\chi}$，$A_t = \int_0^1 A_{it} \mathrm{d}i$ 是一国在 t 时刻的平均生产率，同时我们用 $\bar{A}_t$ 代表世界技术前沿，并假设前沿技术的增长速率恒为 g，也就是：

$$\bar{A}_t = (1 + g)\bar{A}_{t-1}$$

同时还假设 $a_t = A_t / \bar{A}_t$，a_t 是一国的相对技术水平，代表该国技术水平与世界前沿技术的接近程度，与该国与技术前沿的距离成反比。

我们假设中间生产商有两种途径提高技术水平，一是模仿世界前沿技术，二是在现有自身技术的基础上进行创新。需要说明的是，这两种途径并不存在严格的时间界限，可以交替进行：在同一时期，既有企业模仿先进技术，也有企业进行创新活动；同一企业，也可以同时进行技术模仿和原始创新。

因此，参照 Aghion（2009）[346]，我们将生产率 A_{it} 拆分为两部分：

$$A_{it} = \eta \bar{A}_{t-1} + \gamma \bar{A}_{t-1}$$

$\eta \bar{A}_{t-1}$ 和 $\gamma \bar{A}_{t-1}$ 分别是模仿和创新对生产率的贡献。技术模仿是源于现有的技术前沿，因此用 $\eta \bar{A}_{t-1}$ 来代表，η 是反映模仿效率的乘子；创新是建立在现有自身知识储备基础上，因此用 $\gamma \bar{A}_{t-1}$ 来代表，γ 是反映创新效率的乘子。将生产率进行拆分，拓展我们之前使用的两部门模型，并将技术模仿和技术创新融入一个框架内。全社会的平均生产率可以表示成：

$$A_t = \eta \bar{A}_{t-1} + \gamma \bar{A}_{t-1} \tag{4.6}$$

我们将方程两边同时除以 $\bar{A}_t$，结合生产率增长的公式，即 $\bar{A}_t = (1 + g)\bar{A}_{t-1}$，很容易就得到：

$$a_t = \frac{1}{1+g}(\eta + \gamma a_{t-1}) \tag{4.7}$$

通过式（4.7），我们可以清楚地看到当期生产率 a_t 和上期生产率 a_{t-1} 之间存在正向的线性关系，同时也可以得到模仿及创新在长期内对生产率增长的贡献。当一国距离技术前沿较远，即 a_{t-1} 较小时，η 对于 a_t 的贡献较大，而 γ 对 a_t 的贡献较小，这也就是"技术后发优势"。技术落后的国家在发展的早期阶段，通过技术模仿，更有利于提高该国的生产率。随着一国技术水平和生产效率的不断提高，且不断接近技术前沿，即 a_{t-1} 逐渐变大并趋近于 1 时，η 对于 a_t 的贡献逐渐减小，而 γ 对 a_t 的贡献逐渐增加。也就是说，在一国发展的较高阶段，创新对于该国生产率的提高具有越来越重要的作用。

为了更好地分析模仿政策和创新政策对经济增长的影响，我们用参数组合来描述两种政策的强度，用 $\eta \in (\underline{\eta}, \bar{\eta})$、$\underline{\eta} < \bar{\eta}$ 来反映模仿政策强度的变化，用 $\gamma \in (\underline{\gamma}, \bar{\gamma})$、$\underline{\gamma} < \bar{\gamma}$ 来反映创新政策强度的变化。如果政府实施有利于技术模仿的政策 $R = 1$，那么政策参数的组合为 $(\bar{\eta}, \underline{\gamma})$；如果政府实施有利于原始创新的政策 $R = 0$，那么相应的政策参数组合为 $(\underline{\eta}, \bar{\gamma})$。同时，为简单起见，我们假设

$$1 + g = \underset{\sim}{\eta} + \bar{\gamma} \tag{4.8}$$

式（4.8）和式（4.7）表达了类似的意思，也就是增长来源于两种途径——通过模仿的技术进步和通过创新获得的技术进步。但是，这个假设进一步明确，位于技术前沿的国家，增长源于创新更多，实施创新驱动政策的经济体恰好获得增长率 g。我们将式（4.7）重新表述为以下两种情况。

如果政府实施鼓励技术模仿的政策 $R = 1$，那么生产率 a_t 可以表示为：

$$a_t = \frac{1}{1 + g}(\bar{\eta} + \underset{\sim}{\gamma}a_{t-1}) \tag{4.9}$$

如果政府实施鼓励原始创新的政策 $R = 0$，那么生产率 a_t 可以表示为：

$$a_t = \frac{1}{1 + g}(\underset{\sim}{\eta} + \bar{\gamma}a_{t-1}) \tag{4.10}$$

我们可以用图来反映这两种政策在一国经济增长不同阶段的影响。

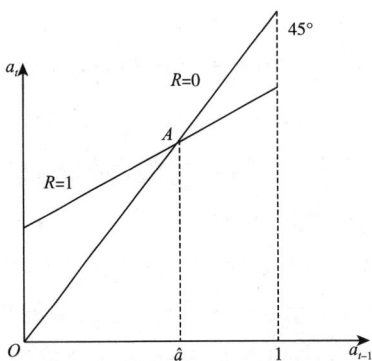

图 4-15 技术模仿与创新

通过图 4-15，我们可以看到，当生产率 a_{t-1} 较低时，即一国技术水平距离技术前沿较远时，实施鼓励模仿政策（$R = 1$）的增长速度会高于实施创新政策（$R = 0$）的增长速度；而当生产率 a_{t-1} 不断提高时，也就是技术水平不断接近技术前沿时，情况发生了变化，实施鼓励创新政策（$R = 0$）的增长速度会高于实施鼓励模仿政策（$R = 1$）的增长速度。因此，在一国不断追赶技术前沿、实现经济增长的过程中，存在不同的发展阶段，在不同的发展阶段需要不同的政策支持。同时，政策 $R = 1$ 与 $R = 0$ 相交于点 A（$\hat{a}$, 0），通过简单的计算，我们可以求出 $\hat{a}$ 的值。

$$\hat{a} = \frac{\bar{\eta} - \underset{\sim}{\eta}}{\bar{\gamma} - \underset{\sim}{\gamma}}$$

$\hat{a}$ 是一个非常关键的点，它是最优增长方式的转换点。当 $a_{t-1} < \hat{a}$ 时，最优的增长策略是技术模仿，此时企业通过技术模仿可以获得较高的增长速度；而当 $a_{t-1} > \hat{a}$ 时，最优的增长策略是原始创新与自主研发，企业通过创新才能获得较高的增长速度，并最终实现向技术前沿的收敛。因此，图 4-15 揭示了这样一个事实：一国在经济发展过程中存在发展战略的转换点 $\hat{a}$。因此，为促进经济的持续增长，政府需要在恰当的时候调整发展战略，在发展的初级阶段实施技术模仿支持政策，在发展的较高阶段实施技术创新支持政策，这样才能使得一国的经济增长始终处于最优的技术成长路径上，最终实现经济增长的收敛。

现实中，政府实施的任何政策，不管是鼓励技术模仿，还是鼓励原始创新，必将传导到企业层面，并影响企业主的经营决策。在这里，我们假设政府政策在微观层面的影响表现为企业主对经理的雇用决策，即企业主是否保留或解雇不具备创新才能的经理人。如果企业主选择雇用创新能力较弱的经理人，表明企业主实施的是技术模仿战略，希望受益于这些经理丰富的经验，以及获得他们的留存收益。但它带来的弊端是，企业主无法雇用具有创新精神的经理人，由此会影响企业的创新活动。因此，在模仿驱动的政策下，企业主会选择保留年长经理人；在创新驱动的政策下，企业主会解雇年长的经理人转而雇用年轻的经理人。另外，我们假设，一个不成功的经理人会将他们的留存收益贿赂企业家，用以保留他们的职位，由此我们可以得到企业主雇用模仿型经理的条件：

$$(1 - \mu)(\eta + \varepsilon)\pi\bar{A}_{t-1} + \mu\pi\bar{A}_{t-2} \geq (1 - \mu)(\eta + \lambda\gamma a_{t-1})\pi\bar{A}_{t-1} - k\bar{A}_{t-1}$$

其中，$(1 - \mu)$ 是企业家分到的厂商利润，μ 是经理所获得的利润比例；$(\eta + \varepsilon)\pi\bar{A}_{t-1}$ 是年老的、不具备创新能力的经理赚取的利润；$(\eta + \lambda\gamma a_{t-1})\pi\bar{A}_{t-1}$ 是新雇用经理赚取的预期利润，其中 $\lambda\gamma a_{t-1}$ 是通过创新所获得的利润（这个利润是经生产率调整的）；$\mu\pi\bar{A}_{t-2}$ 是年老经理的留存收益，他可以将这部分收益贿赂企业主，以保留他的经理职位；$k\bar{A}_{t-1}$ 是雇用新经理时金融中介的信息甄别成本。

结合生产率增长公式

$$\bar{A}_{t-1} = \bar{A}_{t-2}(1 + g)$$

同时除以 $\bar{A}_{t-1}$，模仿型或创新型经理雇用决策条件可以重新表达为：

$$a_{t-1} \leq a_r = \frac{(1 - \mu)\varepsilon + \dfrac{\mu}{1 + g} + \dfrac{k}{\pi}}{(1 - \mu)\lambda\gamma}$$

这就是企业主的经理雇用决策均衡点。

可以发现，门槛 a_r 关于 μ 递减，所以一国的金融发展水平越低，就越会阻碍经济由技术转移为基础的增长模式向以自主研发和原始创新为基础的增长模式的转换。其原因在于，金融发展水平越低，金融中介为了避免潜在的风险，就越倾向于对关系型企业进行融资，因而鼓励了投资扩张、技术引进和转移的发展战略。由此也说明，在技术赶超、创新驱动转型的动态过程中，一国的金融发展水平、金融结构是重要的影响因素。

当发展中国家距离世界技术前沿较远时，通过模仿创新、投资驱动发展劳动密集型产业往往具有比较优势，对这类产业而言，选择较为集中的间接融资方式能够更好地满足经济起飞的需要。而当距离世界技术前沿越来越近并可能赶超时，多元化、市场化的金融体制在化解风险、选择项目和促进原始创新方面能够更好地适应经济增长的要求。当某国距离世界技术前沿很远时，主要的技术进步来自对现存技术的学习和采纳，通过积极引进先进国的领先技术来推动本国的技术进步；当该国距离世界技术前沿不远时，自主创新更为重要，技术进步的主要方式将会转向技术创新。在这方面，聂正彦（2012）[347] 就论证了金融转型对技术创新的影响。与英国相比，美国在初期经济发展阶段并不拥有丰沛的资本积累，通过社会化的资本融通渠道将社会资本集中配置，形成资本"蓄水池"，实现金融资本对产业部门的良性资本配置，提高本国要素禀赋与引进的前沿技术的适配性，为其技术发展筹集资金，并通过金融要素禀赋结构的升级，优化金融结构，驱动自主（原始）创新。自19世纪80年代起，美国工业企业筹措资金的主要渠道是通过企业生产利润积累的内源融资及在资本市场上发行的各类股票和债券（萧国亮、隋福民，2013）[348]。

与发展中国家相比，发达国家需要通过持续不断的原创性技术研发、自主创新来保持技术领先优势，并通过新的创新产品来开拓新的"蓝海"市场，原创性的技术创新和新市场的开拓成为其经济增长的主要源泉，此时产业也面临更大的风险。适应这种技术创新和产业发展特点的是，发达国家的金融市场在金融体系中应占更高的比例。如20世纪70年代开始，美国经济陷入"滞胀"的困境，急需产业结构的转型升级和新兴产业的培育壮大。金融结构的调整正是适应了美国当时实体经济的发展需要。之后，华尔街金融市场开始加大对战略性新兴产业、高科技中小企业的支持力度，资本市场和风险投资规模迅速扩大，显著提高了其在金融结构中的比例。这样的金融结构安排，成为知识经济、"新经济"在美国率先兴起的重要原因。相似的，二战以后德国和日本银行主导型的金融发展模式促成了其赶超战略的成功实现。

特别是20世纪80年代以来的金融全球化发展和技术追赶，带来了西方各国金融结构的趋同化趋势。传统上，对间接金融和直接金融存在刚性定义与简单标签化划分，通常认为美国和德国分别代表市场主导和银行主导两种截然不同的金融结构模式。然而，西方各国正在经历的变化是：原来以银行为主导（主银行制和全能银行制）的德国、日本强化其市场导向的融资，纷纷发展证券市场，证券市场迎来蓬勃发展势头，其金融结构逐渐向金融市场主导转变；而同时，美国的同一母公司在开展大量的投资银行和商业银行业务，逐步形成了"航母"级的大型跨国银行，美国似乎在转向全能型银行。克罗地亚·兹尔贝克和约翰·加利特（Claudia Dziobek，John K. Garrett，1998）[349]明确揭示了美国和德国两种金融系统正在趋同的重要现象。日本同样如此，近年来，用以描述日本正在经历的金融结构和金融制度变迁特征的概念由最初蜡山昌一[350]于1982年提出的"市场型间接金融"转向了冈部光明（2012）的"直接金融+市场型间接金融"一词[351]，西方学界也公认银行主导型的经济体已经不能准确描述日本的金融结构[352]。这说明，日本金融结构随着产业经济发展阶段的提升也正在经历转型。

如今，日本、德国和法国的股票市场同美国和英国一样，是世界上较为发达的金融市场，东京、法兰克福和巴黎的股市都具有世界性影响，美国和英国的银行体系也是很发达的，各国金融结构呈现突出的某种趋同现象。虽然中国目前仍然属于典型的银行主导型金融结构，但也呈现间接融资比例不断下降、直接融资不断上升的趋势，如表 4-8 和图 4-16 所示。

表 4-8 美、德、日的直接融资比重

单位：%

年份	中国	美国	日本	德国
1990	8.4	77.5	53.6	
1991	7.9	79.6	50.5	
1992	9.8	80.6	48.2	48.2
1993	12.8	81.8	46.8	48.5
1994	17.5	82.1	49.2	51.5
1995	16.1	83.2	48.8	52.5
1996	18.9	84.5	48.2	52.8
1997	23.4	85.5	47.1	53.8
1998	25.6	87.3	47.8	57.3
1999	31.2	88.2	52.5	63.5
2000	39.5	87.6	52.5	61.0
2001	36.0	86.4	60.8	62.5
2002	33.7	85.2	67.8	61.5
2003	33.4	85.2	70.2	62.5
2004	33.3	86.1	73.1	64.8
2005	35.0	86.1	73.5	64.1
2006	44.7	86.2	74.8	65.7
2007	63.3	86.5	75.3	69.1
2008	47.3	84.1	74.8	66.5
2009	51.2	84.3	74.6	64.1
2010	49.4	86.2	76.1	66.5
2011	43.9	87.8	77.8	65.3

续表

年份	中国	美国	日本	德国
2012	42.6	88.4	75.9	65.8
2013	54.7	87.9	76.2	66.3
2014	60.6	88.6	76.9	76.9

资料来源：世界银行发展指标（WDI）。

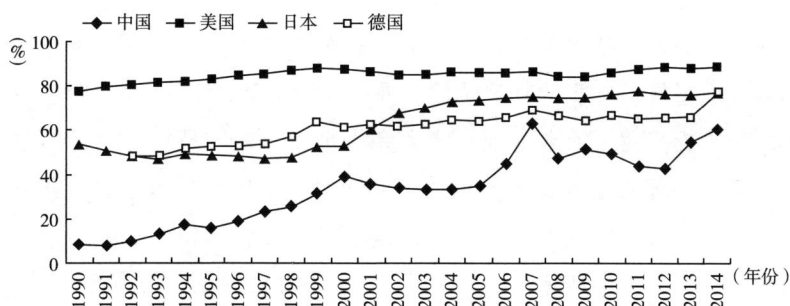

图 4-16　美、德、日的直接融资比重变化趋势
资料来源：世界银行发展指标（WDI）。

　　基于如上分析可知，各国金融结构呈现突出的某种趋同现象，主要是后发国家技术赶超而导致的先发国家与后发国家技术水平差异逐步收敛的结果。这一观点较好地验证了假说Ⅱ的前部分内容。

四　金融结构趋同演化趋势下的中国金融结构

　　对于中国来说，当前的社会融资体系仍然是以间接融资为主，以存量法来衡量，我国的直接融资所占比重接近 50%（见表 4-9）。而发达国家 20 世纪 90 年代就超过了 60%，目前为 70% 左右的水平。银行信贷资金过去是依靠对信誉高的大客户进行批量放贷来节约管理成本和降低资金信用成本的。当前，利率市场化改革即将完成，来自互联网金融的竞争加剧，虽然银行的挑战和经营压力加大，接受的信贷客户群体也开始不断沉降，但它们依旧难以包容小微企业贷款规模小、期限短、资本实力差、担保少、信誉不确定的特点。这也是以银行间接融资为主导的日本和德国在 20

世纪 80 年代至 90 年代没能捕捉到中小微企业迅速膨胀的资金需求，从而导致经济发展明显滞后于美国的重要原因之一。

表 4-9　我国直接融资占比（存量法）

单位：万亿元，%

时间	银行本外币贷款余额	沪深股市总市值	债市余额	直接融资占比
2015 年 3 月 31 日	88.57	47.70	39.43	49.59

我国与国外的技术差距，经历了林毅夫等（1999）[353] 所说的模仿和购买的方式取得技术进步的赶超阶段，我国与发达国家的技术差距正在逐渐缩小。为了提高我国的自主创新能力和水平，亟须实现全社会的研发资源向自主创新领域的逐步转移。从融资供给端看，随着中国金融脱媒和大量表外资产的出现，特别是金融总量快速扩张、金融结构多元发展以及金融产品和融资工具不断创新，证券、保险类机构对实体经济资金支持加大，商业银行表外业务对贷款表现出明显替代效应。从统计数据（1991~2013年）来看，特别是 21 世纪以来，伴随着创新型国家建设和自主创新战略的推进，我国 R&D 支出比重呈上升趋势，与此相对应，技术引进的比重呈降低趋势。具体变化趋势如表 4-10 和图 4-17 所示。

表 4-10　我国自主创新与技术引进的比重变化

单位：亿元，%

年份	R&D 支出	技术引进额	R&D 支出比重	技术引进比重
1991	142.30	187.80	43.10	56.90
1992	169.00	378.90	30.80	69.20
1993	196.00	351.30	35.80	64.20
1994	222.20	353.90	38.60	61.40
1995	348.70	1088.20	24.30	75.70
1996	404.50	1266.30	24.30	75.80
1997	509.20	1320.00	27.80	72.20
1998	551.10	1355.90	28.90	71.10

续表

年份	R&D 支出	技术引进额	R&D 支出比重	技术引进比重
1999	678.90	1421.00	32.30	67.70
2000	895.70	1505.00	37.30	62.70
2001	1042.50	751.20	58.10	41.90
2002	1278.60	1436.90	47.10	52.90
2003	1539.60	1113.40	58.10	42.00
2004	1966.30	1146.80	63.20	36.80
2005	2450.00	1559.60	61.10	38.90
2006	3003.10	1755.60	63.10	36.90
2007	3710.20	1932.60	65.80	34.20
2008	4616.00	1884.20	71.00	29.00
2009	5791.90	1473.50	79.70	20.30
2010	7062.58	1725.90	80.36	19.64
2011	8687.01	2211.10	79.71	20.29
2012	10298.41	3293.50	75.77	24.23
2013	11846.60			

资料来源：《中国统计年鉴》（1991~2013 年），《中国科技统计年鉴》（1991~2013 年）。

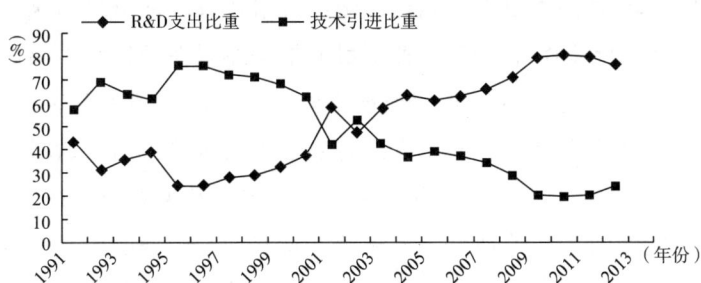

图 4-17　我国自主创新与技术引进的比重变化

资料来源：《中国统计年鉴》（1991~2013 年），《中国科技统计年鉴》（1991~2013 年）。

综合考虑技术创新所涉及的技术能力、技术水平、价值链、产业链、技术来源、技术轨道、系统性指标、企业升级等多方面，我国已进入跟随型技术追赶的后期（见图4-18）[354]。

1985年 1990年 1995年 2000年 2005年 2010年 2015年 2020年

总体特征	技术追赶（跟随）			技术追赶局部接近前沿
技术能力	简单模仿	复杂模仿	创新型模仿	市场化调整与充实阶段
技术水平	低制造技术低产品技术	中制造技术中产品技术	高制造技术中产品技术	高制造技术中高产品技术
价值链	低端		中端	部分高端
技术来源	技术引进	技术引进国内研发	技术引进跨国研发	
企业升级	加工组装	大规模制造国内品牌	大规模制造+研发设计国际品牌	制造商+服务商+系统集成商
技术轨道	传统产业技术	装备制造业ICT制造业	新能源及生物技术等新兴产业服务业创新	

图4-18 我国技术水平发展特征

对我国而言，以技术引进和技术吸收为主的技术成长轨迹提供了过去几十年经济发展的技术供给，这样的技术成长轨迹缺乏自主创新尤其是缺乏基础科学层面的原始创新。当前中国经济增速放缓部分原因是短期需求不足，但导致中长期潜在经济增速下滑的根本原因在于经济供给侧中国人口红利释放告一段落、资本积累速度下降、创新驱动转型升级尚未到位。在新增长红利时代，当我国技术发展越发逼近技术前沿后，通过加强自主创新，实现产业共性技术、前沿技术、核心技术及关键技术的自主开发，形成强大的创新驱动力来改善技术供给，将有助于经济的内涵式增长和实现经济的转型升级。[355]基于此，当前的供给侧改革的重要潜在方向在于通过创新推动持续的技术进步。过去中国经济增长中的技术主要依靠模仿引进，而未来继续从外部引进技术的空间已经很小，自主创新将成为技术进步的主要出路。持久推动自主创新需要培育良好的制度环境，要从制度上保证创新者能够充分享有创新所得的利益。伴随"中国制造"向"中国智造"和"中国创造"的转型，未来将出现大量的原创性创新，这使得金融市场的充分金融支持成为实现经济转型和产业升级的客观需要。[356]这些都为验证假说 II 的后部分内容提供了经验证据。因而，适应技术创新的需要，通过金融体制改革和金融结构优化，大力发展直接金融，就显得尤为重要。

第四节　促进技术创新的最优金融结构

如前面的章节所述，技术创新与金融结构是相互作用、相互影响且共同演化的。只有在理论层面有效解释了最优金融结构的构成要素和特征表现，才能据此判断我国金融结构偏离最优金融结构的程度水平，以明确金融结构优化的方向和路径。在借鉴王振山（1999）[357]、尹俊峰（2001）[358]和徐静（2010）[359]的基础上，引入等融资量曲线和等融资成本曲线来介绍技术创新中融资者的行为及其决策过程。

一　等融资量曲线

在技术创新的融资市场上，技术创新活动的性质、行业及其阶段决定了创新融资者的融资规模需求与方式选择。假设存在一个理想的融资市场，该市场上有任意形态的金融产品，创新融资者可以自由选择融资方式和产品。假设融资市场中可供选择的金融产品是 X 和 Y，创新融资者的总融资量为 Q，P_X 和 P_Y 分别表示金融产品 X 和 Y 的价格且保持不变，则创新融资者的等融资量曲线为：

$$Q = Y \times P_Y + X \times P_X \tag{4.11}$$

可以得到，

$$Y = \frac{Q}{P_Y} - \frac{P_X}{P_Y} X \tag{4.12}$$

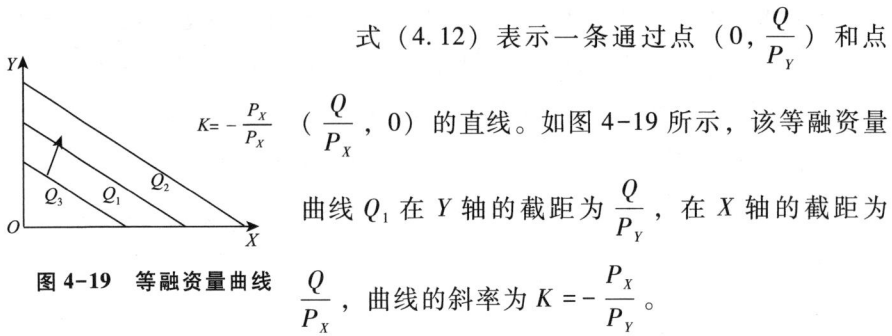

图 4-19 等融资量曲线

式（4.12）表示一条通过点（0, $\frac{Q}{P_Y}$）和点

（$\frac{Q}{P_X}$, 0）的直线。如图 4-19 所示，该等融资量

曲线 Q_1 在 Y 轴的截距为 $\frac{Q}{P_Y}$，在 X 轴的截距为

$\frac{Q}{P_X}$，曲线的斜率为 $K = -\frac{P_X}{P_Y}$。

由于任意形态的金融产品都对应一定的利率表现，创新融资者在做出任何融资产品组合时也对应特定的利率组合，形成利率组合曲线。

建立如图 4-20 所示的四个分别标有 [1]、[2]、[3] 和 [4] 的坐标系。其中 [1]、[2]、[3] 坐标系中的曲线分别代表产品 X 的供给曲线、产品 X 和 Y 的等融资量曲线 W 和曲线 T、产品 Y 的供给曲线。r_1 表示产品 X 利率；r_2 表示产品 Y 的利率；坐标系 [2] 中，曲线 T 代表高于曲线 W 的等融资量曲线。首先从等融资量曲线 W 上的任一点出发向 [1]、[3] 坐标系中的产品 X 和产品 Y 的供给曲线分别引出平行于 Y 轴和平行于 X 轴的线，两条平行线与产品 X 及产品 Y 的供给曲线的交点在坐标系 [4] 中的对应点表示等融资量条件下的两种产品利率组合。以此方法可以得到一系列点，由这些点所连成的曲线 W' 就是等融资量下两种产品利率组合轨迹。类似地，根据等融资量曲线 T，可以得到另一条等融资量下的利率组合轨迹 T'。由于曲线 T 代表融资量高于曲线 W 的等融资量曲线，所以，曲线 T' 代表融资水平高于曲线 W' 的利率组合轨迹。

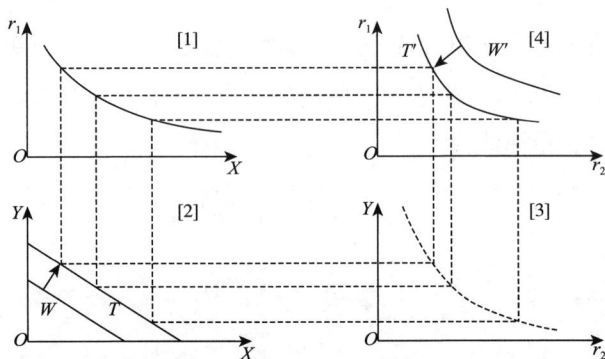

图 4-20　等融资条件下金融产品利率组合轨迹

如前所述，等融资量曲线 T 和 W 的斜率为 $K = -\dfrac{P_X}{P_Y}$。而一般来说，等

融资条件下的利率组合曲线 T' 和 W' 的斜率为 $K = \dfrac{\Delta r_1}{\Delta r_2}$，等于通过该点的切

线的斜率。

等融资量条件下的利率组合曲线由边际利率替代率决定，即两种融资成本（利率 r_1、r_2）的相互替代比率（见图 4-21）。

利用金融产品 X 替代金融产品 Y 融资的利率替代率为：

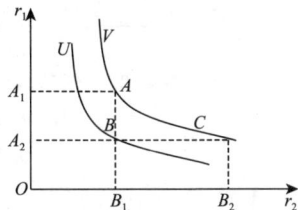

图 4-21　边际利率替代率

$$\frac{A_1 A_2}{B_1 B_2} = -\frac{\Delta r_1}{\Delta r_2} \tag{4.13}$$

如图 4-21 所示，要达到融资平衡，需要一定的 r_1 及其相应的 r_2。

二　等融资成本曲线

对创新融资者而言，选择最佳的融资方案除了受到经济活动所决定的融资规模、融资利率等条件约束之外，还要受到融资成本以及各种金融产品的利率水平（价格水平）的约束。在完全竞争市场条件下，创新融资者为获得一定的资金愿意支付的总融资成本为 C，$C = f(X, Y)$。

可见无数个反映创新融资者一定规模融资的相应成本的点构成了等融资成本曲线，见图 4-22，而且曲线 C_2 代表的等融资成本大于 C_1 和 C_3 所代表的等融资成本。这里等融资成本曲线的形状取决于边际融资转换率即各种融资产品的替代关系比率。同理可得产品 X 对产品 Y 的边际融资转换率为 $\dfrac{\Delta Y}{\Delta r_2} \Big/ \dfrac{\Delta X}{\Delta r_1}$，如图 4-23 所示。产品 X 的边际融资量为 $\dfrac{\Delta Q_1}{\Delta r_1} = \dfrac{(B_2 - B_1)}{\Delta r_1}$；产品 Y 的边际融资量为 $\dfrac{\Delta Q_2}{\Delta r_2} = \dfrac{(A_2 - A_1)}{\Delta r_2}$；所以，产品 X 对产品 Y 的边际融资转换率等于：

$$-\frac{\Delta Q_2}{r_2} \Big/ \frac{\Delta Q_1}{r_1} = -\frac{A_2 - A_1}{B_2 - B_1} \times \frac{\Delta r_1}{\Delta r_2} \tag{4.14}$$

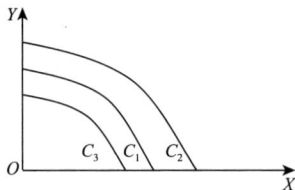

图 4-22 创新融资者的等融
资成本曲线及其移
动转换率

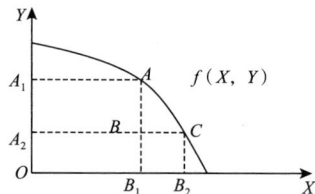

图 4-23 边际融资转换率

根据定义，两种产品利率均发生单位变化时，有 $\Delta r_2 = \Delta r_1$，所以式（4.14）可导出产品 X 对产品 Y 的边际融资转换率等于：

$$-\frac{A_2 - A_1}{B_2 - B_1} = -\frac{\Delta Y}{\Delta X} \tag{4.15}$$

至此，创新融资者的等融资成本的表达式为：$C = P_X X r_1 + P_Y Y r_2$

所以

$$r_1 = \frac{C}{P_X X} - \frac{P_Y Y}{P_X X} \cdot r_2 \tag{4.16}$$

在此我们将公式（4.16）所表示的边际融资转换率曲线称为利率约束曲线，如图 4-24 所示，曲线的斜率为 $-\dfrac{P_Y Y}{P_X X}$。

据此可以得出：利率约束曲线的相对位置由两种金融产品（X 和 Y）的利率结构、利率总水平（r）及创新融资者愿意支付的等融资成本（C）决定。

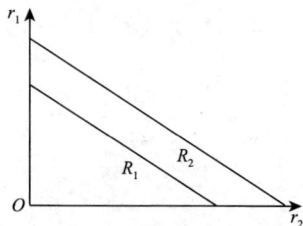

图 4-24 融资成本一定条件下的利率约束曲线

三 创新融资者的最佳融资组合及其利率均衡

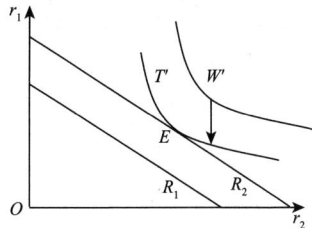

一个理性的创新融资者要找到最佳融资方案，首先需要在同一坐标系内建立创新融资者的等融资量曲线和等融资成本曲线，如图 4-25 所示。

如图 4-25 所示，当创新融资者的资金需要量为 W 时，其最佳融资组合由等融资量曲线 W 与最低的等融资量成本曲线 C_1 的切点 B 决定，因此，B 点代表创新融资者在资金需要量为 W 时的最佳融资方案。同理，A 点所对应的融资产品组合是创新融资者在资金需求量为 T 时的最佳融资方案，所以存在创新融资者的最佳融资组合点 A 或 B，满足

$$-\frac{P_X}{P_Y} = \frac{\mathrm{d}Y}{\mathrm{d}X}$$

即

$$\frac{P_X}{P_Y} = -\frac{\mathrm{d}Y}{\mathrm{d}X} \tag{4.17}$$

式（4.17）说明，当融资市场是完全竞争的时候，任何一个使创新融资者满意的最佳融资组合应该使组合中任意两种金融产品的边际融资转换率等于两种产品的价格之比。

由此可得创新融资者的利率均衡，如图 4-26 所示。T'、W' 分别表示等融资条件下的利率组合曲线，R_1、R_2 分别表示创新融资者的利率约束曲线。创新融资者的最佳融资方案对应的利率均衡点为 E 点。

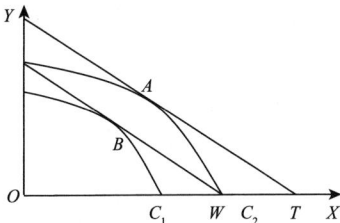

图 4-25 创新融资者的最佳融资组合　　图 4-26 最佳融资组合对应的利率

显然，创新融资者最佳的融资方案所对应的利率均衡点是等融资条件下利率组合曲线与利率约束曲线相切的那一点。由于等融资量条件下利率

组合曲线的斜率为 $\dfrac{\mathrm{d}r_1}{\mathrm{d}r_2}$，而利率约束曲线的斜率为 $-\dfrac{P_Y Y}{P_X X}$，所以创新融资者最佳融资组合对应的均衡利率应满足条件：

$$\frac{\mathrm{d}r_1}{\mathrm{d}r_2} = -\frac{P_Y Y}{P_X X} \tag{4.18}$$

式（4.18）说明，使创新融资者满意的融资方案应满足如下条件：组合中两种金融产品利率替代率等于相应产品融资额之比。这一结论还可在存在多种金融产品的融资市场上进一步推广。

由式（4.18）我们还可以推出以下结论。

因为：

$$-\frac{P_X}{P_Y} = \frac{\mathrm{d}Y}{\mathrm{d}X}$$

所以：

$$\frac{\mathrm{d}r_1}{\mathrm{d}r_2} = -\frac{P_Y Y}{P_X X} = \frac{\mathrm{d}X}{\mathrm{d}Y} \cdot \frac{Y}{X} = \frac{\mathrm{d}X}{X} \Big/ \frac{\mathrm{d}Y}{Y} \tag{4.19}$$

$$\frac{\dfrac{\mathrm{d}r_1}{\mathrm{d}X}}{X} = \frac{\dfrac{\mathrm{d}r_2}{\mathrm{d}Y}}{Y} \tag{4.20}$$

式（4.20）表明，无数个融资产品边际融资成本相等的点构成了创新融资者融资方案最佳的融资组合。

由以上分析可知：资本金融与银行金融的合理比例，构成最优金融结构。市场经济条件下，适应技术创新的需要，银行金融与资本金融的最优均衡点是由各个市场主体（主要有创新创业企业、银行、风投机构、证券交易市场等）为追逐利润最大化而在相互博弈中形成，这是长期的、自发的演进过程。而最优的金融结构安排应适应和满足技术创新融资需求，以实现最优的金融资源配置和结构分布。不同融资方式各有利弊，没有一个确定的比例关系，只有在一定条件下，特定的融资渠道或融资工具才是"最优"的选择。一些学者（林毅夫等，2009；Demirguc-Kunt et al.，2013[360]；龚强等，2014）认为，一国的最优金融结构将内生于其要素禀赋结构与经济所处的发展阶段，不同的产业结构对应于不同的最优金融结构。技术创新的不同性质和不同生命周期阶段，内在规定了产业发展壮大的技术要求，从金融要素方面提出了适应企业技术创新的规模、阶段和风险的金融服务需求。直接融资和间接融资适应了技术创新的不同性质，对技术创新的不同阶段、不同特征产业和产业区段的技术创新活动以及高科技企业的不同生命周期各有其融资、风险分散、公司治理等方面的比较优势，不存在绝对的好坏。从这个意义上说，适应技术创新不同性质和各个发展阶段要求的金融结构就是特定条件下最优的金融结构。因此，原始创新与模仿创新的金融结构需求是不同的，技术创新各个发展阶段也需要不同的金融结构加以匹配，不存在适应不同性质的技术创新所有发展阶段的恒定最优金融结构，最优金融结构也是处在不断动态演化和优化变迁中的。在各个国家的不同发展阶段，要充分发挥其金融资源禀赋比较优势，完善直接金融与间接金融协同发展的最适金融结构。

本章小结

本章在深入解析金融结构演进机制及其影响因素的基础上，通过解析金融结构差异性对技术创新的路径影响及其技术创新模式变迁与金融结构演化的趋同化，提出了关于金融结构与技术创新模式协同演化、与本书假说Ⅱ相一致的结论。一方面，金融结构影响技术创新模式。一般而言，以资本金融为主的金融结构主要表现为原始创新；以借贷金融为主的金融结构，多数倾向于模仿创新。另一方面，技术创新模式的变迁也会影响金融结构演化。由于后起模仿国技术追赶并逼近技术先进国家，前者由模仿创新转向自主创新，资本金融比重将会逐渐增加，导致各国金融结构呈现一定的趋同化现象。随着我国金融体制改革的推进和金融制度变革的深入，我国的金融结构也呈现与主要发达国家渐进趋同的特征。在此基础上，本章还认为：最优的金融结构安排应适应和满足不同性质、各个阶段技术创新的融资需求，在动态演化和变迁中保持金融结构发展的合理性、均衡性，以实现最优的金融资源配置。

第五章

促进技术创新的
金融结构的国别研究
——美、英、德、日四国经验

本章将从美、英、德、日诸国促进技术创新的金融结构变迁来系统总结技术先进国家的先进经验及后发国家的赶超经验，并以此为后面篇章揭示我国"双主导"金融结构及其制度成因提供比较研究的视角。

第一节　美国

美国在技术创新方面取得了举世瞩目的成就，得益于其完善、健全的金融结构。在金融结构的发展中，美国的直接融资和间接融资发展得都比较完善，相对来说直接融资的发展更为突出。20世纪以来，美国的直接融资工具和经营此类工具的金融机构的比例有了显著的增加，美国已经成为世界上最发达、最多样化的证券市场，能够为不同的技术创新主体提供不同种类、不同层次的融资需求。由于美国金融结构的健全，其科技投入不仅来自政府的研发经费和企业内源资金的投入，还来自企业外部金融体系的资金投入。根据美国 NSSBF（National Survey of Small Business Finance）（1997）的一项调查，在美国高科技企业的外部融资结构中，股权融资和债权融资的比例基本上是 1∶1 的关系，不管是股权融资还是债权融资，融资形式都十分多样化[361]（见表 5-1）。

表 5-1 美国高科技企业融资结构

单位：万美元，%

融资来源			融资金额	占比
股权融资	核心股东		524000	31.33
	私人风险资本		60000	3.59
	风险资本		31000	1.85
	其他股权融资		215000	12.86
	全部股权融资		830000	49.63
债权融资	金融机构融资	商业银行	313000	18.75
		金融公司	82000	4.91
		其他金融机构	50000	3.00
	非金融机构和政府融资	商业信用	264000	15.78
		其他商业融资	29000	3.35
		政府融资	8000	0.49
		核心股东	68000	4.10
	全部债权融资		814000	50.37

资料来源：http://www.finance yahoo.com/sury. National Survey of Small Business Finance（NSS-BF），1997。

（一）金融资产总额给技术创新融资提供了充分的流动性

随着经济总量的递增、金融全球化和金融创新的不断深化，美国的金融资产得以快速增长（见表 5-2）。其金融工具的种类也越来越多、越来越成熟，并且交易量不断上升、流动性大大提高，为自主创新企业提供了不断全面推陈出新的融资工具。

表 5-2 美国金融资产总额

单位：亿美元

年份	贷款类资产	债券类资产	金融资产总额
1988	6908	19280	26188
1989	7392	19454	26846
1990	7748	20115	27863

续表

年份	贷款类资产	债券类资产	金融资产总额
1991	7792	22763	30555
1992	7972	24604	32576
1993	8267	27289	35556
1994	8802	28565	37367
1995	9452	33080	42532
1996	10170	37297	47467
1997	11041	43324	54365
1998	12152	48914	61066
1999	13428	56715	70143
2000	14953	55892	70845
2001	15669	55245	70914
2002	16468	52772	69240
2003	17703	61217	78920
2004	19655	67040	86695
2005	21881	72154	94035
2006	23974	80485	104459
2007	26594	86964	113558
2008	30243	92667	122910
2009	32109	10356	42465

资料来源：美国国家统计局（美国联邦储备委员会资金流量表）。[362]

（二）良好的间接融资体系有利于技术创新

美国具有世界上最先进的间接融资体系，主要包括商业银行和财务公司，这些金融机构通过自身的不断创新为自主创新企业提供越来越丰富多样的融资工具。美国银行业开始一系列的改革与创新，以适应技术创新企业的资金需求。首先，改革组织形式，成立金融控股公司（Financial Holding Company），金融控股公司拥有附属创业投资公司，使银行信贷业务与创业投资业务紧密联系，将项目融资、贸易融资、银团贷款、长期商业信贷与创业投资组合在一起向投资目标进行投资。其次，1983 年，美国诞生了全世界唯一一家科技银行——硅谷银行（Silicon Valley Bank，

SVB），这一新型商业银行模式，将客户明确定位在受创业投资支持且没有上市的美国高科技公司，专门服务于技术创新企业。最后，创造出一系列适应不同类型、不同成长阶段企业的金融工具和金融产品，如风险融资租赁（Risk Financing Lease）、浮动设押（Floating Charge）、可转让贷款债券（Transferable Loan Issuance）、累进偿付贷款（Progressive Repay Loan）、分享股权贷款（Share Equity Loans）等，以满足技术创新企业发展的需要。

从表5-3中可以看出，美国企业的资本结构呈现两个显著的特点：一是非金融部门内部积累在企业的全部资金来源中占有重要地位，从1962年到1989年均占一半以上，在1985~1989年更高达85.4%的平均水平；二是银行贷款在企业外部资金来源当中波动较小，保持比较稳定的份额，这使得其在银企关系当中，银行始终保持比较"超然"的地位。近年来，美国商业银行信托部拥有的信托资产不仅增长快而且高度集中，表明银行业的综合化、全能化趋势越来越明显。

表 5-3 美国非金融企业部门资本来源

单位：%

年份	内部	外部	贷款	证券
1962~1964	76.0	24.0	11.3	7.9
1965~1969	67.9	32.1	18.8	13.9
1970~1974	55.1	44.9	25.6	18.0
1975~1979	69.7	30.0	16.3	14.0
1980~1984	74.2	25.8	15.5	9.5
1985~1989	85.4	14.6	14.0	1.3

资料来源：〔日〕青木昌彦、〔美〕休·帕特里克，1998。[363]

（三）发达的直接融资平台有利于技术创新

美国是市场主导型金融体系的典型代表，在促进企业技术创新方面，美国的资本市场起到了非常关键的作用。美国资本市场之所以能够持续有效地支持企业技术创新，是因为其不断完善并逐渐形成了全球最发达、种类最多的多层次资本市场体系，可以满足不同类型企业技术创新的融资需求。其发达程度主要体现在市场规模、横向多元化以及纵向多层次化方面。

1. 资本市场

美国资本市场体系的发展经验是世界各国广泛学习与借鉴的经典案例。美国资本市场的完善，主要体现在其公司治理和市场机制的发达方面。完善的多层次资本市场体系是美国发达公司制度的坚实保障。在间接融资中，美国的证券市场可以分为两大层次：全国性证券市场和区域性证券市场。全国性证券市场包括纽约证券交易所（NYSE）、全美证券商协会自动报价系统（NASDAQ）、柜台公告板市场（OTCBB）和粉单市场（Pink Sheets）。区域性证券市场包括费城证券交易所、太平洋证券交易所、中西部证券交易所和波士顿证券交易所等。美国多层次资本市场体系如表5-4所示。

表5-4　美国多层次资本市场体系

市场范围	名称	管理及上市标准	典型上市公司
全国性证券市场	纽约证券交易所（NYSE）	管理严格，上市标准高	全世界最大公司
	全美证券商协会自动报价系统（NASDAQ）	按上市标准自身分为全球精选市场、全球市场和纳斯达克资本市场	科技类且具有高成长潜力的公司
	柜台公告板市场（OTCBB）	上市要求宽松，上市时间和费用较低	主要满足成长性中小企业的上市融资需求
	粉单市场（Pink Sheets）	提供交易报价服务	挂牌证券的信用等级较低
区域性证券市场	费城证券交易所	基本没有上市功能，已成为纽交所和纳斯达克的区域交易中心	
	太平洋证券交易所		
	中西部证券交易所		
	波士顿证券交易所		

资料来源：刘文娟，2011。[364]

2. 债券市场

美国债券市场也是美国金融市场重要的组成部分，是非常重要的融资渠道之一。根据美国证券业及金融市场协会的调查数据，到2009年总规模更是上升到30.3亿美元，其中抵押相关债券规模为21.1%。其他债券占债券市场总规模的比重分别为：国债占16.9%，市政债券占9.3%，公司债券占18.9%，联邦机构债券占10.8%，货币市场债券占15.5%，资产支持债券占7.5%。如表5-5所示。

表 5-5　美国债券构成

单位：%

年份	市政债券	国债	抵押相关债权	公司债券	联邦机构债券	货币市场债券	资产支持债券	总计
1996	10.5	28.7	20.6	17.6	7.7	11.6	3.4	12.1
1997	10.3	26.4	20.5	18.0	7.8	12.9	4.1	13.1
1998	9.7	23.3	20.5	18.8	9.0	13.7	5.1	14.4
1999	9.1	20.5	20.9	19.1	10.1	14.6	5.6	16.0
2000	8.7	17.5	21.0	19.8	10.9	15.7	6.3	17.0
2001	8.6	16.0	22.2	20.7	11.6	13.9	6.9	18.6
2002	8.8	15.9	23.3	20.4	11.4	12.6	7.7	20.1
2003	8.6	16.2	23.8	20.2	12.0	11.5	7.7	22.0
2004	8.6	16.6	23.0	20.2	11.6	12.3	7.7	23.7
2005	8.8	16.5	23.4	19.6	10.3	13.5	7.7	25.3
2006	8.8	15.8	23.7	19.6	9.7	14.6	7.8	27.4
2007	8.8	15.8	23.7	19.6	9.5	14.8	8.0	28.1
2008	8.8	15.8	23.7	19.4	9.3	14.9	8.1	29.2
2009	9.3	16.9	21.1	18.9	10.8	15.5	7.5	30.3

资料来源：美国证券业协会。[365]

3. 风险投资

美国风险投资是全球金融市场发展最完善的地方之一，为美国自主创新提供了强大的融资支持，是保持其创新领头地位的重要保证。其资金来源如表 5-6 所示。

表 5-6　美国风险投资资金来源

单位：%

资金来源	1979 年	1983 年	1987 年	1991 年	1995 年	1999 年
私人养老金	31	26	27	25	38	9
公共养老金	—	5	12	17	—	9
公司基金	17	12	10	4	2	16
个人	23	21	12	12	17	19
捐赠基金	10	8	10	24	22	15
银行和保险公司	4	12	15	6	18	11
外资和其他	15	16	14	12	3	22

注：1979 年和 1995 年公共养老金包括在私人养老金中。

资料来源：Gomper, P. and J. Lerner, 2001。[366]

美国的风险投资为美国高新技术产业和美国经济的持续稳定发展提供了强劲的动力，风险投资公司一般选择成长期及扩张期的企业进行可转换优先股和可转换债券（Convertible Preferred Stock and Convertible Bonds）的方式注资，待企业进入成长期或成熟期价值增值后通过股权转让的方式实现退出机制以获取回报。美国的风险投资主要投资于附加值高的高科技领域，集中在软件、生物技术、能源、医疗设备和 IT 服务行业（见表 5-7），成就了一大批优秀的成功企业如 Yahoo、Ebay、Google 等，这些企业为美国经济发展提供了强大的活力和动力。

表 5-7　美国风险投资行业统计

单位：百万美元

	2007 年	2008 年	2009 年	2010 年	2011 年
软件	5721	5646	3678	4907	6789
生物技术	5432	4606	3723	3896	4787
能源	3116	6300	2640	3357	3560
医疗设备	3716	3496	2577	2360	2863
IT 服务	1902	2107	1260	1692	2416

资料来源：美国风险投资协会 2012 年度报告。

4. 天使投资和互联网众筹

天使投资是权益资本投资的一种形式，是指具有一定净财富的个人或者机构，对具有潜力的初创企业进行的早期投资。在美国，天使投资的发展呈现两种趋势[367]。

一种是电子网络化趋势。"天使资本"在美国也被称为"非正式风险投资"，是企业种子期以及创业早期极为重要的融资来源。美国天使投资经过长期发展已经拥有一整套较为完整、成熟的运作机制。为了解决项目信息不通畅等问题，美国政府于 1995 年建立了天使投资电子网络，为投资者和企业家建立直接接触的桥梁。天使投资电子网络利用互联网技术为美国的小企业提供了一个全国性的权益资本市场。天使投资电子网络所列出的都是经过登记的企业，降低了信息的不对称性，减少了天使投资家的投资成本，有效地提升了投资效率。天使投资的对象以互联网、医疗和移动等行业为主，这些行业的投资交易约占整个投资交易总量的 72%。

另一种是投资机构化趋势。天使机构化，即从过去的个人行为逐渐向规模化、机构化转型。天使投资组织一般拥有 10~150 位"认证投资人"。虽然天使投资早期是特指富有的个人出于助人创业和体验冒险激情而投资于创业企业的投资活动，但近年来在美国也出现了投资者机构化的趋势。这主要是因为很多高净值群体对投资的风险偏好逐渐提升，尝试用天使投资的方式追求超高回报率，为了控制风险，便出现了明显的天使投资机构化发展趋势。机构天使拥有更加专业化的投资团队，能有效控制风险，对整个接受天使投资的行业将起到带动作用，也更具有长期竞争力。

众筹，即大众筹资，是一种通过媒体或网络向公众公开地为特定项目筹集资金的行为。众筹显然具有低门槛、多样性、依靠大众力量、注重创意等特征。相较于传统融资方式，众筹最大的优势是融资成本低，这为创业者和中小企业提供了极大便利。现今，在美国，众筹被定义为"互联网金融"，具有以下特点。

首先是互联网化。随着科技的发展，众筹日益呈现"互联网+"形态。2001 年，世界最早的众筹网站 ArtistShare 在美国开始运营，以网站为中介，艺术家通过"粉丝筹资"的方式运作项目，支持者可以观看唱片的录制过程。目前，影响力最大的众筹网站 Kickstarter 已成功推出 7 万多个项目，筹资超过 14 亿美元。2014 年，脸书公司以近 20 亿美元的高价收购一家通过众筹起步、主打虚拟现实设备的公司。截至 2014 年，全球共有 1250 家众筹公司，交易额达 842.9 亿美元。

其次是法治化。2012 年，美国颁布《促进创业企业融资法案》，特别允许通过互联网为创业企业的项目募集资金，开启了众筹合法化的大门。在支持创新和中小企业发展的同时，针对众筹这种新型融资模式所潜藏的风险，美国为保护投资人利益加强了对股权众筹的监管，《促进创业企业融资法案》设定了投资者的投资上限，实现众筹平台与筹资人双方监管并举。

最后是多样化。传统的众筹具有一些鲜明特点，比如主要集中于文学、艺术等创意类领域；项目发起人具有较高的声誉或拥有较强的信息传播途径；投资兼具商业与慈善目的，既有预付费性质，又常带有资助和赞助性质。近年来，众筹平台如雨后春笋般出现，也形成了债权众筹、股权众筹、回报众筹和捐赠众筹四种主要模式。全球融资平台已为上百万个项目成功募资，覆盖创业、艺术、公益慈善等领域。

第二节　英国

1. 金融革命为工业革命注入资本燃料和动力

英国被誉为第一次工业革命的策源地。但英国的金融革命先于工业革命发生，不断为工业革命注入资本燃料和动力。英国经济学家、诺贝尔奖得主 Hicks（1969）曾经详细考察了金融市场对工业革命的刺激作用，指出：工业革命不是技术创新的结果，或至少不是其直接作用的结果，而是金融革命的结果。工业革命早期使用的技术创新，大多数在工业革命之前早已有之，然而技术革命既没引发经济持续增长，也未导致工业革命，因为已存在的技术发明缺乏大规模资金以及长期资金的资本土壤，便不能使其从作坊阶段走向诸如钢铁、纺织、铁路等大规模工业产业阶段，"工业革命不得不等候金融革命"。这也是文明古国中国、印度，及欧洲大陆强国法国、海上强国西班牙等相继败北的根本原因。Hicks（1969）在研究金融市场效率对自主创新的作用时指出，科学技术并不是技术革命最重要的条件，而金融支持才是技术革命最主要的推动力。从技术革命到工业革命，需要金融作为催化剂。如果仅仅有技术，而没有相应的资金支持，技术就不能实现其应有的价值，也无法推动生产力的向前发展。一种新技术要实现生产的转换，需要连续的以及大量的长期资金投入。因此，Hicks提出了其重要论断：工业革命的发生以金融革命的爆发为基础。金融市场效率的提高能为技术革命提供必要的资金支持，第一次工业革命之所以在英国爆发，非常重要的原因就是英国较早产生了完整的资本市场，为高新技术产业发展提供了有效的融资支持。

正是17世纪和18世纪英国资本市场的高歌猛进促成了经济增长与工业革命。只有在金融革命发生之后，工业革命才有可能发生，大多数经济史学家诸如迪克森（1967）[368]和金德尔伯格（1991）等对此观点都深表认同，他们普遍认为英国的工业革命是以金融革命为基础的，并从那时起演化出英国金融结构的长期体系。法国金融史学家登特（1973）也曾断言，英国的工业革命是以其之前发生的银行业革命为基础的。[369]诺斯（1994）[370]则进一步强调了大规模投资是推动第一次产业革命的重要因素。经济学家皮特·罗素（Peter L. Rousseau，2001）将此现象定义为"金融引导"（Financial Led）[371]，即将经济加速成长的原因归于金融体系的飞跃。正因为如此，英国金融业促进了科技向生产力的转化，促进了经济的发展，这为伦敦国际金融中心功能演进注入了动力。

英国工业革命来临之前，已逐渐形成这样一个精巧复杂的金融市场体制。工业的发展不过是金融社会体制纵深发展的必然结果。英国在发展国债市场之后，进一步发展了股票市场、企业债券市场等，伦敦证券交易所成为真正推动英国征服世界的火车头。"1853 年，英国经济发展所需资本的 25%依赖于伦敦证券交易所，到 1913 年这一比例增长到 30%"。

2. 逐步健全和完善的金融机构与金融市场体系

研究英国的经济学家们普遍认为，英国的工业革命是以金融革命为基础的，并从那时起就逐渐演化出英国金融结构体系的总体框架。英国成为 18 世纪欧洲金融最发达的国家，其健全完善的金融机构和金融市场体系成为欧洲国家的榜样。英国的金融机构与金融市场体系如表 5-8 所示。

表 5-8　英国的金融机构与金融市场体系

分类	金融机构/市场	说明
银行系统	商业银行	又称作清算银行、全能银行。涉及证券、保险、信托等多种业务，以四大清算银行为代表的商业银行集中度很高
	外资银行	伦敦是国际著名金融中心，外资银行很多，除了花旗银行等隔离之外，大多不能涉及当地业务
	住房互助社团	主要作用在于提供抵押贷款。英国放松金融管制后允许开展其他银行业务，有的已经从互助形式向商业银行转型
养老基金	公共	随着经济的发展逐步转变为机构投资者，资产有政府债券、公司债券、银行存款等，在金融市场中占据重要地位
	个人	基于最终工资的确定收益型，采取全部或部分指数化条款
保险	保险市场	以劳埃德为代表的保险集团举世闻名，保险业务主要由银行附属公司或保险公司提供，保险公司同时可以经营证券与银行业务

续表

分类	金融机构/市场	说明
金融市场	股票市场	在 Big Bang 之后，股票发行额、交易量迅速上升；伦敦股票交易所既是一个发行市场，也是一个交易市场；市场的国际化程度很高
	债券市场	基本处于均衡状态，债券余额变化很少；交易品种当中金边债券占据市场交易的很大份额
	衍生产品市场	以伦敦国际金融期货和期权交易所、欧洲大陆债券期货合约等为代表的活跃的金融期权、期货市场
	其他市场	以欧洲货币市场为代表的离岸金融市场发达，还存在规模很大的外汇交易市场和贵金属交易所

资料来源：李木祥等，2004。[372]

伴随着英国漫长的资本主义经济萌芽和发展，其银行业较之于美国分工更加细致，制度更加专业化，集中度更高。整个银行系统主要包括英格兰银行（The Bank of England，世界上第一家现代意义的中央银行，是公债制度的基础，且促进了国债交易市场形成）、商业银行（包括存款银行、外国银行、承兑行以及贴现行）、其他金融机构（主要包括房屋互助协会、国家储蓄银行、信托储蓄银行、金融行、投资信托银行、养老基金机构以及保险公司）以及非银行金融机构。与美国分散的银行业不同，英国商业银行通过不断地合并、重组，形成了巴克莱银行（Barclays Bank）、国民威斯敏斯特银行（National Westminster Bank）、米兰银行（Midland Bank）以及劳埃德银行（Loyds Bank）等具有垄断地位的大银行。

英国的金融市场分类也很复杂，主要有货币市场（包括英镑市场和其他通货市场）、资本市场（包括英国股票市场、国际股票市场、伦敦交易所期权交易市场以及专营英国中央政府证券的金边证券市场）以及其他金融市场（包括外汇市场、黄金市场和伦敦国际金融远期交易所）。在国际金融体系的三个主要金融中心里，伦敦与纽约和东京有明显的区别：后两者虽是主要的开放经济的金融中心，但国内业务占据支配地位，而在伦敦，国际业务占优势地位。在美国，非居民的外币存款不到银行存款债务的 0.5%，而他们的美元存款也仅占存款总额的 10%；在日本，非居民的日元和外币存款不到存款总额的 8%；而在英国，非居民拥有存款总额的 78%，75% 的存款是外币存款。在资本市场上，伦敦占欧洲债券交易额的 60%。[373]英国机构参与的欧洲债券交易额是伦敦股票交易所成交额的两倍。

第三节　德国

1. 全能银行和密切的银企关系为技术创新提供全方位的金融服务

德国金融体系的典型特征是"全能银行"（Universal Banking）占主导地位。其代表是德意志银行（Deutsche Bank）和德累斯顿银行（Dresdner Bank）等，它们能够提供全方位的"一站式"服务，也可以直接从事银行业务和证券业务，并控股保险、租赁、不动产抵押、资产管理及一些非金融业的工商业。与其他国家金融服务部门分业经营不同，全能银行提供全方位的金融服务：商业银行业务，吸收种类各异、期限不同的存款（短期存款如活期、定期和储蓄存款，长期存款如定期存款）；银行储蓄债券和银行债券等，银行以该资金提供长、短期信贷；投资银行业务包括有价证券发行、承销和包销业务，有价证券自营业务等；其他业务如理财咨询和安全保管业务。德国的全能银行体系不仅向经济体提供廉价的银行服务，也保证了货币在金融部门顺畅地流通，和银行风险的广泛分散与盈利稳定性，增强了银行业的活力。德国企业的融资结构如表 5-9 所示。如今，全能银行制已是世界银行业发展的大势所趋。

表 5-9　1970~1975 年德国企业的融资结构

融资渠道	留存收益	银行贷款	资本转让	商业信贷	公司债券	股票	其他
占比（%）	55.2	21.1	6.7	2.2	0.7	2.1	11.9

资料来源：Mayer，1989。[374]

除全能银行以外，德国的主要金融机构还包括抵押银行、信用合作社、住房贷款会社以及各类保险公司。

同时，德国的银行体系通过对企业贷款、直接参股或控股，同企业建立了产权关系，形成了基于支配权的特殊银企关系。银企之间由单纯的信贷联系向产权联系过渡。全能银行这一模式使银行可以提供企业所需的大部分甚至全部金融服务：银行针对高科技中小企业的特征，提供了多种有针对性的融资方法；而银行和企业互相持股，便于银行对企业进行资信评估和提供更加适合的融资方式，这种关系型的融资方式有助于银行对贷款企业进行风险控制，紧密的银企关系也利于企业获取信用支持并降低贷款成本。[375]

其中，德国最突出的支持私营中小企业的金融措施主要是为私营中小企业提供担保与金融机构贷款，而这些措施的实施主要依赖于德国复兴信贷银行[376]（KFW，见表5-10、表5-11）与德国平衡银行（德国调整银行，又称德国清算银行，DtA）两大政策性银行和各州的政策性银行。

表 5-10　德国复兴信贷银行对各行业贷款比重

单位：百万马克，%

行业	1989 年	1990 年	1991 年	1992 年	1993 年	1994 年	1995 年	1996 年
农业	0.4	0.6	0.4	0.4	0.3	0.3	0.4	0.4
煤炭、电力	1.5	0.8	1.9	4.8	2.3	2.0	3.3	2.8
基础材料	7.9	6.7	10.5	8.2	10.0	7.2	7.4	6.2
生产资料	13.6	10.0	10.8	8.8	9.0	9.0	11.3	9.6
消费品	9.7	8.3	9.5	7.3	7.9	7.0	6.7	6.0
食物、食品材料、烟	3.8	4.4	6.4	4.8	4.0	3.8	3.4	3.0
建设部门	1.8	3.9	3.9	4.3	5.2	4.0	3.4	3.5
服务	55.7	50.9	37.3	38.6	37.7	48.9	50.3	51.9
其他	5.6	14.4	19.3	22.8	23.6	17.8	13.8	16.6
构成比的合计	100.0	100.0	100.0	100.0	100.0	100.0	100.0	100.0
金额	16365	20277	31938	28978	21045	30343	26901	33003

注："基础材料"指非金属矿物、钢铁、玻璃、有色金属、化学、橡胶等；"生产资料"指铁结构物、机械工程、汽车、造船、电子学、精密化学、光学、金属材料等；"消费品"指玻璃、陶瓷、家具、纸张、印刷、塑料、皮革、服装等。

资料来源：KFW，Annual Report。

表 5-11 德国银行贷款占 GDP 比重与股票市值占 GDP 比重的比较

单位：%

年份	银行贷款占 GDP 比重	股票市值占 GDP 比重
1980	86	—
1982	93	—
1984	95	—
1986	95	—
1988	95	—
1990	103	—
1992	110	21
1994	123	17
1996	135	22
1998	145	28
2000	148	51

2. 直接融资市场为技术创新提供直接融资服务

建立风险投资市场。长期以来，由于德国的全能银行体系在德国经济运行中占有主导地位，银行等金融机构成为德国风险投资的资金主要供应者。1965 年，德国设立了首家风险投资基金。德国风险投资业发展的重要标志是 1975 年设立的 WFG 基金。在 20 世纪末，德国风险投资的资本来自银行、保险公司和养老金的比例在 65% 左右（见表 5-12）。德国私募股权投资与风险投资协会 2007 年的统计数据显示，在德国有 76% 的风险资本投向处于后期阶段的成熟企业，且投资于后期阶段的资金较多是投向传统行业的，例如日用消费品（14%）、钢铁（9%）、零售（9%）等；而投资于初期的资本（占总资本的 24%）主要集中在计算机（27%）、生物技术（20%）、医药（18%）等。

表 5-12 德国风险投资来源渠道分布

单位：%

渠道	银行	保险公司	养老金	机构	私人	政府	其他
比例	17.7	19.9	28.0	10.0	11.6	5.7	0.1

资料来源：陈德棉、蔡莉，2003。

总的来说，德国风险投资市场主要有三个特点：一是银行和保险公司扮演了重要的角色，提供了大多数的资金；二是风险投资公司沿袭其母公司求稳的风格，资金大多投向传统的工业技术领域以及成熟的企业；三是退出机制不顺畅，德国的企业家担心控制权的丧失而对上市并不热衷，且风投公司多为银行和保险公司设立，因此也愿意长期持有并获得稳定收益，为母公司的业务发展做铺垫。从这个角度来说，德国和日本一样，整合了直接融资市场和间接融资市场，也推动了科技中小企业的发展。

完善资本市场。德国资本市场较为完备，已有柏林、不莱梅、汉堡、杜塞尔多夫、法兰克福、汉诺威、慕尼黑和斯图加特八家证券交易所。其中法兰克福证券交易所是世界四大证券交易所之一，也是仅次于伦敦的欧洲第二大交易所。在德国证券市场的发展史上，法兰克福证券交易所曾于1997年3月开设了"新市场"，是为科技型中小企业提供直接融资的一种场所。但高科技泡沫破灭、上市公司造假丑闻曝光、市场形象严重受损等多方面的因素，使"新市场"于2003年6月被迫关闭。究其原因，上市条件过少、企业信息不透明、监管不力、缺乏明确的退市机制。随后在2005年，德国在原有基础上又设立了新的创业板——公开市场，上市企业除了德国本土企业外，还吸引了中国、俄罗斯等新兴国家的企业。2012年德国资本市场的基本情况如表5-13所示。

表5-13 2012年德国资本市场基本情况

国内上市公司总数（家）	市场资本总额（亿美元）	股票交易总额（亿美元）	股票市场资本总额/GDP（%）	股票交易总额/GDP（%）
665	14863.1	12255.3	43.7	36.1

资料来源：http://www.worldbank.org/；李心丹，2013。[377]

风险分担体系——担保银行。早在1954年，德国就已经开始实施中小企业信用担保体系，目前已形成了较为完善的风险分担体系。该体系分为三个层次，第一层是由联邦州的担保银行进行担保，第二层是由联邦州政府进行担保，第三层则是由德国政府进行担保。德国还建立了担保银行，是一种经济资助组织，其目的是使那些无法提供有效抵押的企业以及自主创业者能够得到贷款。

第四节 日本

1. 主银行制和专业银行为技术创新起到重要推动作用

日本是银行主导型的国家，主银行制是其主要的银行制度。传统上，学界对主银行制的学术定义是：主银行表示一个企业与某个特定银行之间的长期关系。日本的银行较之于美国、英国，有更广泛的经营范围，从而能够为企业提供更多的金融服务，同时也拥有对企业更大的控制权。这些都决定了银行业在日本金融体系中的主导地位。

二战以后日本为了推动经济发展，建立了以银行为主导的金融体系，通过保护性金融政策和主银行体制有力地扶持了企业发展，加之日本的资本市场也得到了快速发展，为日本企业创立了一个良好的外部融资环境。根据学者青木昌彦（1998）的研究，日本的主办银行制度包括三个互相补充的部分：一是银企之间建立关系型契约，二是银行之间形成互相委托监管的特殊关系，三是正常监管当局采取一整套行之有效的监管手段，包括市场准入管制、存款担保、对市场融资的限制及"金融约束"等。在此种情况下，信用贷款成为日本企业重要的融资渠道。

如表 5-14 所示，除法人资本外，日本企业的资本结构还具有以下两个特征：一是内部资本积累的比重较高，为 40%~60%，仅次于英、美、德等国；二是外部融资主要依靠间接融资，直接融资的比重较小，特别是 20 世纪 70 年代，银行借款占企业资本来源的 40%~50%，而证券融资的比重仅为 5%~8%，日本商业银行（主要是城市银行）在产融结合中占有相当重要的地位。

表 5-14 日本非金融公司部门的资本来源

单位：%

年份	内部	外部	借款	证券
1962~1964	39.4	60.6	46.6	11.0
1965~1969	50.1	49.9	43.2	5.6
1970~1974	41.6	58.4	50.0	5.7

年份	内部	外部	借款	证券
1975~1979	50.6	49.4	41.5	7.5
1980~1984	59.0	41.0	35.0	6.2
1985~1989	52.3	47.7	32.1	11.0

资料来源：〔日〕青木昌彦、〔美〕休·帕特里克，1998。[378]

从表 5-15 日本融资结构可以看出，日本间接融资占据绝对的主导地位，其融资比重一直在 80% 以上，1992 年该比重达到最高的 89.65%，2005 年最小时也有 80.29%。相对来看直接融资的份额要小得多，最高也只有 19.71%。

表 5-15　日本融资结构

单位：亿日元，%

年份	间接融资	比例	直接融资	比例	融资总量
1985	2523891	88.09	341199	11.91	2865090
1986	2745226	85.94	448962	14.06	3194188
1987	3016882	85.76	500819	14.24	3517701
1988	3240063	83.54	638579	16.46	3878642
1989	3551163	82.00	779681	18.00	4330844
1990	3760050	84.89	669451	15.11	4429501
1991	3857075	85.90	633289	14.10	4490364
1992	4718206	89.65	544759	10.35	5262965
1993	4776419	88.89	597043	11.11	5373462
1994	4784017	87.94	655946	12.06	5439963
1995	4845124	86.80	736509	13.20	5581633
1996	4866816	87.39	702149	12.61	5568965
1997	4913803	88.51	637722	11.49	5551525
1998	4840908	87.63	683103	12.37	5524011
1999	4666872	84.80	836825	15.20	5503697
2000	4583517	86.01	745292	13.99	5328809
2001	4418968	86.30	701655	13.70	5120623

续表

年份	间接融资	比例	直接融资	比例	融资总量
2002	4221903	86.70	647634	13.30	4869537
2003	4018484	84.31	748115	15.69	4766599
2004	3917666	82.68	820941	17.32	4738607
2005	3930890	80.29	964738	19.71	4895628
2006	4086600	81.49	928288	18.51	5014888
2007	4100660	82.67	859827	17.33	4960487
2008	4282070	86.34	677633	13.66	4959703

注：间接融资主要包括银行贷款，直接融资包括股票、政府债券、金融债券、企业债券、地方债和政府保证债。

资料来源：《日本统计年鉴（2011）》。

日本金融体系的发展得益于对英、德等国经验的借鉴。明治维新后，日本参考了德国的全能银行体制，形成了银行对产业有支配作用的组织机构。与此同时，日本银行制度的建立也受到了英国商业银行的影响，即强调金融机构应以信用分工的形式分别发展。这样，日本发展成了具有自己特色的银行制度：类似于英国，银行制度以专业分工为特点；同时，又如德国一样，银行对企业有较强支配力。因此，日本依靠独特的科技发展策略和银行主导型金融体系的资金支持，企业技术创新水平和经济发展水平跃居世界前列。

2. 资本市场对技术创新提供融资渠道

尽管二战后，银行在日本金融体系中占据主导地位，但并未阻碍日本金融市场的发展：债券市场上，随着 20 世纪 70 年代日本政府公用事业的大力发展，公用事业债券的交易量也大幅度上升；然而到了 20 世纪八九十年代，随着经济和科技的发展，日本原来的金融体系已无法满足企业技术创新的资金需求。在政府推进下，日本进行了金融改革，目的是实现广泛的市场竞争、推进资产交易的自由化、加强和改善金融监管。股票市场也因 20 世纪 70 年代中后期日本企业逐渐重视直接融资而快速发展，甚至在 1987 年，日本的证券市场股票交易量一度超过美国证券市场。日本利率市场化完成后，企业通过证券市场融资的比重明显上升。1970～1974 年，企业从债券市场筹集资金占全部外源资金的 5.9%，1981～1985 年则升至33.3%（见表 5-16）。

表 5-16 日本大企业外部融资构成变动情况

单位：%

融资方式	1970~1974 年	1975~1979 年	1981~1985 年	1986~1993 年
股票融资	10.2	18.5	31.0	32.5
债券融资	5.9	17.7	33.3	46.6
借款	83.9	63.8	35.7	20.9

资料来源：《日本金融体制改革与金融秩序重建》。

这场对银行中介和资本市场的改革，更好地促进了企业技术创新的发展。

在资本市场上，日本的金融改革在证券交易所和证券公司两个方面进行了市场化改革，加快了日本债券市场、股票市场和 JASDAQ 市场的发展，同时推进风险投资的发展，对技术创新企业融资渠道的顺畅和多元化起到了积极作用。日本资本市场的多层次化发展起步较晚，但自 20 世纪 90 年代以来展现出后发优势，发展迅速。以场外交易市场（JASDAQ）及多个中小企业市场（SBM）的成立为标志，日本已经建立起了比较完善的多层次证券市场体系。[379]总的来说，区别于英美市场主导型的资本市场体系，日本现在的资本市场体系是以银行制度为主导的体系，银行系统在经济发展和产业成长中发挥了重大作用，证券市场和创业风险投资也在快速发展，填补银行信贷之外的融资缺口，作用越来越凸显。

第五节 经验启示

综观近两百多年全球范围的五次产业革命，无不源于科技创新，成于金融创新。无论是发源于英国、成于英国的第一次技术革命（始于 1771 年），还是源于英国并扩展至欧洲大陆和美国的第二次技术革命（始于 1829 年）；无论是源于美国、成于美国和德国的第三次技术革命（始于 1875 年），还是源于美国成于美国的第四次、第五次技术革命，都让我们见识了科技与金融结合的重要性。可以这么说，技术与金融的结合在一定程度上主导了技术革命中心的转移和固化。

1. 各国金融结构适应了其各自的历史条件、要素禀赋和发展阶段要求

通过以上对美国、英国、德国和日本四国金融结构的分析，可以看出不同国家的金融体系存在较大的差别。美国、英国与德国、日本分别代表两种不同的金融结构模式，美国、英国以直接融资为主，德国、日本以间接融资为主，但是无论是美国、英国，还是德国、日本都具有较强的自主创新能力。美国的技术创新能力维持了美国一百多年来的世界霸权地位，英国的技术创新能力支撑起其历史上的"日不落帝国"地位，德国的技术创新能力使其被誉为欧洲经济的"发动机"，日本企业的自主创新能力引领日本在不到半个世纪的时间内一跃成为世界第二号强国。同时，即使同一类型的金融结构国家也存在很大区别。如英国、美国虽同属于资本市场主导型国家，但英国银行业非常集中，四家大银行拥有遍布全国的分支机构，而美国银行业则非常分散。德国、日本同属于银行主导型金融结构，德国的全能银行制度是在借鉴法国金融制度的基础上发展而来的，但法国银行与企业的关系远没有德国的银企关系密切；德国与日本的银行与企业之间都存在密切关系，但德国的银企关系是私人部门长期自发形成的，而日本的主银行制的形成与二战时政府的资金管制和配给有密切的联系。[380] 从更为广阔的视角来看，如表 5-17 所示，无论是发达型还是不发达型金融体系，其金融结构确实适应了各国的历史条件、要素禀赋和产业发展阶段要求，呈现不同的类型分布。

表 5-17　金融结构国别（地区）分类

金融体系发达程度	金融结构	
	银行导向型	金融市场导向型
不发达	孟加拉国、尼泊尔、埃及、哥斯达黎加、巴巴多斯岛、洪都拉斯、特立尼达和多巴哥、毛里求斯、肯尼亚、厄瓜多尔、印度尼西亚、哥伦比亚、巴基斯坦、津巴布韦、阿根廷、希腊、中国内地、委内瑞拉、印度、爱尔兰	丹麦、秘鲁、牙买加、巴西、墨西哥、菲律宾、土耳其
发达	巴拿马、突尼斯、塞浦路斯、葡萄牙、奥地利、比利时、意大利、芬兰、挪威、新西兰、斯里兰卡、日本、法国、约旦、德国、以色列、西班牙	荷兰、马来西亚、澳大利亚、南非、韩国、瑞典、英国、美国、瑞士、中国香港

资料来源：Demirguc-Kunt and Levine，1999。

2. 资本市场和银行的功能正在逐渐趋于融合

资本市场和银行实现金融功能的手段和方式不同，但是两者均能够实现信息传导、风险管理、公司治理等金融功能，因而需要相互补充、相互依存。以美国为例，其金融发展的总体水平较高，无论是金融市场还是银行业，都能够为企业自主创新提供强有力的资金支持。这也是美国在企业自主创新的不同阶段都能保持优势的重要原因。

近年来，随着世界范围内金融创新的不断深入，美、英两国在不断完善银行体系和不断增强银行力量。英国很早就拥有垄断地位的大银行，而美国也逐步拥有了"航母"级的大型跨国银行。德、日两国十分重视证券业的发展问题，证券市场发展快速，通过金融市场融资的比重也有所增加，证券市场对经济增长的作用日益凸显。从美、英、日、德四国来看，直接金融与间接金融的发展呈现功能协同、混业化融合的态势，见表5-18。

表5-18　各国银行中介与金融市场的相对重要性

单位：10亿美元，%

年份	国别	GDP	银行资产	银行资产/GDP	股票市值	股票市值/GDP
1993	美国	6301	3319	53	5136	82
	英国	824	2131	259	1152	140
	日本	4242	6374	150	2999	71
	德国	1924	2919	152	464	24
1995	美国	7664	12700	166	17626	230
	英国	1181	1384	117	2441	207
	日本	5334	15116	283	8622	162
	德国	2523	3132	124	2510	99
2000	美国	10290	19640	191	30806	299
	英国	1494	1923	129	4247	284
	日本	4731	14418	305	9834	208
	德国	1886	2763	146	3390	180

续表

年份	国别	GDP	银行资产	银行资产/GDP	股票市值	股票市值/GDP
2005	美国	13095	28325	216	41229	315
	英国	2321	3692	159	6216	268
	日本	4572	14421	315	13870	303
	德国	2766	3794	137	4678	169
2010	美国	14958	33071	221	49978	334
	英国	2286	5013	219	8442	369
	日本	5495	17843	325	18614	339
	德国	3283	4301	131	5921	180

资料来源：1993 年资料来源于〔美〕富兰克林·艾伦和道格拉斯·盖尔，2002；[381] 1995~ 2010 年资料来源于国际清算银行和世界银行数据库。

3. 各国政府在金融支持企业技术创新过程中均发挥了重要的引导作用

金融能够有效地促进企业技术创新的发展是金融发展到一定程度的必然结果，因而这一过程首先要积极地促进金融体系的发展。而任何一国的金融发展均离不开政府监管者和推动者的双重作用，如日本二战后在一片废墟之上，从一个科技落后的国家一跃成为世界科技强国与世界经济强国。日本取得的这些举世瞩目的成就，与其一系列的科技发展战略措施的出台与执行密不可分。从金融支持的角度看，促进产学研的紧密合作、政府机构为技术创新企业提供担保、顺应金融自由化的发展趋势大力推进金融体制的改革，以及积极推进风险投资的发展等，均取得了很好的效果。这从各国的 R&D 投入可见一斑，见表 5-19。

表 5-19 R&D 投入的国际对比

单位：亿美元，%

指标名称	中国 （2011 年）	美国 （2009 年）	日本 （2010 年）	德国 （2010 年）	英国 （2010 年）	法国 （2010 年）	韩国 （2010 年）
R&D 经费	1345.00	4015.76	1788	924.58	398.58	577.89	379.35
R&D/GDP	1.84	2.90	3.26	2.82	1.76	2.26	3.74

资料来源：根据科技统计信息中心的《中国科技统计年鉴（2012）》[382] 整理而得。

4. 为强化对实体经济的支持作用，各国都不断推进金融制度的改革和创新

为支持企业技术创新而进行的各国金融制度体系的改革与创新都起到了优化资源配置的效用，其本质是促进金融功能的优化和完善，进而引起金融制度、金融结构的深刻变化，推动金融结构向高级化、层次化演进，以达到金融发展的目的。

表 5-20　2012 年主要经济体金融化程度比较

单位：%

	中国	美国	日本	德国	法国	英国
金融部门提供的信贷占 GDP 比重	191.8	334.8	562.5	174.0	233.4	292.8
证券化率	44.9	115.5	61.8	42.1	67.9	115.5

注："金融部门提供的信贷占 GDP 比重"包括两部分，即金融部门提供的国内信贷占 GDP 比重和中央政府债务占 GDP 的比重。其中，在世界银行的统计口径中，金融部门提供的国内信贷占 GDP 比重不包括中央政府债务。中国 2012 年中央政府债务占 GDP 比重为估算数。

资料来源：世界银行，赵昌文、朱鸿鸣，2015。[383]

第六章

金融制度变革与金融结构优化

在制度经济学的视野中，金融制度的设计安排及其演化变迁是经济发展的一个重要变量，其对金融结构和技术创新的影响不容忽视。本章在理论阐述我国金融抑制导致金融结构扭曲的基础上，对"金融制度变革-金融结构优化-技术创新"的机理进行分析，为第七章的实证研究打下坚实的理论和逻辑基础。

第一节　金融制度：影响金融结构演变的重要变量

马克思历史唯物主义揭示了人类社会发展的规律，提出了"经济基础决定上层建筑，上层建筑反作用于经济基础"的基本原理。发展中国家的经济基础不同于发达国家，因此上层建筑的各种制度安排和政策措施应该不完全一样。20世纪60年代道格拉斯·诺斯提出新制度经济学时，就吸收了马克思主义的思想认识，认为制度是内生的，也就是经济基础决定上层建筑，同时认为制度对经济绩效是有影响的，也就是上层建筑会反作用于经济基础。[384]而且诺斯（2008）[385]将组织与制度之间的关系理解为，组织是制度变迁的主体，而制度是组织结构所塑造的。从系统论的观点来看，"结构"是"各个组成部分的搭配和排列"。结构是指系统内部各组成要素间相互联系、相互作用的方式或秩序，也就是各要素之间在时间或空间上的排列和组合的具体形式（贝塔朗菲，1979）[386]。基于系统论的视角，金融结构是金融系统各组成要素间的有机联系，是金融系统保持整体性和具备金融功能的内在根据[387]。20 世纪末，随着新制度经济学的发展，制度因素（特别是制度的内生性、演进性）在金融发展中的作用日益成为学界关注的焦点。La Porta、Lopez-de-Silanes、Shleifer 和 Vishny 在 1998 年发表的《法律与金融》[388]中宣告制度金融学理论的开始，随后，国内外学者从法律、政治等正式制度和历史、文化、社会习俗等非正式制度角度阐述了其对金融发展的重要影响作用。近年来，国内外学者把这些在法律金融理论基础上扩展的各种研究成果统称为新制度金融发展理论。新制度金融发展理论认为制度因素是决定交易成本大小、风险管理水平以及信息不对称程度的关键因素，因此制度因素决定金融发展。一定的金融结构是在具体的社会的、经济的环境之中，在一定的金融制度安排下发展演变的结果。换句话说，制度之间的不适应性或矛盾将直接影响整个制度体系功能的发挥并且导致整个金融系统的低效率，严重的话可能导致整个金融体系的后退和混乱。不同的金融结构，以不同的途径对经济与社会的发展、对人类文化的进步发挥作用。

在世界金融发展史中，"金融制度变迁是金融结构变化与升级的重要原因"这一观点也已经得到印证。Demirguc-Kunt 和 Maksimovic（1998）[389]对 1980~1995 年 53 个国家的金融自由化及金融发展的实证研究结果表明，金融自由化引发了金融结构的变化，增加了金融危机的可能性，但如果是制度环境较友好的地区，这种可能性较小，尤其当法律地位得到尊重、腐败维持低水平、合同治理机制良好成为相关制度的重要特征。陈雨露、马勇（2013）[390]为此总结出了金融体系结构内生演进的一般逻辑路径，如图 6-1 所示：横轴和纵轴分别代表基于企业现金流和企业密度（分布）状态，用以描述经济发展与金融发展的不同阶段。其中，分布 D1 对应的是金融抑制阶段，此时企业现金流相对较低；分布 D2 对应的是金融发展阶段，此时企业现金流较高；分布 D3 对应的是金融成熟阶段，此时企业现金流最高。决定一个国家进入经济发展高级（发达）阶段之后，究竟是银行融资还是金融市场融资占主导地位的，主要取决于每个国家所特有的"国家禀赋"（图 6-1 中阴影部分）。显而易见，金融体制背景、制度基础和信用环境为金融市场的功能发挥提供了充足的空间，而内生于经济发展的金融体系的结构变迁所伴生的银行中介与金融市场在功能发挥方面的比较优势切换与转变，则构成了金融体系结构趋于变迁的内生性动力。从这个意义上说，金融结构演化具有鲜明的政府控制下的金融制度黏性特点。

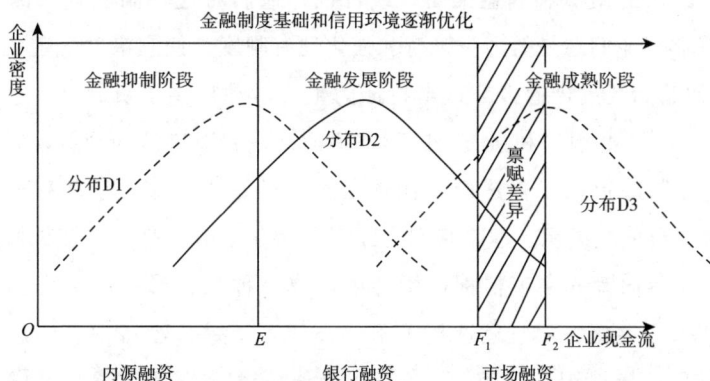

图 6-1　引入金融制度下金融结构内生演进的一般路径

金融制度在演化过程中还具有强烈的路径依赖性。James（2000）总结了不同学者对路径依赖所具有的相关确定性的因果模式或者"惰性"的主要观点，在此基础上总结出路径依赖的一般原理，如图 6-2 所示。

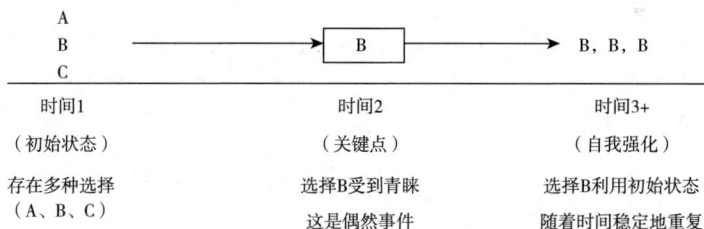

图 6-2　路径依赖的一般原理[391]

道格拉斯·诺斯将布兰·阿瑟（W. Brian Arthur）技术演进的路径依赖思想拓展到社会制度变迁领域，建立起制度变迁的路径依赖理论。他认为，制度变迁原因有二：制度的收益递增和网络外部性，经济和社会中存在显著的交易成本。在他看来，制度变迁和技术变迁一样，存在报酬递增和自我强化机制。这种机制使制度变迁一旦走上某一条路径，它的既定方向会在以后的发展中得到自我强化。所以，人们过去做出的选择决定了他们现在可能的选择，沿着既定的路径，经济和政治制度的变迁可能进入良性循环的轨道而迅速得到优化；也可能顺着原来错误的路径继续下滑，最终被"锁定"（Lock-in）在一种恶性循环的无效率状态。[392]路径依赖形成的深层次原因，首先是利益因素。一种制度形成之后，会形成某种与现存体制共存共荣的组织和利益集团，或者说，他们对这种制度（或路径）有强烈的需求。他们总是努力去维持和强化现有制度，使它沿着既定轨道持续下去。"初始制度集合的报酬递增特征为生产活动提供了负激励，它在现有制约下创造了一些组织和强有力的利益集团，他们以自己的利益来影响政治实体。这类制度提供了促进政治团体与经济的军事主宰、宗教狂热或直接的、简单的再分配组织，但是它们为经济上储存与增加有用的知识所提供的报偿较少。参加者的主观精神构想会演进成一种意识形态，它们不仅会使社会的结构理性化，而且还选择了不佳绩效。结果，经济中会演进出一些加强现有激励与组织的政策。"另外，价值信念、伦理道德、风俗习惯以及意识形态等统称为文化的东西即非正式制度安排，也是造成路径依赖的重要因素。正如诺斯所说："非正规约束在制度渐进的演进方式中起重要作用，因此是路线依赖性的来源。我们仍然有一个关于文化演进模式的长期方式。但是我们确实了解，文化信念具有极大的生存能力，且大多数文化变迁是渐进式的。"几种主要制度变迁模式比较分析见表6-1。

表6-1　几种主要制度变迁模式比较分析[393]

制度变迁模式		制度变迁推动主体	制度变迁效果评价
创设性制度变迁	诱致性制度创新	初级、次级行动团体	一般来说很好地耦合了各利益集团间的利益冲突，可以实现经济和社会效益的整体改进
	强制性制度创新	强势利益集团	制度绩效要受到制度环境和各利益主体博弈均衡的影响，制度变迁的效果实现很难评估
移植性制度变迁	强制性制度变迁 主动移植	制度输入国政府	制度设计有章可循，制度移植的进程、速度和形式可以受到利益集团的影响而不断调整；同时，制度移植的效果还要受到非正式制度安排兼容性的影响
	被动移植	制度输出国政府	强制的制度嵌入和制度改造，长期的殖民统治可以克服利益集团的干扰，制度移植的效果有时十分显著

对于中国金融而言，这种制度变迁的路径依赖与制度供求非均衡变迁直接相关联。我国金融制度供求失衡状况见表6-2。

表6-2　我国金融制度供求失衡状况

	金融制度供给	金融制度需求
体制内	合法（官方认可）	供给>需求（供给过剩）
体制外	不合法（官方不认可）	供给<需求（供给不足）

制度供给不足与制度供给过剩是制度非均衡的两种基本形式。制度总是由均衡到非均衡，再由非均衡到均衡不断地螺旋式向前发展，制度的均衡与非均衡的相互转换源于新制度安排的获利能力。制度非均衡，诱使人们进行制度创新，诱致制度变迁。图6-3表示了制度供给与需求的基本结构。[394]

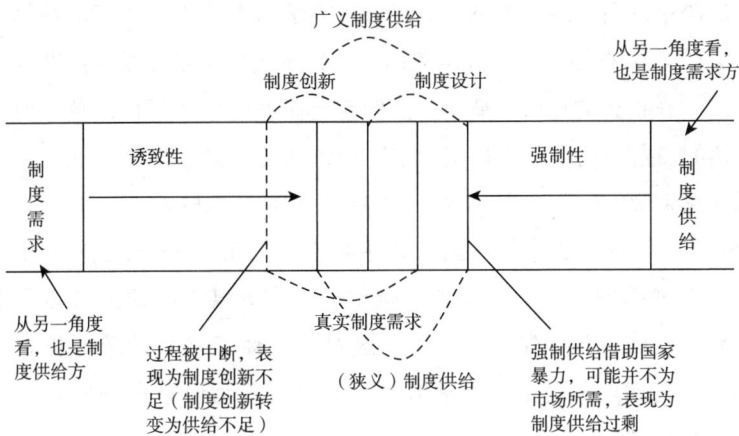

图6-3　金融制度的供给与需求关系

从理论上看，未来我国金融制度变革和创新有两条主线：一条是证券业的金融创新；另一条是非正规金融（租赁、小贷、担保典当、信托等）的创新。证券业的金融创新，基本反映的是间接融资向直接融资的过渡；而非正规金融的创新，实际上反映了打破国有和垄断、提升民营资本和其他多种金融组织的话语权。因此，金融改革制度红利的释放，是比货币政策和财政政策放宽更值得期待、更重要的、影响 2017 年资本市场的因素之一。2017 年，第五次全国金融工作会议于 7 月 14 日至 15 日在北京召开。会议强调，金融是国家重要的核心竞争力，金融安全是国家安全的重要组成部分，金融制度已经成为经济社会发展中重要的基础性制度。

第二节　金融制度变革滞后与金融结构扭曲：基于中国金融抑制的实证分析

由金融抑制导致的金融制度变革滞后，使我国金融结构存在扭曲现象。

一　金融抑制下的金融结构

金融改革落后于经济改革，一直被西方学术界认为是经济市场化次序的"中国之谜"。[395]按照一些西方学者的标准，中国的金融体系并没有得到很好的发展，[396]在很长的一段时期里，金融改革全面落后于经济改革。但就是这种不发达的、落后的金融体系支持中国经济的持续高速增长，这也是传统经济学无法解释的"谜"。罗纳德·麦金农（R. J. Mckinnon）和爱德华·肖（E. S. Show）[397]提出，发展中国家普遍存在由于政府过度管制和过度干预带来的"金融抑制"现象，导致金融市场不完善甚至扭曲，破坏了金融市场的投融资功能，从而制约了一国金融对于实体经济可持续增长的服务力和支撑力。长期以来的中国金融抑制，主要表现为资本市场发育滞后而造成的资本金融严重不足，其后果：一是资本金融支持不足，严重阻碍企业创新行为；二是银行金融资本化，"短贷长投"，成为银行资产质量恶化、不良贷款急剧上升重要原因。

回顾和检视中国金融发展的"麦金农之谜"和发展悖论，总体而言，可以从中国经济体制改革与金融制度改革发展的内在逻辑加以充分解释。

中国经济体制改革具有"渐进性"和"增量式"两大特征，两者具有统一性。"渐进性"改革要求在改革初期应保持原有体制内经济产出的平稳增长，以保证制度变迁函数的连续性和稳定性，为此，体制内国有企业在改革初始阶段继续扮演经济增长的角色。这种"渐进性"又决定了中国"增量式"改革的模式。增量改革所带来的成本远小于对国有领域进行存量改革所引致的摩擦成本。为引导总体改革进入渐进模式，不影响体制内国有企业的生产效率，政策上选择在一定程度上放开体制外约束，鼓励民营经济发展，坚持以增量改革带动存量改革，以体制外改革"倒逼"体制内改革。这使得中国的金融制度呈现明显的压抑状态。主要表现为两个特点：间接融资比重过高，直接融资过低；间接融资中，垄断和国有成分过高，竞争和民营成分不足。中国目前金融制度和体系已经远远落后于实体经济的需要和投资者的需求，还隐藏着金融风险。无论是来自外部的刺激还是内部倒逼机制，都已经迫使金融改革的巨轮重组启航。

这使得金融制度与经济体制呈现"不完全耦合"的非均衡状态。

如图 6-4 所示，"渐进性"经济改革要求在金融领域，绝大部分金融资源应配置到体制内国有企业，以迎合稳定国有经济增长、防止改革大幅度波动的需要。实际上，政府正是通过构建国有银行主导的金融结构体系以及控制国有金融机构的信贷行为来实现对国有企业的隐性金融支持。

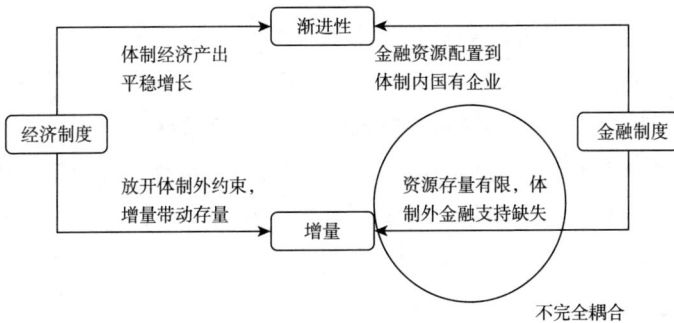

图 6-4　金融制度和经济制度"不完全耦合"图示[398]

在中国金融资源存量有限的发展初期，"渐进性"改革所代表的体制内金融需求得到满足的情况下，体制外经济增长的金融支持是严重缺失的，这时要实行类似"增量式"经济改革的"增量式"金融制度安排是极其困难的。因此，金融制度无法同时满足经济体制改革的双重要求，这表明在发展初期的金融制度和经济制度处于"不完全耦合"的非均衡状态。

同时，按照要素禀赋理论，我国劳动力相对丰富、资本相对稀缺，在生产中需要选择多使用劳动、少使用资本的技术。体制外经济就是建立在以劳动为主、以资金为辅的特殊资本收入结构中，其自身的产出对资金的依赖度在下降。这部分体制外的非公有制经济，在发展初期由于企业规模有限，通过自筹就能满足资金需求，这种内源性融资同其投资结构中的低资本需求是相互适应的。同时，在这种情况下，非公有制经济无须同体制内企业争夺稀缺的金融资源。

但是按照周期理论基于企业成长中资本结构的动态变化规律，随着体制外经济规模的扩张，内源性融资难以满足全部资金需求，体制外企业开始转向外源性融资，进而不可避免地同体制内争夺金融资源。这时，金融制度和经济之间的"不完全耦合"状态就已经难以维持。

目前，绝大多数国内外文献将中国的金融制度归为"金融抑制"（白重恩、钱震杰，2009[399]；刘瑞明，2011[400]；孔泾源，2011[401]；何东、王红林，2011[402]；贾康、孟艳，2013[403]；Lardy，2008[404]；Feyzioglu，2009[405]；Johansson，2012[406]）。20多年的金融改革，从根本上说也是金融制度不断改革、创新的过程，其对我国金融结构具有十分显著的系统影响。

在中国渐进式经济改革的总体进程中，相较于经济体制改革的大踏步迈进，金融体制和结构改革是相对滞后的，当经济体制改革进入"深水区"时，这种渐进式改革存在相当大的弊端，加重了金融改革之艰难。在这方面，林毅夫等（1993）[407]就认为，局部性金融制度改革的试验性、试错性和渐进性尽管在改革的初始阶段降低了一定的改革风险，但随着转轨型经济发展进入深层次攻坚阶段，转轨时期所积累的矛盾和问题将会在推进金融制度变革的过程中凸显出来。正如麦金农"中国过去三十年里唯一成功的金融创新是发明 ATM 机"的比喻一样，金融制度变革的滞后大大影响了金融体系对经济发展支撑作用的发挥。在这方面，戴金平、张成祥（2014）[408]就认为，中国渐进式金融改革的特点突出表现为：中央政府主导、改革速度的渐进性和滞后性，导致现有的金融结构暴露出诸多缺陷。

二 "双主导"金融结构

关于中国金融资源配置模式的选择，目前主要有三种认识：一是以吴晓求为代表的"市场主导型"[409]之说；二是仍然坚持传统的"银行主导型"[410]体系，认为现行的"银行主导型"金融体系更有利于促进经济增长和增进金融效率，更适合中国国情；三是有学者[411]认为，"市场主导型"金融体系的逻辑起点就是"银行主导型"金融体系。齐斯曼（Zysman，2009）在《政府、市场与增长》[412]中通过解释变量"组织结构"，即金融体系的分析，把金融体系分为三种类型。在齐斯曼概括的金融体系类型中，中国类似于第二种金融体系，即以信贷为基础，关键价格却受到政府的管制，这样的体系促进并鼓励政府对产业微观事务的干预。Kunt 和 Levine（1999）领导的研究小组潜心十多年针对世界 150 多个国家和地区较为权威的金融数据的分析结论对指导中国金融市场结构的选择具有可参考的价值，金融对经济增长的贡献和影响不取决于金融市场的结构模式，而是取决于金融的总体发展水平和政治法律制度，并且受到一国的文化、习惯和人文背景环境的影响。因此，在理论上争执中国的金融市场结构是"市场主导型"还是"银行主导型"的意义并不是很大。

在世界银行 2013 年的报告《2030 年的中国》[413]中，中国金融体系的问题被归纳为以下五点。一是金融体系仍受抑制。尽管通过股份制改造，国有银行的所有权结构已经从国有独资转变为目前的股份制，但政府仍对金融行业具有相当的控制力，不仅干预金融机构经营决策，同时也对其进行保护，使它们成为便利的政策工具。二是银行信贷占融资份额高。尽管近年来企业直接融资份额不断增加，但银行信贷占企业部门融资总量的比重仍然将近 90%。随着经济的发展，经济体最优的金融结构会变得越来越以市场为导向。三是银行系统维持成本高。中国银行体系的历史旧账还没有完全消化，新的更大的风险（如地方债务问题等）却已经开始产生。四是银行系统潜在的不稳定性。银行之间行为和经营的同质化蕴含系统性风险；影子银行业务活动的快速发展增加了银行体系的脆弱和不稳定性；存款保险制度尚未建成考验银行的安全网。五是金融发展的地区不平衡。

按机构划分的银行资产份额（2003~2010 年）和 1999~2010 年金融行业/市场规模分别见表 6-3 和表 6-4。

表6-3 按机构划分的银行资产份额（2003~2010年）

单位：%

银行类别	2003年	2004年	2005年	2006年	2007年	2008年	2009年	2010年
大型国有银行	58.0	56.9	56.1	55.1	53.7	51.6	51.3	49.2
政策性银行	7.7	7.6	7.8	7.9	8.1	8.9	8.7	8.0
股份制商业银行	10.7	11.5	11.9	12.4	13.7	14.0	14.9	15.6
城市商业银行	5.3	5.4	5.4	5.9	6.3	6.5	7.1	8.2
农村商业银行	0.1	0.2	0.8	1.1	1.1	1.5	2.3	2.9
农村合作银行			0.7	1.1	1.2	1.6	1.6	1.6
城市信用社	0.5	0.6	0.5	0.4	0.2	0.1	0.0	0.0
外资银行	1.5	1.8	1.9	2.1	2.4	2.1	1.7	1.8

资料来源：世界银行和国务院发展研究中心联合课题组《2030年的中国》，中国财政经济出版社，2013。

表6-4 1999~2010年金融行业/市场规模

单位：%

年份	银行机构	保险机构	证券公司	政府债券	金融债券	公司债券	股票市值
1999	137.0	2.9		11.8	7.2	0.9	29.5
2000	138.5	3.4		13.1	7.4	0.9	48.5
2001	145.4	4.2		14.2	7.8	0.9	39.7
2002	169.8	5.3		14.8	8.2	0.5	31.9
2003	179.7	6.7	3.6	18.0	8.7	0.7	31.3
2004	175.0	7.5	2.1	22.4	9.1	0.8	23.2
2005	175.2	8.3		27.3	10.8	1.7	17.5
2006	204.0	9.1		28.9	12.1	2.6	41.3
2007	179.6	10.9	6.5	32.4	12.7	3.0	123.1
2008	204.3	10.6	3.8	31.3	13.4	4.1	38.6
2009	237.8	11.9	6.0	29.3	15.1	7.1	71.6
2010	241.6	12.7	4.9	28.1	15.0	8.6	66.7

注：表格中所有数字均为占GDP的百分比。

资料来源：世界银行和国务院发展研究中心联合课题组《2030年的中国》，中国财政经济出版社，2013。

该报告认为，目前中国银行部门的改革和发展已经越来越不能适应实体经济发展的需要。目前的金融体系以银行为主导，受国家干预力度较强，这在经济起飞阶段有利于动员储蓄和向战略部门配置资本，但随着扭曲成本的不断提高，以及累积的不平衡和风险日益加大，中国金融体系的优势正逐步被削弱。如果不对金融体系进行改革，资源配置的扭曲将更为严重，创新的动力也将被削弱，收入和财富分配问题将更加突出，内外不平衡的现象将更加明显。这些都将危害社会稳定、降低生产率以及破坏良性竞争。

　　在改革开放的三十多年里，既不同于英国、美国的市场主导型金融结构体系，也不同于德国全能银行和日本主办银行的银行主导型金融结构体系，我国形成了中国特有的政府主导型的金融结构体系。[414]作为"新兴加转轨"的经济体，中国特有的经济转轨和社会转型环境、经济的持续高增长势头、经济金融协调发展的要求、金融业自身演化发展的规律和需求、国外势力对中国金融行业的渗透和控制、国有商业银行的地位及其高管的任免模式等因素综合决定了中国的金融发展模式也必然是独特的，其金融结构的演进属于典型的政府主导的强制性制度变迁（郭熙保、余建军，2007）[415]。综观中国金融改革历程，起主导作用的中央政府自始至终扮演典型的"父爱主义"的家长角色，有力地主导金融体系所推进的每一环节、每一步骤、每一阶段的改革及其时序。改革开放以来，我国金融结构的科学化、合理化和多层次性发展态势明显，整个金融体系的渐进变迁和演化都凸显强烈的顶层设计意图，可以这么说，由计划型、单一型金融结构向市场化、多元化金融结构的转变，是自上而下的政府强制性变迁过程。因此，笔者认可刘梅生（2011）[416]的观点——中国现阶段金融市场结构是一种"政府主导型+银行主导型"的双重模式。"政府主导型"主要指向金融结构变迁的动力，"银行主导型"主要指向资金配置方式。

　　根据以上背景和分析，我们提出待检验的假说Ⅲ。

　　我国金融结构中银行与政府的"双主导"特点对技术创新存在抑制现象，使最优金融结构产生偏离。

　　最优金融结构理论（林毅夫，2009b）[417]认为处在一定阶段、产业、技术、资源等禀赋结构的经济体内生性决定了该阶段的最优金融结构，而当金融结构的演化受到现实中一国的经济、法律、文化、政策以及国际环境等因素的影响，就会使得金融结构偏离其最优路径。可见，金融结构是对经济结构、产业结构的最优适应，而经济结构、产业结构又是内生于特定经济发展阶段下的要素禀赋结构，因而经济结构、产业结构的转型升级决定了金融结构的演化。现实中，决定一国金融结构的银行部门与金融市场易受到各种内部条件和外部环境的影响冲击，从而使得银行部门与金融市场的比例（即金融结构）发生改变，偏离其最优结构状态。

此处再引入等融资量曲线 $Y = F(S_1, S_2)$ 和金融资源约束线方程 $S = d_1 * S_1 + d_2 * S_2$。$d_1$ 与 d_2 代表的是影子价格，影子价格的大小，影响了金融资源在金融市场与银行系统之间的相对配置规模。当在一定的金融资源约束条件下，影子价格 d_1 与 d_2 发生改变时，如图 6-5 所示，由于其他影响金融结构的因素的作用，金融资源约束线 CD 将会发生转移，转移的 CD 曲线会与新的等融资量曲线 Q_1 形成一个切点，达到一个均衡，这个均衡点落在了等融资量曲线 Q_1 上，此时的融资量 $Q_1 < Q_2$，则表明此状态下的金融结构没有达到最优，偏离了最优。

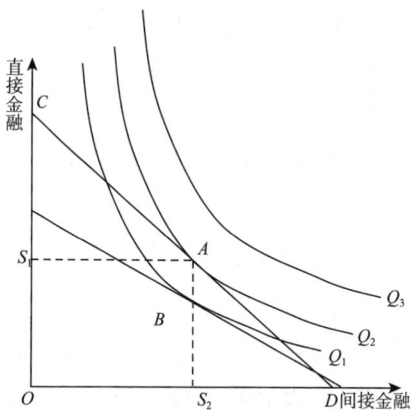

图 6-5 最优金融结构的偏离

金融制度改革的渐进性客观上导致了金融结构优化的递进性。转型国家的金融发展过程充斥着典型的政府过度干预或介入的特点（周立，2004）[418]。已有研究发现我国现行金融结构是一种由传统中央集权计划经济向社会主义市场经济转轨中出现的特殊金融结构（孙伍琴，2003），这类研究主要集中在宏观经济的层面，认为政府在调控、配置金融资源时按照政治的逻辑和意志进行调控，还没有形成完善的市场力量。

目前以国有金融机构为主导的金融体系的确将大量资源配置到了国有企业、地方政府及其附属机构[419]。从地方政府性债务指标来看，2009 年与 2010 年两年间，融资平台贷款余额约增加 5 万亿元，接近这两年人民币贷款的 1/3；从 2011 年到 2013 年上半年，地方政府性金融债务增加 5 万亿元，为同期社会融资规模的 13% 左右。从国有企业债务来看，根据财政部的数据，2013 年末国有企业负债总额为 67.1 万亿元，若假定国有企业负债总额中 50% 的债务为银行贷款，那么国有企业贷款余额占同期非金融在企业贷款的比重约为 64.5%，占同期全国各项贷款余额比重也达到 44% 左右，而"中国 GDP 构成中，国有企业所贡献份额不到 35%"（厉以宁，2014）[420]。我们还可以从 2013 年工、农、中、建四大行国有股持股比重来论证，见表 6-5。

表 6-5 2013 年工、农、中、建四大行国有股持股比重

单位：%

	工商银行	农业银行	中国银行	建设银行
第一大股东持股比重	35.33	40.28	67.22	57.03
国有股比重	70.42	79.49	67.22	57.03

注：国有股比重是指财政部及代表国家行使出资人职能的机构所持股权比重，不包括全国社保基金理事会持股和国有法人持股。

资料来源：各银行 2013 年年报。

同时，在我国银行体系中，大型国有商业银行占据主导地位，银行集中度较高。我们这里采用分析行业集中度常用的量化指标：行业集中率（Concentration Ratio，CR_n 指数）。由表 6-6 可知，无论是从存款额、贷款额还是总资产来看，我国银行业都属于寡占型行业，少数几家大型银行占据主导地位，银行集中度较高。

表 6-6 中国银行业 1988~2012 年行业集中度指标（CR_4）

年份	存款	贷款	资产	利润	年份	存款	贷款	资产	利润
1988	0.7988	0.8642	0.8684	0.9819	2001	0.6093	0.5757	0.7304	0.5917
1989	0.7236	0.8015	0.8744	0.9501	2002	0.5961	0.5644	0.7175	0.6029
1990	0.7231	0.7706	0.8668	0.9281	2003	0.5822	0.5574	0.7626	0.7976
1991	0.7957	0.8077	0.8661	0.9264	2004	0.5614	0.5316	0.7468	0.8584
1992	0.7711	0.7303	0.8557	0.9105	2005	0.5661	0.5464	0.7458	0.8031
1993	0.6700	0.7611	0.8868	0.7963	2006	0.5509	0.5223	0.7395	0.7900
1994	0.6578	0.6690	0.8582	0.6354	2007	0.5509	0.5009	0.7030	0.7592
1995	0.6102	0.6118	0.8404	0.6907	2008	0.5367	0.4657	0.6944	0.7549
1996	0.6186	0.6104	0.8250	0.6515	2009	0.5189	0.4717	0.7201	0.7503
1997	0.6344	0.6094	0.7772	0.4499	2010	0.4962	0.4583	0.7105	0.7328
1998	0.6435	0.6284	0.7804	0.4411	2011	0.4901	0.4538	0.6926	0.7186
1999	0.6373	0.6132	0.7727	0.6477	2012	0.4752	0.4427	0.6729	0.7035
2000	0.6368	0.5920	0.7521	0.6033					

注：CR_4 为我国四家大型银行（工行、建行、农行、中行）的份额。

资料来源：中国银监会、中国人民银行、《中国金融年鉴》、Bankscope 数据库。

　　成熟国家资本市场的发展经验表明，要满足科技企业不同阶段的融资需求，必须完善多层次资本市场。成熟的资本市场应当具有多层次性，通俗地说，就是具备金字塔状结构。以美国资本市场为例，截至 2011 年 10 月，纽交所（NYSE）上市公司 2311 家，纳斯达克（NASDAQ）2717 家，场外电子柜台交易市场（OTCBB）2386 家，粉单市场（Pink Sheets，指代地方产权交易所）6199 家，灰色市场（OTC GreyMarket，那些没在 NAS-DAQ、OTCBB 和 Pink Sheet 三个系统中报价的股票的统称）6 万多家。而长期以来的中国金融抑制，主要表现为资本市场发育滞后而造成的资本金融严重不足，其后果是严重阻碍企业创新创业行为。虽然资本市场经历了 20 多年发展，取得了不小成绩，但目前仍然缺乏有效支持高技术产业发展的完备资本市场和成熟的风险投资体系。在中国证券市场产生及发展的过程中，政府主导型的强制性制度供给是制度变迁的最主要形式（胡继之，1999）[421]。同时，中国证券市场的产生也是伴随解决国有企业的"效率悖论"（刘元春，2001[422]；金碚，2010[423]）而深化对国有企业的改革而产生的。总体而言，中国资本市场发展至今，特点主要包括行政色彩浓厚、市场化水平不足且多层次市场结构尚未形成（周小川，2013）[424]，这些都严重制约了直接融资的发展。

　　根据 WIND 统计数据，截至 2014 年年底，沪深两市上市公司 2613 家，（1992~2014 年中国境内上市公司数量走势见图 6-6）。其中，主板 1475 家，中小企业板 732 家，创业板 406 家，2014 年新三板挂牌企业数量从年初的 356 家猛增到年末的 1572 家，剧增 341.57%。但在新三板挂牌的企业

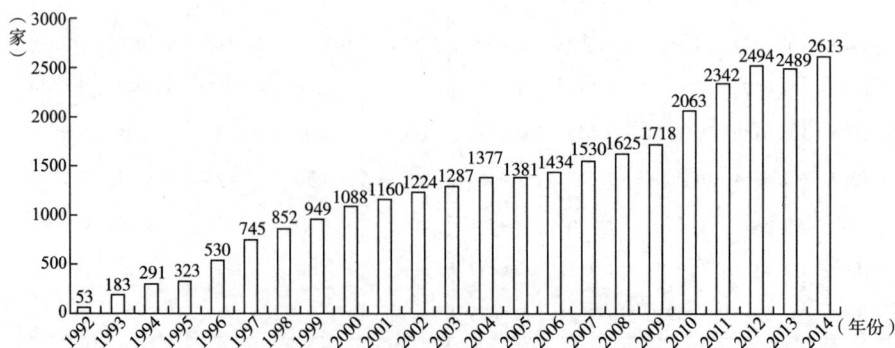

图 6-6　中国境内上市公司数量走势（1992~2014 年）

里，只有 30% 曾经有过交易，每天的交易企业数量不超过 100 家，即不到 10%。在规模上，截至 2014 年年底，场内市场市值规模为 20 多万亿元，场外市场市值规模仅为数百亿元，仅为场内市场的 2‰ 左右。这种与西方发达金融市场国家相悖的"倒金字塔"或"倒三角"，呈现出来的是不稳定的金融结构，如图 6-7 所示。多层次资本市场体系发展的滞后，很大程度上阻碍了我国金融结构的优化和调整，使得很多高新技术企业难以得到资本市场的资金支持。

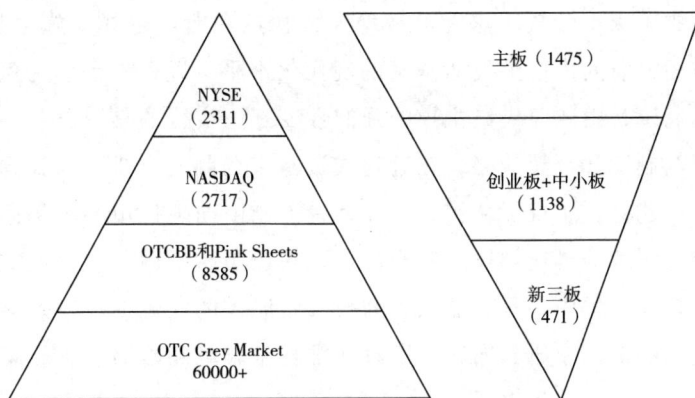

图 6-7 美中两国资本市场层次结构比较

资料来源：作者根据查询数据绘制。

三 "双主导"金融结构的制度成因

在技术创新的金融结构"双主导"背景下，我国现有的金融发展水平并不能充分地促进产业和企业的技术创新，其根本原因在于影响金融结构演化的金融体制机制存在一定的不足。

1. 赶超战略导致金融结构扭曲

过渡金融体制突出体现为中国改革过程中存在的"金融二元主义"。罗纳德·麦金农（R. J. Mckinnon）和爱德华·肖（E. S. Show）针对当时发展中国家普遍存在的金融市场不完全、资本市场严重扭曲以及政府对金融干预过度等问题，首次提出了"金融抑制"（Financial Repression）概念。根据麦金农的分析，中国在实现成功的经济转轨过程中存在特殊的过渡金融安排，即从一个高度集中但是又消极的国有银行系统起步的社会主义国家在自由化的开始阶段必须以强有力的行动硬化货币与信贷系统，（即体现国家的金融制度与金融约束）以保证经济市场化过程对国有经济的金融支撑。[425]发展中国家普遍存在政府对金融体系的干预，导致金融市场不完善、资本市场严重扭曲，利率和汇率受到管制，这种过度干预带来的"金融抑制"现象，破坏了金融市场特别是资本市场的创新功能、金融体系的投融资功能，从而制约了一国经济可持续增长的内生动力。[426]

发展中国家、转轨国家在经济增长的初期一般都选择实施赶超战略，试图在较短的时间内赶上发达国家的现代化水平。以资本市场为例，我国资本市场制度是由政府供给主导的强制性变迁，实行的是引进和移植西方的资本市场制度和赶超战略，在赶超式资本市场制度安排下，我国证券市场迅速得以建立，实现了从银行主导型融资制度向现代市场经济条件下资本市场融资制度的迅速切换，使经济金融在较短时期内实现跨越式、赶超式发展。在此过程中，只有靠强大的权威政府才能在短期内有效应付和克服骤然迸发的诸多矛盾和问题，所以在推行金融赶超战略时，金融制度变迁的政府主导作用殊为重要。

在这种赶超式的资本市场制度下，政府往往采取非均衡发展战略，客观上导致了资本市场的不完全现象。正如林毅夫所指出的：凡是选择赶超型战略的国家，无论社会性质如何……都产生了同样的结构和效率问题。而无论资本主义国家还是社会主义国家，如果能实行一种充分利用市场机制的比较优势战略，则经济发展就能成功。[427]就我国资本市场而言，市场并没有经过长期持续的充分发育，其制度安排始终是政府在赶超式战略的激励机制下利用政治权力自上而下进行的强制性制度变迁，政府在此过程中的计划特征特别突出。

2. 金融倾斜下金融资源的错配

"金融倾斜"是白钦先教授在《比较银行学》中明确提出的概念，他将间接金融与直接金融间的不平行发展和不平衡发展称为"金融倾斜"，并提出：从世界各国金融业发展的历史来说，金融倾斜表现为间接金融发展在前，直接金融发展在后，在相当长的历史时间内，间接金融的业务总量及市场份额远远超过了直接金融。随着经济社会的发展，间接金融和直接金融在发展速度和相对份额上发生的反向变化被称为金融倾斜的逆转。简言之，间接金融占主体地位的倾斜被称为正向金融倾斜，简称为金融倾斜；相反，直接金融占主体地位的倾斜被称为逆向金融倾斜或金融倾斜的逆转。

长期以来，国有专业银行是垄断性的，在金融主体单一的情况下，中国的银行体系一直主导金融资源配置，面对大、中、小型各类客户，国有专业银行在盈利本性的驱动之下，必然更加偏好于大客户，这就导致金融资源更多地依据商业银行的偏好配置给了传统产业。当前我国商业银行的信贷投放主要集中在传统产业，随着国际产业分工的调整和国内产业结构的升级，银行业面临较大的潜在风险。银行贷款是 20 世纪 80 年代中期到 90 年代产业投资的主要来源，1981～2013 年全社会固定资产投资资金来源构成见表 6-7，全社会固定资产投资资金各来源随时间的变化情况见图 6-8。培育和发展战略性新兴产业，需要加大对新兴产业发展和传统产业升级改造的信贷支持力度，唯有如此，商业银行才能够对信贷资产进行前瞻性的结构调整，从而有效降低信贷整合风险，确保资产安全。[428]

表 6-7　全社会固定资产投资资金来源构成

单位：%

年份	国家预算内资金	国内贷款	利用外资	自筹和其他资金
1981	28.1	12.7	3.8	55.4
1982	22.7	14.3	4.9	58.1
1983	23.8	12.3	4.7	59.2
1984	23.0	14.1	3.9	59.0
1985	16.0	20.1	3.6	60.3
1986	14.6	21.1	4.4	59.9
1987	13.1	23.0	4.8	59.1
1988	9.3	21.0	5.9	63.8
1989	8.3	17.3	6.6	67.8
1990	8.7	19.6	6.3	65.4
1991	6.8	23.5	5.7	64.0
1992	4.3	27.4	5.8	62.5
1993	3.7	23.5	7.3	65.5

续表

年份	国家预算内资金	国内贷款	利用外资	自筹和其他资金
1994	3.0	22.4	9.9	64.7
1995	3.0	20.5	11.2	65.3
1996	2.7	19.6	11.8	66.0
1997	2.8	18.9	10.6	67.7
1998	4.2	19.3	9.1	67.4
1999	6.2	19.2	6.7	67.8
2000	6.4	20.3	5.1	68.2
2001	6.7	19.1	4.6	69.6
2002	7.0	19.7	4.6	68.7
2003	4.6	20.5	4.4	70.5
2004	4.4	18.5	4.4	72.7
2005	4.4	17.3	4.2	74.1
2006	3.9	16.5	3.6	76.0
2007	3.9	15.3	3.4	77.4
2008	4.3	14.5	2.9	78.3
2009	5.1	15.7	1.8	77.4
2010	4.7	15.2	1.6	78.5
2011	4.3	13.4	1.5	80.9
2012	4.5	12.6	1.1	81.8
2013	4.5	12.1	0.9	82.5

资料来源：《中国统计年鉴（2014）》。

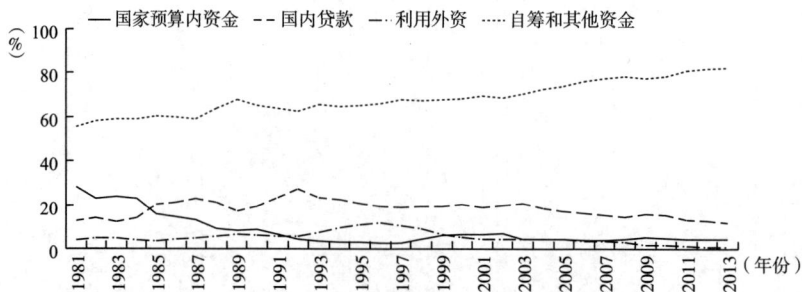

图 6-8　全社会固定资产投资资金来源构成

金融倾斜容易引发金融领域的非均衡发展。关于金融均衡水平与产业配置间的关系，我们可以借用威廉姆逊的"倒 U"形曲线理论来分析金融非均衡性与经济效率间的关系。1965 年威廉姆逊（Jefery G. Willamson）在《区域不平衡与国家发展过程》一文中提出了区域经济差距的"倒 U"形曲线理论：在经济发展过程中，收入差别的长期变动轨迹是先扩大，后缩小。在时间序列上就表现为：随着国家经济发展，区域间增长差异呈"倒 U"形非线性变化。

根据倒 U 形理论，我们来分析金融非均衡与市场效率间的非线性关系，假设 O 点为绝对均衡模拟原点，X 轴代表金融非均衡程度，Y 轴代表市场的经济效率。从图 6-9（Ⅱ）中我们可以分析出，在 A 到 E 上升阶段，金融非均衡程度上升，优势区域或产业的增长极效应使得市场效率逐步上升，但到了 E 点之后，由于金融非均衡性超出边界，破坏了正常的竞争秩序，超出市场稳定承受范围，通常表现为二元金融体制、二元经济结构、不公平竞争、投机行为严重，市场配置效率迅速下降。

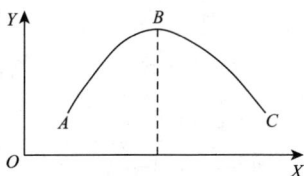

图 6-9 （Ⅰ）威廉姆逊的
倒 "U" 形曲线
注：X 轴代表时间变量，Y 轴代表区域间。

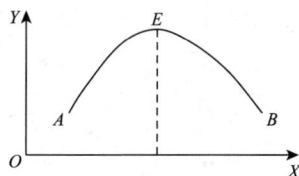

图 6-9 （Ⅱ）非均衡金融
与市场效率关系
注：X 轴代表金融非均衡程度，Y 轴代表市场效。

改革初期以政府主导为特征的强制性产业制度变迁为金融的非均衡发展提供了动因，大部分资金依据各级政府的意志和偏好投向了传统产业和战略产业。就现阶段而言，对新兴产业部门也必须实行非均衡的发展战略，要充分利用较高的储蓄率，积极把储蓄转化为投资，保持较高的、相对稳定的投资率，使新兴产业的发展能得到金融倾斜政策的支持。这是培育和发展战略性新兴产业、促进产业结构优化升级的必然选择。

转轨经济中，金融倾斜可能出现金融租金效应。在新制度经济学的视野中，金融产权界定的清晰程度决定了寻租问题的产生、发展和蔓延，信息成本未完全界定的产权就把一部分有价值的资源留在公共领域中形成的"租"（巴泽尔 1997）[429]。在金融市场中，由于产权界定和实施不可能清晰，客观上存在信息成本，同时也存在代理成本，这主要表现为作为委托人的国有产权与作为代理人的政府官僚和银行官僚之间的代理成本。信息成本和代理成本的存在使得公共经济领域中滞留了相当一部分的金融租金，形成各利益集团可轻易攫取的"租"。据周业安（1999）估算，1992~1997 年在贷款利差 32518.78 亿元租金中完全用以从事直接非生产活动的资源浪费达 7476.94 亿元，而且随贷款额逐年上升，这些实际上都构成国家租金的流失和耗损。[430]关于改革开放以来金融租金产生的数量和规模，胡和立（1989）、万安培（1995）、张兴胜（2001）等人进行了估算，从表 6-8 中我们可见一斑。

表 6-8 国有经济部门获得的金融租金估算[431]

单位：亿元

年份	期末贷款余额	当年实际贷款使用数量	对国有经济部门货款估算	利差租金估算
1979	2040.00	2040.00	1836.00（90%）	183.60
1981	2765.00	2589.50	2330.55（90%）	233.06
1983	3431.00	3241.50	2917.35（90%）	291.74
1985	5906.00	5163.00	4646.70（90%）	464.67
1987	9032.00	8311.00	7479.90（90%）	747.99
1989	12049.30	11460.30	10107.98（88.2%）	1010.78
1991	18044.00	16605.30	14619.30（88.2%）	1461.93
1993	26461.10	24038.35	21201.82（88.2%）	2120.18
1995	39393.60	35917.40	33295.40（92.7%）	3329.54
1996	61152.00	55845.00	51601.00（92.4%）	1806.00
1997	74914.00	68033.00	60441.00（88.84%）	2115.00
1998	86524.00	80719.00	67465.00（83.58%）	213.00
1999	93734.00	90129.00	73689.00（81.76%）	1161.00
2000	99371.00	96552.50	79019.00（81.84%）	3070.00

注：1998 年以前市场利率与法定利率之差按 5%计算。1996 年以后的数据引自各期《中国金融年鉴》。

关于金融租金，赫尔曼、墨多克和斯蒂格利茨等（1998）[432]认为，由金融约束产生的金融租金效应，客观上对发展中国家金融发展具有两方面的正面作用。一是有利于金融监管，增强银行系统的稳定性。实行金融约束所形成的租金机会能够为商业银行提供一种长期激励，有助于稳定银行部门的利润来源，有利于促进银行部门经营行为长期化，同时，对风险性贷款实施惩罚，有助于促进金融市场形成良性发展机制，提高银行系统的稳定性。二是提高银行部门的收入，能够刺激银行增设经营网点，加强金融创新，扩大业务范围，从而推动金融体制的深化发展。

在政府财政无力提供大量资金扶持的情况下，政府通过银行或其他金融工具的低息贷款、指定贷款、资金补贴等干预措施，使金融资源以较低的成本从一个部门或一部分人手中转移至另一部门或另一部分人手中。受租金效应的影响，商业银行也就产生了强烈的吸储动力，这就使得金融租金功能部分替代了财政功能，弥补了外源融资缺口和不足，产生了以租金形式表现的"资源转移效应"。"资源转移效应"有助于推动资金集中，满足新兴产业发展对资金的需求，有效提高生产的社会化程度、规模化水平和资金集中规模。

同时，在金融支持政策下，政府通过差别利率政策、信贷倾斜政策、资金供给政策、资本市场准入政策等政策措施[433]，扶持国家重点支持的新兴产业等部门，不仅培育和促进了我国新兴产业迅猛发展，加快了传统产业的改造升级，而且克服了经济发展中的瓶颈约束，对推动经济结构调整发挥了重要的作用。

另外，政府通过对金融体系的控制，以有条件的信贷补贴、利率补贴的方式向各产业和企业部门提供政策性租金，能够促进企业家精神的养成，对提升本国产业结构、提高产业生产率、培育新兴产业也提供了有效途径。

3. 金融漏损与金融资源二次配置

中国经济高速增长背景下的金融低效率，是转型期亟待解释的中国之谜。我国改革开放以来，经济实现了三十多年的高速增长，而与此不协调的是我国的金融系统低效率，原因在于优势信贷资源主要流向大型国有企业，而拉动高增长的引擎来自非公有企业。这其中，更为深层的原因就在于国有企业投资资金存在一定程度的"外漏"或"溢出"现象，从而造成由金融漏损导致的金融抑制。投资体制预算软约束的存在客观上隐蔽了国有企业的融资成本，扭曲了其所面临的真实的融资约束，减弱了金融发展对国有企业的积极作用，产生了"漏出"效应。与此同时，民营企业经营活动主要依赖内源融资（企业家自有资金、企业经营留利等）、非正规金融（如私人借贷、贸易信贷、地下钱庄等）以及金融漏损效应（金融资源从国有部门向私人部门的流动）等，对银行贷款的依赖程度较低。周业安（1999）[434]分析认为，我国的金融抑制具体体现在以下三个方面：一是政府的利率管制造成居民储蓄对利率缺乏弹性；二是政府对资金需求者实行价格歧视，形成一部分租金市场，导致金融低效率；三是信贷市场上的价格管制和市场分割与政府限定证券价格相结合，会扭曲资本市场的发育。卢峰、姚洋（2004）认为，金融资源从国有部门向私人部门的流动主要依赖两条漏损渠道。[435]第一条渠道主要基于三角债的商业信用。国有部门从国有银行获得信贷的便利性和体制性的预算软约束问题，使国有部门更可能成为三角债循环中的资金供应方。第二条渠道是资产和资金向私人部门的直接转移。国有企业可以通过指定项目、指定用途、委托代理人道德风险下的非正规转移等多种方式将它的资产和投资转移到私人部门。

在中国的金融发展过程中，"家长式"和"父爱主义"的动员性金融制度偏好，客观上使得大规模的资本形成与资金的巨大投入不仅造成了资金运用的低效率，也形成了非国有经济可资获取的金融漏损，最大限度地缓解了整个经济体的外部融资约束。民间金融作为中国金融发展过程中弥补正规金融体系市场结构缺陷的主要方式与途径，对于缓解非国有经济的外部融资约束起到了重要的支撑作用。它既促进了强势性金融制度变迁下规模经济的迅速形成，又通过资金外溢和漏出、非正规转移、R&D 再投资等途径实现金融资源的二次配置，导致了中国金融体制比较优势的动态演化。

可见，转型经济时期在生产和非生产过程中存在大量的金融资金漏损，而这种金融漏损多数通过直接或间接途径最终又回归生产过程，对金融资源初次配置的低效率具有修正效应。具体而言，传统金融体制下的利率管制政策使得分散且庞大的居民金融资源被低成本地动员、集中到国有金融机构系统，形成一笔巨大的金融剩余，并通过廉价的贷款计划的方式低成本地配置给国家重点扶持和发展的国有垄断型企业所获得，形成对国有企业的隐形金融补贴，使获得信贷支持的国有企业得到了一笔金融租金。由此，国家财政、国有企业、商业银行、资本市场、资产管理

公司和居民这六大部门建立起了一种相对均衡的资金流转体系，如图 6-10
所示。

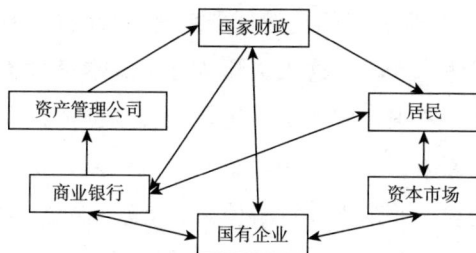

图 6-10　渐进改革中国民经济各部门的相互作用与联系

对于处在经济转轨期的中国金融市场来说，由于缺乏正式金融体系的
支持，非国有经济要想实现高速增长，就必须借助于非正规金融的内生萌
芽和自主发展。Allen 等（2005）在对中国经济区分正式和非正式部门进
行考察后发现，以外资企业、私营企业和乡镇企业为代表的中国非正式部
门以年均 14%～15% 的增长率推动了经济发展，其增长显著高于正式部门
的增长。基于这一事实，他提出了"非正式融资渠道对正式融资渠道的替
代"假说[436]，以此来对中国无论法律体系还是金融体系都不够发达，但
仍然维持了较高的经济增长速度的所谓"中国之谜"做出解释。

4. 金融改革滞后的金融创新替代

金融改革落后于经济改革，一直被学术界认为是经济市场化次序的中
国之谜。1993 年 McKinnon 提出了金融发展的"中国之谜"[437]，即中国在
向市场化过渡的过程中如何在财政状况持续恶化的同时维持了宏观经济的
稳定（很好地抑制了通货膨胀的压力）。回顾中国金融发展的"麦金农之
谜"，将中国金融发展悖论进一步扩展，可以从中国金融制度改革发展的
内在逻辑重新解释。按照一些西方学者的标准，中国的金融体系并没有得
到很好的发展[438]，在很长的一段时期里，金融改革全面落后于经济改革。
但是就是这种不发达的、落后的金融体系支持中国经济的持续高速增长，
这也是传统经济学无法解释的"谜"。从总体上说，作为一个"后发国
家"，改革开放以来中国金融的发展可以概括为从传统的、落后的、计划
的金融向现代的、发达的、市场化的金融的动态演进过程。

在中国渐进式经济改革的总体进程中，金融改革是滞后的，是集聚于后尾部的，当经济改革进入"深水区"时，这种渐进式改革本身给进一步深化改革带来的障碍便集中体现为金融改革之艰难。正如麦金农所说，"在中国过去三十年里唯一好的金融创新就是 ATM 机，所有其他的金融创新都是为了避免一些规则"，这大大影响了金融体系对经济发展的支持。比如当前实体经济融资难、融资贵，房地产市场泡沫，中小企业金融服务匮乏等问题的真正原因，不是金融改革和金融创新过快，超过了实体经济的现实需求，而是金融改革方案过于保守、金融改革严重滞后。

与金融改革滞后相伴的是垄断性金融体制对金融创新的替代效应。金融创新的根本动机着眼于不断通过创新释放制度性和结构性红利，促进金融结构优化，实现金融发展，以获得潜在的利润。本书在栾光旭（2004）[439] 提出的简单模型基础上，对金融机构在垄断体制下的创新选择进行细致分析。

传统金融机构为获得利润，有垄断和创新两种选择，在图 6-11 中，创新与垄断的成本比率由预算线 AB 表示，达到效用最大化的均衡点在 E_0 点。政府的补贴和对新的金融机构进入的限制，使传统金融机构的垄断成本降低，从而使创新成本相对昂贵，那么传统金融机构就会减少创新，扩大垄断规模。$\Delta I = I_0 - I_1$ 就是由于垄断扩张（$\Delta M = M_1 - M_0$）而被替代的金融创新，预算线 AB 移至 $A'B'$。正是垄断对创新的替代效应使传统金融机构内在创新的动力不足，这可以解释为何国有银行热衷于追求业务量的扩张而忽视或者说不屑于进行创新。比如近几年屡禁不止的、愈演愈烈的高息揽储存款大战等，除了监管部门的监管不力外，恐怕还有其制度安排的内源。

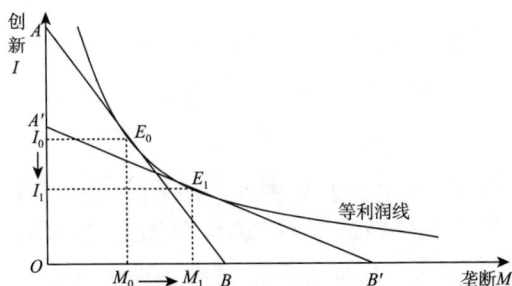

图 6-11　垄断性金融体制下的创新替代效应

第三节　金融制度演化与"适应性效率"

正如杰斐逊和罗斯基（1997）所指出的那样："过渡经济中的企业面对独立的技术和制度边界……在社会主义制度和过渡经济的关系中，认识一个独立的制度边界的主要理由是，因为制度约束而阻碍了对在技术上可行的许多备选方案的利用。"[440]

新比较经济学者 Simeon Djanbov、Edward Glaeser、Rafael La Porta、Florencio Lopez-de-silanes 和 Andrei Shleifer（DGLLS，2003）以产权理论为基础建立起了一个初步的分析模型。该模型表明，一个国家究竟选择何种制度结构最有效，取决于制度可能性边界（IPF）形状，不同国家所拥有的不同的 IPF 形状说明了其不同制度的有效组合结构。张杰（2005）在 DGLLS 框架的基础上，建立了一个由私人因素和政府因素组成的二维分析空间，图 6-12 便刻画了该金融制度的有效组合集。曲线 IPF_1 较为陡峭，表示市场主导的金融制度，IPF_1 与横轴、纵轴构成

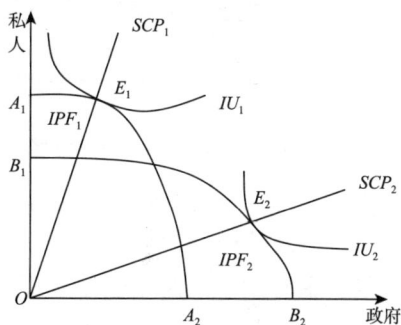

图 6-12　金融制度的有效集

的区域 A_1OA_2 表示市场主导金融制度的有效集；IPF_2 较为平缓，表示政府主导的金融制度，它与纵轴、横轴包罗的区域 B_1OB_2 表示政府主导型金融制度的有效集；IU_1 和 IU_2 分别与制度可能性曲线 IPF_1、IPF_2 相切于 E_1、E_2 点，在这两个切点上，两种制度的市场和政府分别达到最佳有效组合；SCP_1 刻画了市场主体合作力较强情况下的制度偏好，SCP_2 则刻画了市场主体合作力较弱、更加依赖政府部门的制度偏好。

而且，社会合作路径反映的是某种制度长期积淀的结果，具有恒定性，有效组合在 SCP 曲线上，任何偏离都是短期的、不稳定的。因此，在我国长期政府-银行双主导下的金融制度变革是沿着 SCP_2 曲线路径变迁波动的，即使不断偏离该曲线，但仍会回归并收敛于该曲线上见图 6-13。

在此基础上，陈雨露、马勇（2013）认为，在长期中，制度的选择和

发展是动态的，并非一成不变，只有在特定的历史阶段和特定的社会状态下，SCP 线才是相对稳定的，因而不存在贯穿整个社会和历史长期发展进程的恒定的 SCP 线。假定政府介入的下限（同时也是市场介入的上限）为 SCP_{min}，政府介入的上限（同时也是市场介入的下限）为 SCP_{max}，于是，在 SCP_{min} 和 SCP_{max} 之间形成了一个制度发展的"张力空间"，它代表了一个经济社会各个历史阶段的可选制度域，见图 6-14。

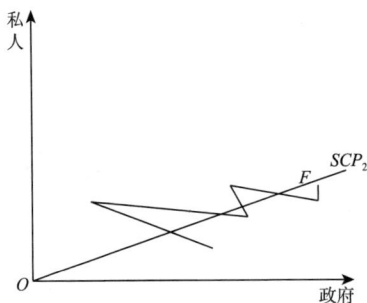

图 6-13　中国金融制度沿革路径

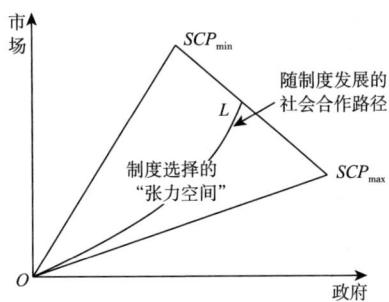

图 6-14　金融制度发展的张力空间

　　从图 6-14 中可见，在 DGLLS 模型分析下，一个国家究竟选择何种制度结构最有效，取决于制度可能性边界（IPF）形状。政府主导的金融制度改革绩效不一定必然低于市场主导的金融制度改革绩效，关键在于政府作为张力一维的合理边界。不同的国家之所以有不同的金融制度和金融发展路径，正是由于不同国家的制度环境、金融组织主体以及金融创新过程存在差异。当前，为适应市场经济快速发展的需要，我国金融制度由政府主导型逐步向市场主导型转变，其本质特征就是国家自上而下推动的金融制度变革和创新。这样制度安排下的金融结构，不可否认地具有比较优势。

　　制度经济学创始人诺斯（1994）在研究经济制度结构与经济增长的关系时指出："经济长期增长的关键不是资源配置的效率，而是适应性效率"[441]。"适应性效率"（Adaptive Efficiency）是指"社会面对冲击进行灵活调整的能力，以及改进制度以有效处理变化了的'现实'的能力"，而"伴随适应性效率的一个要求是政体和经济体能够在面对普遍的不确定性时为不断的试错创造条件，消除已无法解决新问题的制度性调整"（North，

2005）。[442]适应性效率的提出，主要是为了反映与时间动态进程中的经济变化状况相适应的制度变迁效率，具体体现为制度对制度环境（包括其他制度、经济、政治、文化以及社会等环境）的现实与变迁相适应的程度。

"适应性效率"是考察长期经济绩效的分析价值观和重要研究视角。它把诺斯的"适应性效率→制度变迁→经济增长"的逻辑演进机理内化到助推战略性新兴产业金融制度适应性效率的分析框架中。如果说把金融市场的功能视为资源配置效率，那么，金融制度的功能就是适应性效率。我们认为，金融制度的适应性效率是指，一个国家的金融体系、金融工具和金融机制等制度性因素，在经济社会变迁过程中的一定时段内对环境的适应程度和对经济社会条件的契合程度。金融制度体系与经济社会条件、金融供给和需求主体的适应性程度，决定了金融制度实施机制效率的高低。

从图 6-15 可以看出，产业发展的金融制度需求曲线为直线与曲线的组合，有一折点，这是金融制度的需求特征所决定的。无论传统产业还是新兴产业金融需求，都是为了满足维持日常生产，也就是必需的金融需求，如基本的投融资体制、金融法律框架、投资者保护等。因

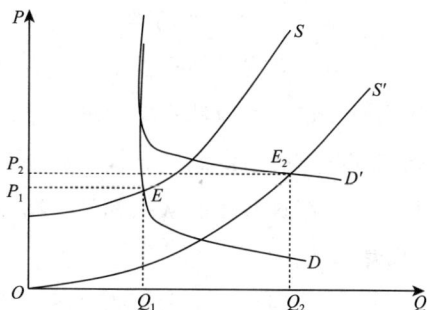

图 6-15 产业金融制度的需求曲线

此，为保证生产和再生产所必需的金融资源需求不会随着资源供给价格的变化而变化，在图上呈现为垂直的需求曲线。将需求曲线与供给曲线相叠加后，E 点为传统产业的金融制度的均衡点，而 E_2 点为战略性新兴产业的金融制度的均衡点。由于战略性新兴产业金融制度的供给与需求的特征，战略性新兴产业的金融制度的供给曲线与需求曲线与传统产业的金融制度安排存在差异。从图中看，制度金融均衡时的 E 点处，供给者与需求者的收益即 EP_1OQ_1 形成的四边形，而此时的其他金融市场的均衡点 E_2 处的供给者与需求者的收益为 $E_2P_2OQ_2$ 形成的四边形，两者的差异为两个四边形的差异，从图中可以看出 $E_2P_2OQ_2$ 的面积大于 EP_1OQ_1 的面积。我们将这一面积差定义为金融制度适应性效率的增进空间。

从金融制度供需的角度看战略性新兴产业金融支持制度的适应性效

率，目前战略性新兴产业的金融制度正处于一种制度供给过剩和制度供给
不足并存的状态之中。供给过剩主要表现在融资结构方面，一方面过分依
赖银行中介融资，直接融资比重低，另一方面，从正规融资渠道看，大中
型国有企业和传统产业的融资渠道较为通畅，中小企业、民营企业和新兴
产业的融资难；在金融中介的构成方面，银行业占据主导地位，其他金融
中介机构实力较差、问题较多；在金融工具方面，存款仍然是居民主要的
投资工具，直接投资渠道不畅；在金融市场结构方面，货币市场滞后于资
本市场，债券市场尤其是企业债券市场落后于股票市场。特别是我国的风
险投资还处于初创阶段，风险投资的资金来源仍显不足，投资基金的规模
相对较小，缺乏具备高专业素质的风险投资人才及相适应的教育制度、科
研制度和企业机制，缺乏相应的风险资金退出渠道，一定程度上限制了风
险投资对战略性新兴产业的促进作用。

1. 金融制度结构的灵活度

适应性效率无疑提供了一种制度规则标准。这种规则标准要求制度结
构具备一定的适应性和灵活度。诺斯（1995）认为，成功的政治经济体制
能够演化出灵活的制度结构，后者能够经受得住成功的进化所包括的震荡
和变迁。但这些体制从来都是长期孕育的结果，我们不知道怎样在短期内
创造出适应性的效率。[443]

金融转型是一个渐进的过程，不是一蹴而就的，其中必然伴随金融制
度结构、金融组织不断适应产业结构调整的过程。与此同时，战略性新兴
产业核心技术的研发投入巨大，新兴技术到新兴产业的商业化过程也颇为
复杂，在战略性新兴产业的发展前景不确定、中央政府的金融体制框架还
不足够明确的背景下，要允许地方政府在金融制度的创新和探索方面有一
定的灵活性。积极鼓励地方政府多创新金融运行的机制、模式、结构和方
式，充分发挥市场的基础性作用，由企业等市场主体来发展，由市场机制
来选择具体的产品、技术路径和获胜企业。

以发展专业化的中小型、新型金融机构为重点，建立更加灵活的金融
机构体系，为金融业向新兴产业渗透创造更多支点。新兴产业的金融服务
需求总量巨大，要求高度异质化，我国金融机构体系普遍存在的同质化现
象与其不匹配。唯有促进金融机构专业化、细分化、多元化发展，建立更
加丰富多彩、更有弹性的金融机构体系，才能够在保证安全和效率的前提

下满足这些多元化、多阶段的金融服务需求。[444]

2. 制度结构的耦合度

所谓制度耦合，指的是制度规范体系内的各项不同层、不同类型的制度安排为了实现其核心功能而有机地组合在一起，相互联系、相互制约、相互作用，从不同角度来激励与约束人们的行为，是一种制度结构系统高度有序、各种制度安排之间协调一致的状态。正如青木昌彦所说，只有相互一致和相互支持的制度安排才是富有生命力和可维系的。否则，精心设计的制度很可能高度不稳定。[445]

构建、培育和发展战略性新兴产业的金融支持制度体系，我们给出了一个制度效率的简单模型：$D = f(Er, In, Ie)$。其中，制度环境（Er）和制度安排（In）的耦合情况对制度能否实现适应性效率（Adaptive Efficiency）起决定作用。同时，制度安排既要考虑市场本身的规律，又要兼顾与制度环境的适应性和保证制度实施的可行性。制度实施（Ie）则是成功实现战略性新兴产业的金融制度创新的重要保障。只要正确处理好这三者之间的关系，战略性新兴产业的金融制度效率是能够逐步提高的。

具有适应性效率的金融制度结构应当具有制度耦合性特征，这主要包括两个方面。第一，正式制度内部是耦合的。要整合现有激励战略性新兴产业发展的各类政策、法规等制度，促进金融支持政策间的耦合，最大限度地发挥存量政策效应。目前，把现有的科技产业政策、财税政策、金融政策、产权激励政策整合好、协调好、配合好，发挥存量政策的更大作用，尤为必要。[446]第二，正式制度与非正式制度是耦合的。当前我国的战略性新兴产业发展正处于培育和起步阶段，迫切需要制定和实施支持各种要素特别是民营中小企业进入的金融和财税政策；需要鼓励民间资本、创业资本、私募股权基金参与此过程，为战略性新兴产业发展营造多元化的金融制度环境。这种具有耦合性的金融制度结构，有助于形成一个更高层次的金融自组织系统。

3. 制度变革的适应性

从某种意义上说，适应性即打破旧平衡、实现新平衡的过程。正如青木昌彦所指出的那样："不同制度的社会适应性依存于经济体制所面对的历史的、技术的、社会的、经济的环境。"[447]适应性效率是对技术变革、金融环境变迁等做出的积极主动的学习和反应。

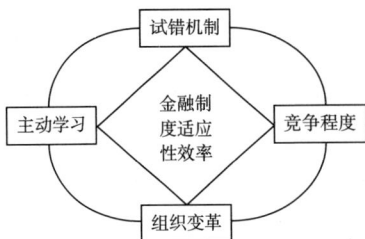

图 6-16　金融制度变革的适应性

如图 6-16 所示，试错机制是金融制度适应性效率的微观运行机制；组织变革是金融制度适应性效率的组织化要求；竞争程度是金融制度适应性效率的长期可持续性保证；主动学习是金融制度适应性效率的根本动力来源。其中，试错机制倡导"试错先行"、"摸着石头过河"、局部改革，它反映了我国金融制度变迁的总体特征。我国金融制度的改革与演进实际上是一种增量制度变迁。这种增量改革的必然结果就是改革的试错性和局部性。主动学习（又称为学习意愿）是指一国金融发展中，其学习主体（主要是金融机构、国家）学习先发国家先进金融技术和金融制度的内在动机的强烈程度。主动学习实际上是一个激励问题，解决了金融制度变迁的动力问题。从主动学习的角度看，应当放宽外资金融机构的进入限制，鼓励更多的外资金融机构与国内金融机构在新兴产业领域开展各种形式的合作。从竞争程度的角度看，竞争程度是决定金融制度适应效率的重要因素。体制原因使得主导战略性新兴产业发展的主体一直是各地政府，并没有调动其他利益主体推进制度创新和组织变革的积极性。新的竞争者的进入可以减少既得利益阶层的制度租金，可以打破既得利益阶层的均衡，从而使金融制度保持一定的灵活性，更好地适应经济环境的变化。[448]构建有利于战略性新兴产业发展的金融制度的竞争格局，以此确保金融制度内在机制的高效运行，维护金融制度与外在环境的适应力，提高金融制度竞争力。

第四节　金融结构与金融制度的协同演化

根据新制度经济学有关内在、外在制度的相关理论，本节着重引入对金融制度内在、外在制度的分析（见图 6-17），并强调金融制度内在、外在制度的变迁和共同作用对金融结构发展的重要影响，以更好地促进技术创新发展。

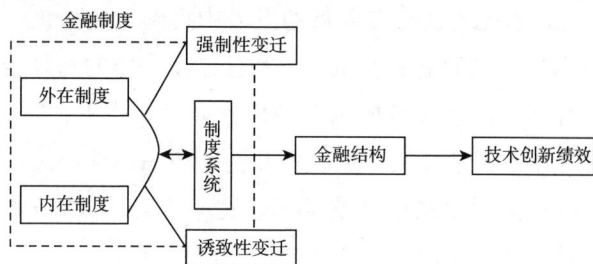

图 6-17　金融制度变革下金融结构促进技术创新的机理示意

制度是一个社会的博弈规则，是人们制定的、规范人们相互关系的约束条件（诺斯，1990），它包括产权、法律规则、市场、组织、契约以及文化观念和社会规范等（青木昌彦，1995）。制度选择的不同决定了制度禀赋的差异，而制度禀赋的差异又形成了经济发展和体制改革的不同制度环境。一个国家的制度禀赋主要包括五个方面，即国家的立法和行政制度、司法制度、习俗和其他非正式的但被广泛公认的规范、社会意识形态，以及国家行政能力。一个国家的制度环境对该国的经济发展路径和经济改革模式具有较大影响。按照新制度经济学的观点，初始的制度选择会强化现存制度的刺激和惯性，因为沿着原有制度变迁的路径和既定方向前进，总比另辟蹊径要来得方便一些。新制度经济学的研究成果显示，制度变迁的一般过程主要是：在初始制度环境下，动力因素推动了制度由僵滞阶段演化到制度创新阶段，进而到制度竞争与选择阶段，最后回到均衡阶段，重新开始下一轮制度变迁的循环。[449]

初始的制度安排影响提供新制度安排的能力。初始条件在制度变迁中发挥显著的作用，研究制度变迁的初始条件或者初始的制度安排能够很好地理解制度变迁的过程。初始和现存制度安排的"沉淀成本"和新制度安排的"设计成本"，使得沿着原有制度变迁的路径和既定的方向前进比另辟新路径要方便些，这被称为制度变迁中的"惯性"。诺斯总结为"人们过去做出的选择决定了他们现在的选择"。[450]根据诺斯的理论，制度变迁的初始选择构成了制度变迁的初始制度条件，在初始制度条件的报酬递增和自我强化机制的作用下，制度变迁一旦走上了某一路径就会沿着既定的路线不断地获得自我强化。[451]这就是在制度变迁中所存在的报酬递增和自我强化的路径依赖（Path-Dependence）。这种机制使制度变迁一旦走上了某一条路径，它的既定方向会在以后的发展中得到自我强化（Self-Reinforcing）。由于路径依赖的自我强化机制，初始制度安排的选择会强化制度变迁的发展轨迹对现存制度安排的刺激和惯性。诺斯指出："一旦一条发展路线沿着一条具体进程进行，系统的外部性、组织的学习过程以及历史上关于这些问题所派生的主观主义就会增强这一进程。"路径依赖反映了历史演变轨迹的重要性，体现了制度变迁的历时性特征——人们对过去做出的选择决定了他们现在可能的选择。同时，制度变迁的共时性特征则是状态和结构依存。[452]因为进行制度分析时所面对的问题不是简单的因果链，而是一个复杂的、多元的网络系统，影响状态的因素很多，这不是一个简单的决定和被决定的关系，而是一个状态依存和互动的关系，有时候 A 决定 B，有时候 B 决定 A，有时候相互决定。一项具体制度的变迁很大程度上受制度环境、现存其他制度以及这些制度变迁的影响，因为经济运行的不确定性，随着时间的推移和状态的变化，制度变迁的主体之间讨价还价的能力会发生相对的变化，这也可能会影响制度变迁的结果。

可见，金融结构发展演化道路不存在非此即彼的轨迹，更不会沿着一条直线向前发展，其发展轨迹主要取决于初始禀赋，即经济发展起点和各个时期的运行阶段，这在很大程度上也与政府（中央政府和地方政府）的偏好导向（体制机制的顶层设计）有关。从这个意义上说，金融结构演化具有鲜明的政府控制下的金融制度黏性特点。

大体来看，中国金融体制的总体历程，是财政主导型（王汀汀，2002[453]等）到银行主导型，再到以间接金融为主、直接金融为辅的市场化融资模式体制框架初具雏形、逐步趋于完善的过程。换句话说，中国金融体制结构演化进程，是遵循初始禀赋特点的渐进性过程。按照新制度经济学理论，初始禀赋构成一个地区制度变迁的逻辑起点，并会对制度变迁的方向和方式产生一定的影响。初始禀赋的不同，导致各类金融结构改革目标取向和行为选择的不同，这构成了特定地区金融发展模式形成和演进的基础。在金融自由化改革进程中，市场化进程和地方政府行为的不同组合及其协同演进，导致了不同的区域制度租金水平及其速率降低，这决定了特定区域的金融发展模式和演进路径。制度禀赋、制度租金与金融发展之间的关系如图 6-18 所示。

图 6-18　制度禀赋、制度租金与金融发展的关系

　　从制度的禀赋来看，中西方的金融体制所依赖的条件是不同的。西方发达国家和日本等国的金融体制植根的土壤是一系列完整的经济金融学说所奠基的市场经济及其制度安排。中国金融体制植根于有中国特色的社会主义市场经济，其前提设定是"市场经济比计划经济好"的过渡经济学，但这"并不意味着市场制度的价值判断具有某种绝对的含义"[454]，它追求的是不同制度之间的均衡点。因此，中国的金融体制有鲜明的过渡性和渐进性。改革开放三十多年来，中国金融体制改革与发展以适应市场经济的需要为目标不断向纵深迈进，金融抑制程度不断降低，金融信贷市场不断完善。具有中国特色的实践和理论探索将贯穿于整个过渡时期。中国的金融控制对弥补财政收入不足、弥补供求缺口、推动体制转轨、加快经济结构转换、推动产业升级、保持社会稳定产生了重要的影响。"甚至海外人士也认为：中国过去的金融体系改革基本没有拖经济增长的后腿。"[455]当然，在渐进改革中，由于对什么是较优的、谨慎的渐进"度"不好把握，或者说难以把握，政府往往从安全和简单可操作的角度，采取行政禁止的方法。这虽然使得中国避免了很多转轨国家曾出现的金融风险，但同时也失去了很多发展机会。这是中国三十多年来金融改革史中断断续续、不断存在"不足"或"滞后"现象的根本原因之一。[456]事实上，即使到 2011年，英国《金融时报》仍认为中国金融体制改革转型漫长而曲折："中国金融体系为实现完全一体化而实施的转型不仅旷日持久，还十分坎坷和复杂。其中，银行业实施完全一体化的进程尤具危险性。"[457]显而易见，中国金融发展模式的形成绝非人为简单的"自上而下"顶层设计和凭空打造的结果，而是金融改革和发展过程中一系列制度变革与政策调整绩效演化的综合化结晶（张杰，1998）[458]。

中国金融改革的逻辑呈"机构改革—市场改革—制度改革"这样一个特殊路径，这样的路径是中国从计划经济体制向市场经济体制转型过程中强制性制度变迁的结果，也是从"金融抑制"（Financial Repression）不断向"金融深化"（Finacial Deepening）方向发展的必然结果。三十多年金融改革表现在广度与深度两个维度。广度表现为机构改革、市场改革、制度改革三个方面；深度表现在金融改革的三个重要阶段，它们相互交织在一起[459]（见图 6-19）。

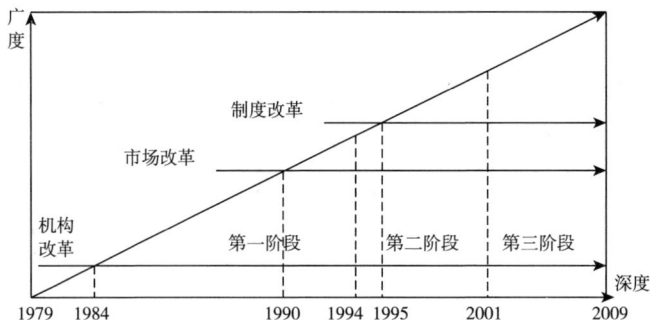

图 6-19　金融改革的两个维度

　　这种渐进式金融改革的实质是中国改革"渐进式"制度变迁在金融领域改革的延展，它是相对于苏联和东欧国家所采用的激进式金融改革而言的，其突出特点是对原有计划经济条件下的金融体系进行局部性、渐进式、增量、试错的变革，逐步实现金融体系向市场化过渡，而不是采用迅速、大规模、全局性、根本性的向市场化和私有化突变的震荡疗法。"先试验、后总结、再推广的不断积累过程，就是从农村到城市、从沿海到内地、从局部到整体的不断深化过程"。[460]戴金平、张成祥（2014）认为，中国渐进式金融改革的基本思路是：第一个阶段，在传统计划经济体系内取得突破，初步搭建起完整的金融体系的一般性总体框架；在第二个阶段渐进式推进金融体系的市场化改革，逐步实现金融体系由计划经济向市场经济的过渡。其特点突出表现为中央政府主导、改革速度的渐进性和滞后性。中国金融改革的后尾特征[461]见图 6-20。

　　当然，金融制度改革的渐进性也存在弊端。林毅夫等（1993）就认为，这种以试验性和试错性为特征的局部性改革尽管在某种程度上降低了改革

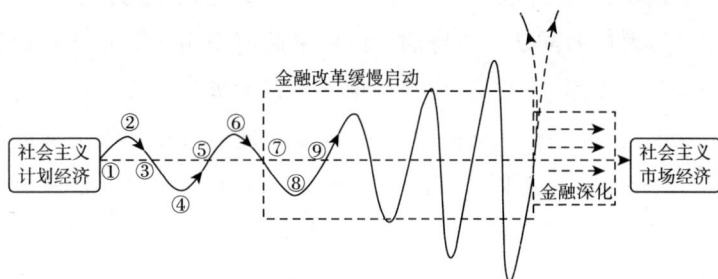

图 6-20　中国金融改革的后尾特征

注：①~⑨分别代表中国金融改革中的如下重大文件。

①1978 年，十一届三中全会标志中国改革开放的开端

②1982 年，以家庭联产承包为标志的农村改革

③1984 年，十二届三中全会提出有计划的商品经济

④1988 年，十三届三中全会提出价格和工资改革

⑤1992 年，党的十四大提出我国经济体制改革的目标是建立社会主义市场经济体制

⑥1993 年，十四届三中全会提出国有企业改革目标是建立现代企业制度

⑦1995 年，《中国人民银行法》《商业银行法》《票据法》获得通过

⑧1998 年，全面停止住房实物分配，实行住房分配货币化

⑨2001 年年底正式加入 WTO

……

风险，保证了整个改革过程的可控制性和稳健性，但是局部性改革本身的推广依赖于国家对不同领域和不同地区的强制性与行政性的隔离与割裂，在不同地区和不同经济部门人为地造成了竞争机会和市场环境的不平等，割裂了市场机制的整体性，导致不同地区和经济领域的发展与改革的不均衡性以及收入不均等。也就是说，初始改革条件下较低的金融深化水平的痼疾并未完全根除，转轨时期又形成了许多新的问题，导致我国的金融体制目前依然存在许多弊端，不可避免地出现"寻租"问题。同时，各地利用市场机制的先后次序不同，导致地区之间的不平衡发展，形成制度变迁水平的区域性差异，并可能引起地区之间的摩擦，影响统一市场的形成。

中国渐进改革过程中一直存在明显的金融抑制，与其他发展中国家不同的是，由于私人银行以及企业间资金拆借市场被明令禁止，外资银行也受到严格的准入限制，中国转轨时期金融抑制的基础是国有商业银行的信用垄断。利率管制、信贷干预及银行高准备金制度是传统的金融抑制措施（麦金农，1997），在中国渐进改革中，这些金融抑制措施普遍存在，成为

影响中国金融发展与金融制度变迁的基本因素。比如中国证券市场的产生基本是在民间力量的推动下进行的，而中央政府则由于谨慎政治原则而采取了观望态度。显然，在中国证券市场产生及发展的早期，诱致性制度变迁是其主要形式；但是，中央政府一旦确认了证券市场的潜力和能量（为国有企业提供证券性金融支持等），便成为其发展的最主要因素，而政府主导型的强制性制度供给也就成了制度变迁的最主要形式（胡继之，1999)[462]。

金融制度改革的渐进性客观上导致了金融结构优化的递进性。转型国家的金融发展一般有明显的政府过度介入的特征（周立，2004)[463]。在已有的研究中，我国现行金融结构是一种由中央计划经济向市场经济转轨的特殊金融结构（孙伍琴，2003），这类研究主要集中在宏观经济的层面，认为一方面金融机构已多样化，企业外源融资比例、金融工具结构、货币结构正朝市场经济的金融结构方向变迁；另一方面，依然存在金融被控的事实，政府在配置金融资源时按照政治的逻辑和意志进行调控，还没有形成完善的市场力量。目前对策建议方面的文献结论是就我国金融功能的作用机制与绩效而言的，认为目前的机制是低水平和存在缺陷的，因此提出的优化金融结构和发挥金融功能的若干对策建议也是基于宏观调控的视角，这和宏观政策的要求是一致的。

从这个意义上讲，正是金融制度改革的渐进性导致了金融结构优化的递进性。20多年的金融改革，从根本上说，也是金融制度不断改革、创新的过程，其对我国金融结构的系统影响是十分显著的，主要表现为建立了以中央银行为领导、国有商业银行为主体，其他金融机构并存的金融体系；金融市场尤其是资本市场得到迅速发展；金融资产规模迅速扩张，金融相关比率逐步上升；金融商品品种增多，金融商品定价逐步市场化；金融机构分业经营与分业监管等。中国的金融结构虽然发生了一些显著的变化，但其优化程度依然相当有限，与经济金融发展的要求相比，既有的金融结构仍呈现诸多失衡特征，从而不可避免地对经济金融的发展产生制约因素。

不同类型的金融制度安排及其变革势必对于一国的金融结构调整与技术创新的路径会产生很大的影响，本节对不同类型金融制度安排下的金融结构升级与技术创新的作用机理做出刻画，如图6-21所示。纵坐标 E 表示间接金融发展水平,横坐标 I 表示直接金融发展水平,等产量曲线 L 代表技术创新水平,EI 为金融资源条件约束线,它与等产量曲线 L 的相切点 S_1 表示直接金融结构与间接金融结构最优时的技术创新均衡状态。在强制性金融制度变迁路径下,如图 6-21(a)所示,当初始金融结构处于 S_1 点时,随着政府对金融制度的强制安排,直接金融发展水平相对滞后,金融资源条件约束线变为 E_2I_2,它与 L_1 相切于 S_2。随着金融制度的变革,直接金融与间接金融的优化状态达到新的均衡状态,约束线 E_2I_2 自由发展至 E_2I_3 状态,与新的技术创新水平线 L_2 相切于 S_3,由此,实现了技术创新水平的升级。如图 6-21(b)所示,在诱致性金融制度变迁过程中,初始金融结构处于点 S_1,随着资源配置条件的提升和增量改革的推进,资源条件约束线变为 E_2I_2,它与 L_1 相切于 S_2 点。以 I_2 为新的起点,随着新的金融制度安排促进直接金融与间接金融的优化达到新的均衡状态,约束线变为 E_3I_2,它与新的技术创新水平线 L_2 相切于 S_3,由此,也实现了技术创新水平的升级。因此,基于不同初始资源禀赋特点的相异的金融制度变迁路径,只要能够使得金融结构与金融制度安排达到均衡,均可以实现技术创新水平的升级。

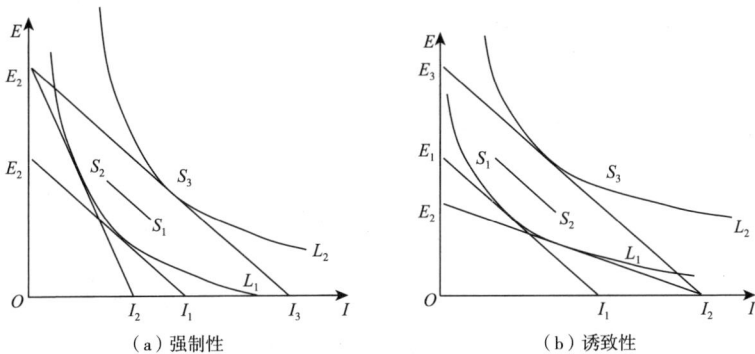

图 6-21 金融结构升级示意

随着金融制度改革的不断深化,直接金融与间接金融的关系将逐步发生改变,呈现不同的金融结构组合。金融制度变革下,资本市场主导型金融结构的比率上升不仅有助于形成最优金融结构,还有利于技术创新。

基于以上分析,提出关于金融制度变革、金融结构与技术创新三者关系的理论假说Ⅳ。

　　金融制度安排是影响金融结构的重要变量。金融严厉管制会导致金融结构扭曲，使得金融结构偏离最优均衡点。在此背景下的金融制度变革和金融管制适度放松可以推进金融结构优化，最后成为技术创新的强大动力。

本章小结

　　本章从新制度经济学的角度分析了金融制度与金融结构的关系，并通过分析困扰发展中国家的普遍问题——"金融抑制"及其所导致的金融制度变革滞后，揭示了我国金融结构存在扭曲现象的深层原因。具体而言，我国金融结构中银行与政府的"双主导"特点对技术创新存在抑制现象，使之与最优金融结构产生一定的偏离。本章还提出关于"双主导"金融结构对技术创新存在抑制现象的假说Ⅲ和金融制度变革、金融结构与技术创新三者关系的理论假说Ⅳ，有待第六章的实证检验。这为深化我国金融制度变革、推进金融供给侧结构性变革提供了理论平台和逻辑基础。

第七章

金融制度、金融结构与技术创新
三者关系的实证检验

　　为检验第五章提出的两个理论假说，本章通过构建金融结构与金融制度的指标体系，采用国内外研究普遍使用的主成分分析法筛选出主要相关因子，然后构建 VAR 模型对金融制度、金融结构与技术创新三者的相互关系进行实证检验，检验技术创新的提升在很大程度上受到了来自金融发展（金融制度与金融结构）方面的支持。

第一节　指标选择

一　技术创新的测算：Malmquist 指数

　　Malmquist 指数由 Malmquist S.（1953）在消费分析研究中首次提出，其目的是研究在不同无差异曲线上消费束如何移动。Caves 等将该思想引入生产分析，通过计算距离函数之间的比值来测算生产率指数，并将之命名为 Malmquist 指数。

　　Malmquist 指数是非参数 DEA 方法中应用最为广泛的一种方法。Malmquist 指数通过测算在 t 时期的技术条件下，从 t 时期到（$t+1$）时期的效率变化以及在（$t+1$）时期的技术条件下，从 t 时期到（$t+1$）时期的效率变化，刻画出不同时期决策单元的效率演化过程。同时，它将指数分解为技术进步和技术效率变化，进一步描绘技术进步和技术效率对效率变动的影响程度。Malmquist 指数的表达式为：

$$M_0(X_{t+1}, Y_{t+1}, X_t, Y_t) = \left[\frac{D_0^t(X_{t+1}, Y_{t+1})}{D_0^t(X_t, Y_t)} \times \frac{D_0^{t+1}(X_{t+1}, Y_{t+1})}{D_0^{t+1}(X_t, Y_t)} \right]^{1/2} \tag{6.1}$$

若 Malmquist 指数大于 1，表明总体效率得以提升；若 Malmquist 指数等于 1，表明总体效率不变；若 Malmquist 指数小于 1，表明总体效率退步。Malmquist 指数的大小是技术效率和技术进步共同作用的结果。1982 年，Nishimizu 和 Page 使用生产函数法，将全要素生产率分解为技术进步和综合效率提高两个方面；基于 Malmquist 指数和全要素生产率的相关性，Fare 于 1994 年证明 Malmquist 生产力指数同样可以分解为综合效率变化和技术变化两部分，并且综合效率变化可以进一步分解为技术效率变化和规模效率变化。

在实证中，研究者普遍采用 Fare 等（1994）构建的基于 DEA 的 Malmquist 指数，现将该方法简要介绍如下：假设对 $t = 1, 2, \cdots, T$ 的每个时期，生产技术 F_t 将投入要素向量 $x_t \in R_+^N$ 转化为产出向量 $y_t \in R_+^N$，t 时期的产出距离函数为：

$$D_t(x_t, y_t) = \inf\{ \theta | (x_t, y_t | \theta) \in F_t \} \tag{6.2}$$

该函数表示在技术水平 F_t 下，投入 X_t 的产出与最大产出的距离。从上面的定义出发，从 t 时期到（$t+1$）时期，以技术 F_t 为参照的 Malmquist 指数定义为：

$$M_{i,t+1}(x_{i,t}, y_{i,t}; x_{i,t+1}, y_{i,t+1}) = \frac{D_{i,t}(x_{i,t+1}, y_{i,t+1})}{D_{i,t}(x_{i,t}, y_{i,t})} \tag{6.3}$$

类似的，以（$t+1$）时期的技术 F_{t+1} 为参照的 Malmquist 指数为：

$$M_{i,t+1}(x_{i,t}, y_{i,t}; x_{i,t+1}, y_{i,t+1}) = \frac{D_{i,t+1}(x_{i,t+1}, y_{i,t+1})}{D_{i,t+1}(x_{i,t}, y_{i,t})} \tag{6.4}$$

为避免时期选择的随意性可能导致的差异，Fare 等（1992）用二者的几何平均值作为衡量从 t 时期到（$t+1$）时期生产率变化的 Malmquist 指数，即

$$M_{i,t+1}(x_{i,t},y_{i,t};x_{i,t+1},y_{i,t+1}) = \left[\frac{D_{i,t}(x_{i,t+1},y_{i,t+1})}{D_{i,t}(x_{i,t},y_{i,t})} \times \frac{D_{i,t+1}(x_{i,t+1},y_{i,t+1})}{D_{i,t+1}(x_{i,t},y_{i,t})} \right]^{1/2} \quad (6.5)$$

根据上述技术得到的 Malmquist 指数具有良好的性质，该指数大于 1，表明从 t 时期到（$t+1$）时期的全要素生产率是增长的。该指数还可以进一步分解为不变规模报酬假定下技术效率变化指数（TEC）和技术进步指数（TC）。

$$M_{i,t+1}(x_{i,t},y_{i,t};x_{i,t+1},y_{i,t+1}) = \frac{D_{i,t+1}(x_{i,t+1},y_{i,t+1})}{D_{i,t}(x_{i,t},y_{i,t})} \times \left[\frac{D_{i,t}(x_{i,t+1},y_{i,t+1})}{D_{i,t+1}(x_{i,t+1},y_{i,t+1})} \times \frac{D_{i,t}(x_{i,t},y_{i,t})}{D_{i,t+1}(x_{i,t},y_{i,t})} \right]^{1/2}$$

$$= TEC \times TC \quad (6.6)$$

上式中，技术进步指数（TC）测度了技术边界从 t 时期到（$t+1$）时期的移动幅度。$TC>1$ 说明生产可能性边界向上移动，技术进步；反之，则说明向下移动，技术退步。

基于全样本的全要素生产率及分解结果见表 7-1。

表 7-1 全要素生产率及分解结果

年份	TEC	TC	PC	SEC	TFPC
1990~1991	0.972	1.045	0.981	0.991	1.015
1991~1992	0.966	1.078	0.977	0.989	1.041
1992~1993	0.970	1.051	0.974	0.996	1.019
1993~1994	0.965	0.991	0.972	0.992	0.956
1994~1995	1.026	0.966	1.008	1.018	0.991
1995~1996	1.015	0.988	1.011	1.004	1.003
1996~1997	0.984	1.020	0.994	0.990	1.004
1997~1998	1.022	0.973	1.012	1.010	0.994
1998~1999	1.000	0.971	1.002	0.998	0.971
1999~2000	1.039	0.983	1.020	1.018	1.021
2000~2001	0.998	1.003	0.995	1.003	1.001
2001~2002	1.001	1.010	1.002	0.999	1.010
2002~2003	1.000	1.006	1.009	0.991	1.007

续表

年份	TEC	TC	PC	SEC	TFPC
2003～2004	0.993	1.022	1.004	0.989	1.015
2004～2005	0.975	1.025	0.988	0.987	1.000
2005～2006	0.964	1.035	0.969	0.995	0.998
2006～2007	0.977	1.012	0.969	1.008	0.988
2007～2008	0.996	0.979	0.986	1.010	0.975
2008～2009	0.939	1.018	0.943	0.996	0.956
2009～2010	0.976	1.026	0.975	1.002	1.002
2010～2011	0.993	1.004	0.997	0.997	0.997
2011～2012	0.985	1.003	0.990	0.999	0.998
2012～2013	0.989	1.003	0.992	0.998	0.998
2013～2014	0.987	1.003	0.991	0.999	0.998

二　金融结构与金融制度安排指标构建：主成分分析法

（1）金融结构指标

在金融结构的指标选择中，传统上有很多指标如金融相关率、经济货币化程度、金融中介发展程度等可以从不同层面反映金融结构的状况，但都较为单一和静态化，无法更为科学准确地测度金融结构指标的动态性、地域性、关联性和复杂性等特点。借鉴莫申生（2014）[464]的方法，构建内含 11 个细分指标的金融结构指标体系，采用主成分分析法对这些细分指标进行降维，并使用 SPSS 软件得到 1990～2013 年直接融资因子得分 F_1 和间接融资因子得分 F_2。

表 7-2　中国金融结构指标体系

指标代号	指标名称
X_1	金融相关比率（FIR）
X_2	经济货币化程度（M2/GDP）
X_3	银行效率（贷款/存款）

指标代号	指标名称
X_4	储蓄率（存款/GDP）
X_5	储蓄投资转化率（投资/储蓄）
X_6	贷款的经济拉动力（GDP/贷款）
X_7	银行融资能力（贷款/非银行金融资产）
X_8	证券市场依存度（证券新发行额/GDP）
X_9	非银行机构融资能力（非银行金融资产/金融资产）
X_{10}	股票市场活跃度（流通股市值/银行资产）
X_{11}	债券市场活跃度（债券余额/银行资产）

选取1990~2013年中国经济金融发展数据作为分析样本，各金融指标具体对应的数据如表7-3所示。

表7-3　中国金融结构指标体系数据

年份	X_1	X_2	X_3	X_4	X_5	X_6	X_7	X_8	X_9	X_{10}	X_{11}
1990	0.9007	0.8192	1.2618	0.7506	0.4815	1.0558	11.6244	0.0210	0.0905	0.0026	0.0219
1991	0.9812	0.8884	1.1803	0.8300	0.4352	1.0208	10.5504	0.0277	0.0946	0.0035	0.0280
1992	1.0551	0.9435	1.1217	0.8717	0.4298	1.0228	8.7569	0.0480	0.1058	0.0079	0.0456
1993	1.1025	0.9871	1.1119	0.8385	0.5305	1.0726	8.0801	0.0281	0.1047	0.0262	0.0187
1994	1.0711	0.9736	0.9870	0.8403	0.5022	1.2057	8.5050	0.0337	0.0910	0.0242	0.0325
1995	1.1195	0.9993	0.9380	0.8863	0.4727	1.2028	6.9187	0.0323	0.1073	0.0186	0.0358
1996	1.2255	1.0691	0.8916	0.9637	0.4196	1.1638	5.4935	0.0505	0.1276	0.0469	0.0519
1997	1.3541	1.1522	0.9093	1.0433	0.3637	1.0542	4.6988	0.0683	0.1491	0.0695	0.0547
1998	1.4818	1.2381	0.9041	1.1338	0.3272	0.9755	4.2073	0.0800	0.1644	0.0664	0.0683
1999	1.6424	1.3370	0.8617	1.2130	0.3029	0.9567	3.4224	0.0772	0.1860	0.0876	0.0637
2000	1.7493	1.3568	0.8026	1.2478	0.2814	0.9984	2.5512	0.0856	0.2244	0.1619	0.0643
2001	1.8242	1.4436	0.7820	1.3097	0.2769	0.9763	2.6913	0.0809	0.2086	0.1288	0.0679
2002	1.9108	1.5375	0.7682	1.4204	0.2666	0.9165	2.9226	0.0856	0.1954	0.0951	0.0711
2003	2.0063	1.6288	0.7642	1.5318	0.2690	0.8543	3.1005	0.0925	0.1882	0.0829	0.0704
2004	1.9444	1.5894	0.7381	1.5101	0.2865	0.8972	3.1398	0.0861	0.1826	0.0656	0.0688

续表

年份	X_1	X_2	X_3	X_4	X_5	X_6	X_7	X_8	X_9	X_{10}	X_{11}
2005	1.9618	1.6154	0.6780	1.5528	0.2711	0.9499	3.0391	0.0962	0.1766	0.0546	0.0817
2006	2.0293	1.5977	0.6718	1.5508	0.2771	0.9599	2.4139	0.1291	0.2127	0.1110	0.0991
2007	2.2331	1.5178	0.6721	1.4648	0.2849	1.0157	1.3762	0.1836	0.3203	0.3556	0.1533
2008	2.0205	1.5131	0.6509	1.4845	0.2967	1.0349	1.9044	0.1008	0.2511	0.1490	0.0917
2009	2.6491	1.7783	0.6687	1.7534	0.2751	0.8529	1.3463	0.1532	0.3287	0.3784	0.1154
2010	2.7103	1.8078	0.6672	1.7888	0.2696	0.8379	1.3224	0.1538	0.3330	0.4030	0.1039
2011	2.5706	1.8000	0.6770	1.7108	0.2821	0.8634	1.5030	0.1395	0.2998	0.3010	0.1098
2012	2.7149	1.8772	0.6865	1.7681	0.2755	0.8238	1.4490	0.1210	0.3086	0.2884	0.0931
2013	2.8136	1.9450	0.6588	1.7931	0.2397	0.7426	1.3235	0.1302	0.3141	0.3580	0.1043

首先，在进行因子分析之前，需要对指标数据进行 KMO 和 Bartlett 检验，以确定能否进行因子分析，分析结果见表 7-4。从软件分析中可以看出，KMO 值为 0.728，表明该样本数据可以用于主成分分析，且因子分析的效果较好；Bartlett 球形度检验的原假设是相关系数矩阵为单位矩阵，Sig 值为 0.000 小于显著水平 0.05，因此拒绝原假设，说明变量之间存在相关关系，适合做因子分析。

表 7-4　KMO 和 Bartlett 的检验

取样足够度的 Kaiser-Meyer-Olkin 度量		0.728
Bartlett 的球形度检验	近似卡方	694.144
	df	55
	Sig.	0.000

其次，因子分析。主成分分析方法意在用较少数的综合指标（也称为因子或主成分）来综合分析存在一定相关关系的各变量中的各类信息。

表 7-5 中公因子方差数据说明了 X_1，X_2，X_3，X_4，…，X_{11} 每个指标的共同度，表格第一行数据说明变量 X_1 的共同度为 0.969，即提取的公因子对变量的方差贡献率为 96.9%。从共同度可以看出，除了 X_3，X_5，X_6，X_7，X_{10} 的共同度稍低之外，其余指标共同度都较高，均在 90% 以上，说明因子分析的效果比较好。

表 7-5 金融结构指标体系各变量的公因子方差

指标	初始	提取
X_1	1.000	0.969
X_2	1.000	0.977
X_3	1.000	0.854
X_4	1.000	0.977
X_5	1.000	0.894
X_6	1.000	0.850
X_7	1.000	0.880
X_8	1.000	0.962
X_9	1.000	0.962
X_{10}	1.000	0.876
X_{11}	1.000	0.938

注：提取方法为主成分分析法。

最后，特征值分析和因子（成分）选择。表 7-6 给出了金融结构因子的特征值（Eigen Value）和各因子在总方差中的比重。如表所示，前两个因子的累计方差贡献率达到 92.166%，因此，可以作为主因子来解释中国的金融结构指标。此外，可以由特征值的碎石图（Scree Plot）加以验证，前两个特征值占了特征值总和的绝大部分，并且变化非常明显，而碎石图从第 3 个公因子开始趋于平缓，表明第 3 至第 11 个公因子并不重要，因此可选前两个因子作为主因子，结果与表 7-6 的结论相吻合。同时，经过正交旋转后的公因子所解释的累计方差贡献率保持不变，各指标的方差贡献度则略有变化，说明信息量丢失较少，仍然可以包含原指标数据的大部分信息。

表 7-6 金融结构各因子的特征值和各因子在总方差中的比重

成分	初始特征值			提取平方和载入			旋转平方和载入		
	合计	方差贡献率（%）	累计方差贡献率（%）	合计	方差贡献率（%）	累计方差贡献率（%）	合计	方差贡献率（%）	累计方差贡献率（%）
1	9.529	86.626	86.626	9.529	86.626	86.626	5.440	49.456	49.456
2	0.609	5.540	92.166	0.609	5.540	92.166	4.698	42.710	92.166
3	0.525	4.774	96.939						

续表

成分	初始特征值			提取平方和载入			旋转平方和载入		
	合计	方差贡献率（%）	累计方差贡献率（%）	合计	方差贡献率（%）	累计方差贡献率（%）	合计	方差贡献率（%）	累计方差贡献率（%）
4	0.187	1.702	98.642						
5	0.097	0.885	99.527						
6	0.029	0.260	99.787						
7	0.011	0.101	99.888						
8	0.009	0.081	99.969						
9	0.002	0.022	99.991						
10	0.001	0.007	99.999						
11	0.000	0.001	100.000						

注：提取方法为主成分分析法。

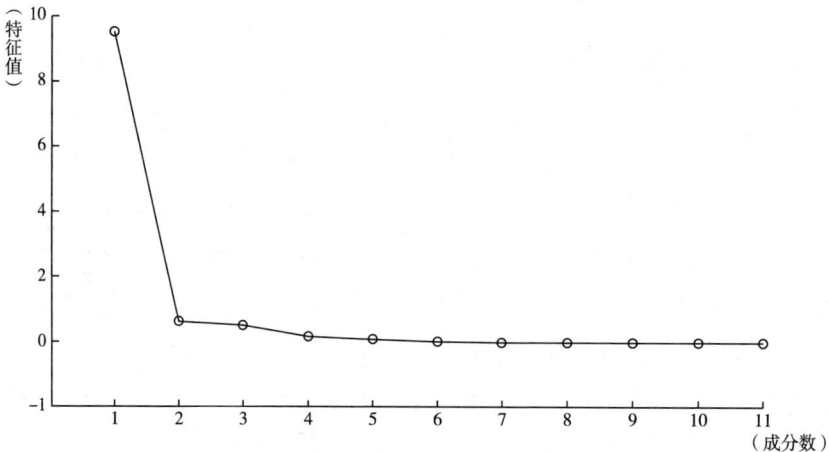

图 7-1 特征值贡献率的碎石示意

公因子提取出来之后，需要对其经济意义进行解释，但由表 7-7 左侧旋转前的因子载荷（Factor Loadings）矩阵可知，相应公因子在不同指标变量上的载荷并没有显著的差异，难以对其经济含义进行合理的解释。因此，需要对提取的两个公因子的因子载荷矩阵进行方差最大化（Varimax）的正交旋转（Orthogonal Rotation），结果如表 7-7 右侧所示，成分转换矩阵见表 7-8。

表 7-7　因子载荷矩阵和旋转后的因子载荷矩阵

指标	成分矩阵		旋转成分矩阵	
	成分 1	成分 2	成分 1	成分 2
X_1	0.984	-0.031	0.703	0.689
X_2	0.973	-0.175	0.597	0.788
X_3	-0.924	-0.010	-0.687	-0.618
X_4	0.978	-0.143	0.623	0.767
X_5	-0.905	0.273	-0.482	-0.814
X_6	-0.805	0.450	-0.288	-0.876
X_7	-0.938	0.015	-0.680	-0.646
X_8	0.952	0.235	0.860	0.472
X_9	0.964	0.184	0.834	0.517
X_{10}	0.875	0.332	0.868	0.348
X_{11}	0.925	0.285	0.874	0.416

注：提取方法为主成分分析法；旋转法为具有 Kaiser 标准化的正交旋转法，已提取了 2 个成分。

表 7-8　成分转换矩阵

成分	1	2
1	0.736	0.677
2	0.677	-0.736

注：提取方法为主成分分析法。旋转法为具有 Kaiser 标准化的正交旋转法。

如表 7-7（表右侧）所示，旋转后的因子载荷矩阵给出了旋转后的因子载荷值，旋转后的因子载荷矩阵两端集中，能更好地解释主因子。这里每一列代表一个因子作为原来变量线性组合的系数（比例）。如果用 Y_1 和 Y_2 分别表示第一因子 Y_1 和第二因子 Y_2，那么旋转后原始十一个变量与第一因子 Y_1 和第二因子 Y_2 的关系如下：

$X_1 = 0.703Y_1 + 0.689Y_2$

$X_2 = 0.597Y_1 + 0.788Y_2$

$X_3 = -0.687Y_1 - 0.618Y_2$

$X_4 = 0.623Y_1 + 0.767Y_2$

$$X_5 = -0.482Y_1 - 0.814Y_2$$

$$X_6 = -0.288Y_1 - 0.876Y_2$$

$$X_7 = -0.680Y_1 - 0.646Y_2$$

$$X_8 = 0.860Y_1 + 0.472Y_2$$

$$X_9 = 0.834Y_1 + 0.517Y_2$$

$$X_{10} = 0.868Y_1 + 0.348Y_2$$

$$X_{11} = 0.874Y_1 + 0.416Y_2$$

这些系数称为因子载荷，表示因子和相应的原先变量的相关系数。相关系数的绝对值越大，表明因子对该变量的代表性越强。从上述关系中可以看出，第一个因子 Y_1 基本上支配了 X_1、X_8、X_9、X_{10} 和 X_{11}（系数的绝对值较大），而第二个因子 Y_2 支配了 X_2、X_3、X_4、X_5、X_6、X_7（系数的绝对值较大），换句话说，第一因子 Y_1 主要反映了金融相关率、证券市场依存度、非银行机构融资能力、股票市场活跃度和债券市场活跃度这五个指标，而第二因子 Y_2 主要反映了经济货币化程度、银行效率、储蓄率、储蓄投资转化率、贷款的经济拉动力和银行融资能力这六指标。因此可以将第一因子称为直接融资因子，而将第二因子称为间接融资因子。

关于金融结构因子的得分，是各因子得分系数和原始变量的标准化值的乘积之和，成分得分系数矩阵见表7-9。

表 7-9　成分得分系数矩阵

指标	成分	
	1	2
X_1	0.041	0.108
X_2	-0.120	0.281
X_3	-0.082	-0.054
X_4	-0.084	0.242
X_5	0.233	-0.394
X_6	0.437	-0.600
X_7	-0.055	-0.085
X_8	0.334	-0.216

续表

指标	成分	
	1	2
X_9	0.279	-0.154
X_{10}	0.436	-0.338
X_{11}	0.389	-0.279

注：提取方法为主成分分析法；旋转法为具有 Kaiser 标准化的正交旋转法。

通过 SPSS 软件可以把因子得分以新变量的形式直接输出（结果见表 7-10），从而为接下来的实证检验做好铺垫。

表 7-10　中国金融结构的因子得分

年份	F_1	F_2	年份	F_1	F_2
1990	-1.27202	-1.07111	2002	-0.59459	1.02257
1991	-1.36506	-0.60670	2003	-0.89248	1.50872
1992	-0.92878	-0.71817	2004	-0.80481	1.26181
1993	-0.87802	-1.09168	2005	-0.46925	1.01770
1994	-0.25788	-1.74624	2006	0.36272	0.44115
1995	-0.24668	-1.52141	2007	2.87307	-1.47523
1996	-0.03280	-1.24308	2008	0.71076	-0.09134
1997	-0.30407	-0.48772	2009	1.55129	0.26879
1998	-0.43373	0.04954	2010	1.43336	0.45214
1999	-0.50771	0.40572	2011	1.08036	0.51646
2000	0.06747	0.08178	2012	0.53842	1.11714
2001	-0.21337	0.44795	2013	0.58381	1.46121

（2）金融制度指标

根据 Allen 等（2005）的研究，我们在考察金融结构与技术创新的关系时加入金融制度变量并采用金融自由化指数（FL）来表示。对于金融自由化指数的构建，主要采用 Bandiera 等（2000）[465] 提出的方法，即用表 7-11 所示的 8 个指标作为衡量中国金融自由化进程的八个维度。中国金融自由化指标的赋值结果，同样采用主成分分析法（庄晓欢，2007；易文斐、丁丹，2007；杨晓龙、郑长德，2009；莫申生，2014 等）并使用 SPSS 软件测算金融自由化指数。

表 7-11　金融自由化指数的评估指标体系

指标名称	指标说明
利率市场化（利率）	指政府放松乃至取消对金融机构的利率限制，使利率水平由市场供求决定
准入壁垒降低（竞争）	指减少对金融机构业务创新的限制以及其他有助于提高金融市场竞争程度的措施
信贷管控放松（信贷）	指定向信贷或者政策性信贷的减少甚至消失
准备金要求弱化（准备金）	指准备金率的降低甚至废除
国有金融产权稀释（所有权）	指通过上市、产权多元化等途径，降低金融机构的国有化比率，增加非国有产权所占比重
审慎监管（监管）	指中央银行独立性的增强和对金融机构审慎性监管的增强
证券市场化及发展（证券）	指证券市场受政府干预的减少和发展规模的扩大
国际金融自由化（外汇）	指汇率政策向自由浮动方向的发展和经常账户以及资本账户的自由化

首先对表 7-11 中 8 个维度的数值进行逐一年度赋值，参照杨晓龙和郑长德（2009）[466]的逐步累加赋值法对每一年度每一个事件或政策法规进行赋值。其中，赋值的标准为：代表金融自由化的一般性事件为 0.5，重大事件或一般政策法规为 1，重大政策法规实施为 2，同时允许几项事件或政策合并在一起赋值，若所发生的事件或政策与金融自由化相背离则赋值为负（赋值结果如表 7-12 所示）。应该指出的是，虽然累加赋值法涉及对某一事件或法规的主观定性（如一般性事件、重大事件与政策法规的主观赋值不一样），这直接决定了数值的高低，在某种程度上不可避免地存在一定主观性，但逐步累加赋值法用以定量分析此类制度变迁仍具有相当的科学意义，也为国内外众多学者（庄晓欢，2007；易文斐、丁丹，2007；杨晓龙、郑长德，2009；莫申生，2014 等）所认可和使用。

表 7-12 金融自由化指数赋值

年份	准入壁垒降低	利率市场化	准备金要求弱化	信贷管控放松	国有金融资产稀释	审慎监管	证券市场化及发展	国际金融自由化
1978	0	0	0	0	0	0	0	0
1979	0	0	0	2	0	0	0	0
1980	0	0	0	2	0	0	0	0
1981	0	0	0	2	0	0	0	0
1982	0	2	0	2	0	0	0	0
1983	0	2	0	2	0	0	0	0
1984	2	2	0	2	0	2	1	2
1985	3	2	0	3	0	2	1	2
1986	3	3	0	4	0	2	1	2
1987	4	3	-2	5	0	2	3	2
1988	5	3	-3	4	0	2	3	2
1989	5	3	-3	4	0	2	3	2
1990	5	3	-3	5	0	2	5	2
1991	5	3	-3	5	1	2	7	2
1992	6	3	-3	5	1	4	8	2
1993	6	3	-3	5	1	5	9	2
1994	6	3	-3	6	1	5	9	4
1995	7	3	-3	6	1	7	8.5	4
1996	7.5	4	-3	6	1	7	8.5	6
1997	7.5	5	-3	7	1	8	8.5	6
1998	9	7	2	8	1	10	10	6
1999	9	8.5	4	8	2	10.5	10	6
2000	9	9.5	4	8	3	10.5	10	6
2001	10.5	9.5	4	8	3	10.5	11	7
2002	10.5	11.5	4	8	4	10.5	12	8
2003	10.5	12	3	8	5	12.5	12	8
2004	10.5	14	2.5	8	7	12.5	13	9

续表

年份	准入壁垒降低	利率市场化	准备金要求弱化	信贷管控放松	国有金融资产稀释	审慎监管	证券市场化及发展	国际金融自由化
2005	10.5	16	2.5	9	8	12.5	14	11
2006	11.5	16	1	9	10	13	14.5	12
2007	13	18	-4.5	10	12	13	15.5	13
2008	14	18	-5	11	12	15	17.5	14
2009	14.5	18	-5	12	12.5	16	18	14.5
2010	17	18	-8	12	15	17.5	19.5	15.5
2011	18	18	-11.5	13	15	19.5	20.5	17
2012	20.5	22	-10.5	13	15	21.5	21	18
2013	22	23.5	-8	14	16.5	23.5	23	20.5

基于中国金融自由化指标的赋值结果，接下来采用主成分分析法并使用软件测算金融自由化指数。对数据进行 KMO 和 Bartlett 检验发现，变量间偏相关程度的 KMO 统计量大于 0.6，达到 0.813，说明因子分析的效果较好。Bartlett 球形度检验的原假设是相关系数矩阵为单位矩阵，Sig 值为 0.000 小于显著水平 0.05，因此拒绝原假设，同时表明各变量之间存在较强的相关关系，可以做因子分析。详见表 7-13。

表 7-13　KMO 和 Bartlett 的检验

指标		数值
取样足够度的 Kaiser-Meyer-Olkin 度量		0.813
Bartlett 的球形度检验	近似卡方	701.308
	df	28.000
	Sig.	0.000

基于同样的分析方法，表 7-14 给出了金融自由化指数因子的特征值和各因子在总方差中的比重。该表提取了一个因子，其中第一因子的特征值为 6.997，方差在总方差中比重为 87.459%，故而可以提取第一个因子作为主因子来解释中国的金融自由化指数，并且在检验中被记为 FL。

表 7-14　解释的总方差

成分	初始特征值			提取平方和载入		
	合计	方差比重（%）	累计占比（%）	合计	方差比重（%）	累计占比（%）
1	6.997	87.459	87.459	6.997	87.459	87.459
2	0.776	9.701	97.160			
3	0.152	1.904	99.064			
4	0.028	0.351	99.415			
5	0.022	0.277	99.692			
6	0.013	0.165	99.856			
7	0.007	0.086	99.943			
8	0.005	0.057	100.000			

为便于模型实证分析，需要计算出金融自由化指数因子 FL 的大小，因子得分在 SPSS 软件中以新变量的形式直接输出（见表 7-15）。由此所得的金融自由化指数的因子得分也为后续的实证模型研究做了铺垫。

表 7-15　中国金融自由化指数因子的得分

年份	FL	年份	FL	年份	FL
1978	-1.21554	1990	-0.59740	2002	0.23687
1979	-1.13918	1991	-0.53207	2003	0.33256
1980	-1.13918	1992	-0.44652	2004	0.47518
1981	-1.13918	1993	-0.40559	2005	0.64534
1982	-1.10055	1994	-0.31918	2006	0.79317
1983	-1.10055	1995	-0.26395	2007	1.10826
1984	-0.94287	1996	-0.18445	2008	1.28616
1985	-0.88079	1997	-0.10624	2009	1.39163
1986	-0.82329	1998	-0.02026	2010	1.65823
1987	-0.68141	1999	0.00460	2011	1.88704
1988	-0.67600	2000	0.04882	2012	2.08002
1989	-0.67600	2001	0.12901	2013	2.31332

通过表 7-15 可以发现，中国金融自由化指数的因子得分呈现规律性的逐年递增状态，尤其是自 2004 年开始中国加快了金融改革的步伐和进程，开启了金融机构上市的篇章，使金融产权改革进入提速轨道，金融自由化指数进入快速增长时期。2012 年更是被称为"金融制度变革之年"，这一年，国家大力推进了金融自由化，其中，人民币存贷款利率市场化改革是金融制度改革的重中之重。这说明中国的金融体系改革一直在推进，其结果是加快形成了金融机构多样化、金融市场多层次化、金融股权多元化（民营资本进入金融业）、金融监管放松化以及金融创新制度化的格局。

第二节　计量模型

基于金融制度变革的金融结构促进技术创新的机理特点分析，笔者在本节构建计量模型时，确定了影响技术创新 $LNTC$ 的解释变量为直接融资因子 F_1、间接融资因子 F_2 和金融自由化指数 FL。为检验以上变量对技术创新的影响，借鉴 Beck 和 Levine（2002）[467] 的研究方法，构建的基准模型如下：

$$LNTC_t = \alpha_0 + \alpha_1 F_{1\,t} + \alpha_2 F_{2\,t} + \alpha_3 FL_t + a_4 FDI_t + a_5 GC_t + a_6 \mathrm{Ln}GDP_t + \mu_t$$

上式中，由于变量直接融资因子、间接融资因子和金融自由化指数因子是通过主成分分析法得出的因子得分，可以直接用于各种实证分析中，故没有再取对数。α_0 为常数项，α_1、α_2、α_3 分别为变量直接融资因子 F_1、间接融资因子 F_2 和金融自由化指数 FL 的回归系数。FDI、GC、$\mathrm{Ln}GDP$ 作为引入的影响技术创新的控制变量，分别表示外商实际直接投资、政府财政科技支出、经济发达程度。μ_t 为随机变量，t 为时间趋势变量。

外商实际直接投资（FDI）。采用地区 FDI 与名义 GDP 的比值来衡量外商投资的规模，根据 FDI 溢出效应理论，在吸引 FDI 的同时可以促进本地区技术创新水平的提高。

政府财政科技支出（GC）。在我国科技研发资金的投入中，政府财政的科技支出一直占较大的比重，因此用地方财政科技支出占地方财政总支出的比例来衡量。

经济发达程度（LnGDP）。依照现有的经济发展理论，一个地区的经济越发达，它越有相关的资源和动力来促进本地区的技术创新，会影响技术创新的经济环境。所以用 GDP 的自然对数来衡量一个地区的经济发达程度。

第三节 资料来源

资料来源于《中国统计年鉴》（历年）、《中国科技统计年鉴》（历年）、《中国金融年鉴》（历年）、《中国证券期货统计年鉴》（历年）、国家知识产权局网站、中国证券监督管理委员会网站等以及笔者整理和计算所得。采用的分析软件为 Eviews 7.2，原始数据见表 7-16。

表 7-16 原始数据

年份	$LnTC$	F_1	F_2	FL	FDI	GC	$LnGDP$
1990	0.044	−1.272	−1.071	−0.5974	0.009	0.045	2.113
1991	0.075	−1.365	−0.607	−0.5321	0.011	0.047	2.118
1992	0.050	−0.929	−0.718	−0.4465	0.023	0.051	2.139
1993	−0.009	−0.878	−1.092	−0.4056	0.045	0.049	2.166
1994	−0.035	−0.258	−1.746	−0.3192	0.060	0.046	2.155
1995	−0.012	−0.247	−1.521	−0.2640	0.052	0.044	2.185
1996	0.020	−0.033	−1.243	−0.1845	0.049	0.044	2.203
1997	−0.027	−0.304	−0.488	−0.1062	0.048	0.044	2.215
1998	−0.029	−0.434	0.050	−0.0203	0.045	0.041	2.222
1999	−0.017	−0.508	0.406	0.0046	0.037	0.041	2.229
2000	0.003	0.067	0.082	0.0488	0.034	0.036	2.240
2001	0.010	−0.213	0.448	0.1290	0.035	0.037	2.250
2002	0.006	−0.595	1.023	0.2369	0.036	0.037	2.260
2003	0.022	−0.892	1.509	0.3326	0.033	0.038	2.273
2004	0.025	−0.805	1.262	0.4752	0.031	0.038	2.289
2005	0.034	−0.469	1.018	0.6453	0.027	0.039	2.305
2006	0.012	0.363	0.441	0.7932	0.026	0.042	2.323

续表

年份	$\text{Ln}TC$	F_1	F_2	FL	FDI	GC	$\text{Ln}GDP$
2007	-0.021	2.873	-1.475	1.1083	0.021	0.0425	2.348
2008	0.018	0.711	-0.091	1.2862	0.020	0.0412	2.372
2009	0.026	1.551	0.269	1.3916	0.018	0.0423	2.381
2010	0.004	1.433	0.452	1.6582	0.018	0.0458	2.397
2011	0.003	1.080	0.516	1.8870	0.016	0.0449	2.416
2012	0.003	0.538	1.117	2.0800	0.014	0.0445	2.426
2013	0.003	0.584	1.461	2.3133	0.013	0.0441	2.436

第四节　模型检验和估计

一　平稳性检验

首先采用 ADF 检验方法进行检验。如表 7-17 所示，单位根检验结果表明，变量 $\text{Ln}TC$、F_1、F_2、FL、FDI、GC 和 $\text{Ln}GDP$ 是非平稳序列，而其一阶差分 $\Delta\text{Ln}TC$、ΔF_1、ΔF_2、ΔFL、ΔFDI、ΔGC 和 $\Delta\text{Ln}GDP$ 是平稳序列，这表明这些变量均为一阶单整。

表 7-17　模型中各变量的单位根检验

	ADF 检验统计量	1%临界值	5%临界值	10%临界值	结论
$\text{Ln}TC$	-2.723	-3.753	-2.998	-2.639	不平稳
$\Delta\text{Ln}TC$	-5.413	-3.788	-3.012	-2.646	平稳
F_1	-2.198	-3.753	-2.998	-2.639	不平稳
ΔF_1	-6.426	-3.770	-3.005	-2.642	平稳
F_2	-1.409	-3.753	-2.998	-2.639	不平稳
ΔF_2	-4.314	-3.770	-3.005	-2.642	平稳
FL	3.708	-3.753	-2.998	-2.639	不平稳
ΔFL	-2.951	-3.770	-3.005	-2.642	平稳
FDI	-1.365	-3.753	-2.998	-2.639	不平稳

续表

	ADF 检验统计量	1%临界值	5%临界值	10%临界值	结论
ΔFDI	-4.047	-3.887	-3.052	-2.667	平稳
GC	-1.332	-3.753	-2.998	-2.639	不平稳
ΔGC	-4.108	-3.770	-3.005	-2.642	平稳
$\text{Ln}GDP$	0.099	-3.770	-3.005	-2.642	不平稳
$\Delta\text{Ln}GDP$	-5.843	-3.770	-3.005	-2.642	平稳

二 协整检验

根据协整定义，如果变量是同阶非平稳单整序列，那么其线形组合可能存在长期稳定的协整关系。为检验这种长期均衡的稳定性，需通过 VAR 系统的 Johansen-Juselius 协整关系检验来进行，其检验结果见表 7-18。

表 7-18 Johansen 协整检验结果

Hypothesized No. of CE（s）	Eigenvalue	Trace Statistic	0.05 Critical Value	Prob. **	结论
None *	0.999	341.095	125.615		拒绝原假设
At most 1	0.964	197.917	95.754		拒绝原假设
At most 2	0.880	124.958	69.819		拒绝原假设
At most 3	0.866	78.270	47.856		拒绝原假设

从协整检验结果来看，存在一个、两个或三个协整方程，变量 $\text{Ln}TC$、F_1、F_2、FL、FDI、GC 和 $\text{Ln}GDP$ 之间至少存在一种长期的均衡关系，即 $\text{Ln}TC$、F_1、F_2、FL、FDI、GC 和 $\text{Ln}GDP$ 之间是协整的。

三 Granger 因果检验

为进一步检验变量之间的因果关系，先利用 AIC 和 SC 准则对不同滞后期的检验结果进行评价，确定变量的滞后阶数为 3。检验结果如表 7-19 所示。

表 7-19　各变量 **Granger** 因果检验结果（$\alpha = 15\%$）

Null Hypothesis	Obs	F-Statistic	Prob.	检验结果
F_1 does not Granger Cause LnTC	21	0.319	0.811	接受
LnTC does not Granger Cause F_1	21	0.319	0.812	接受
F_2 does not Granger Cause LnTC	21	2.254	0.127	拒绝
LnTC does not Granger Cause F_2	21	1.138	0.368	接受
FL does not Granger Cause LnTC	21	2.079	0.149	拒绝
LnTC does not Granger Cause FL	21	3.903	0.032	拒绝
FDI does not Granger Cause LnTC	21	2.282	0.124	拒绝
LnTC does not Granger Cause FDI	21	1.624	0.229	接受
GC does not Granger Cause LnTC	21	2.352	0.116	拒绝
LnTC does not Granger Cause GC	21	2.669	0.088	拒绝
LnGDP does not Granger Cause LnTC	21	2.829	0.077	拒绝
LnTC does not Granger Cause LnGDP	21	0.657	0.592	接受

　　从以上因果检验结果可以看出，间接融资因子 F_2、金融自由化指数 FL、外商实际直接投资 FDI、政府财政科技支出 GC、经济发达程度 LnGDP 都是构成技术创新 LnTC 的 Granger 原因，说明金融结构中的间接融资是促进技术创新的主要因素，而金融制度变革受经济体制改革、科技体制改革的系统影响，对技术创新的促进客观存在，但有一定的时滞性。直接融资因子 F_1 不是构成技术创新 LnTC 的 Granger 原因，说明我国金融结构中的直接融资对技术创新的贡献率较小，并没有形成像西方国家（美、英、德、日）那样的良性互动关系，直接融资对技术创新全过程的渗透力、支撑力、影响力与推动力有待加强。金融自由化指数 FL 是直接融资因子 F_1 的 Granger 原因，说明金融制度是促进我国直接融资发展的重要力量，这也说明当下对金融制度的改革创新成为必要和迫切举措。如上检验结果基本与我国金融结构与技术创新的实际发展情况相符，且验证了我们的假说Ⅲ和假说Ⅳ。

四　VAR 模型的构建

　　基于前面的数据分析，对变量 $DLnTC$、DF_1、DF_2、DFL、$DFDI$、DGC、$DLnGDP$ 建立了 VAR 模型，检验结果如表 7-20 所示。

表 7-20 向量自回归模型（VAR）

	DLnTC	DF₁	DF₂	DFL	DFDI	DGC	DLnGDP
DLnTC (-1)	-0.214	-12.994	9.559	-0.886	0.078	0.052	0.268
	-0.392	-19.402	-14.587	-0.815	-0.085	-0.033	-0.092
	[-0.545]	[-0.670]	[0.655]	[-1.086]	[0.923]	[1.556]	[2.916]
DlnTC (-2)	0.107	-28.933	24.421	3.368	0.047	0.024	0.144
	-0.534	-26.419	-19.863	-1.110	-0.115	-0.045	-0.125
	[0.200]	[-1.095]	[1.229]	[3.034]	[0.406]	[0.524]	[1.147]
DF₁ (-1)	-0.007	-0.569	0.514	-0.043	0.006	0.000	0.010
	-0.026	-1.297	-0.975	-0.054	-0.006	-0.002	-0.006
	[-0.282]	[-0.438]	[0.527]	[-0.785]	[1.139]	[0.087]	[1.564]
DF₁ (-2)	0.017	-1.362	1.030	0.036	-0.002	-0.003	0.004
	-0.022	-1.101	-0.828	-0.046	-0.005	-0.002	-0.005
	[0.772]	[-1.237]	[1.245]	[0.779]	[-0.327]	[-1.443]	[0.688]
DF₂ (-1)	-0.015	0.088	0.277	-0.078	0.006	0.000	0.003
	-0.032	-1.594	-1.199	-0.067	-0.007	-0.003	-0.008
	[-0.461]	[0.055]	[0.231]	[-1.160]	[0.906]	[0.176]	[0.454]
DF₂ (-2)	0.008	-1.527	0.907	0.018	-0.003	-0.003	-0.005
	-0.027	-1.332	-1.001	-0.056	-0.006	-0.002	-0.006
	[0.303]	[-1.147]	[0.906]	[0.330]	[-0.473]	[-1.263]	[-0.806]
DFL (-1)	0.022	-8.926	7.124	0.569	0.009	0.012	0.023
	-0.116	-5.738	-4.314	-0.241	-0.025	-0.010	-0.027
	[0.190]	[-1.556]	[1.651]	[2.360]	[0.349]	[1.209]	[0.849]
DFL (-2)	0.062	1.009	-0.724	0.230	0.015	-0.015	-0.014
	-0.110	-5.433	-4.085	-0.228	-0.024	-0.009	-0.026
	[0.560]	[0.186]	[-0.177]	[1.006]	[0.621]	[-1.608]	[-0.560]
DFDI (-1)	-2.824	27.804	-31.520	-8.098	1.232	-0.029	-0.226
	-1.464	-72.364	-54.408	-3.041	-0.315	-0.124	-0.343
	[-1.929]	[0.384]	[-0.579]	[-2.663]	[3.909]	[-0.231]	[-0.657]
DFDI (-2)	1.747	-96.742	77.291	7.642	-0.398	0.020	0.812
	-1.830	-90.460	-68.013	-3.801	-0.394	-0.155	-0.429
	[0.955]	[-1.069]	[1.136]	[2.010]	[-1.010]	[0.132]	[1.891]

续表

	DLnTC	DF₁	DF₂	DFL	DFDI	DGC	DLnGDP
DGC (−1)	−4.753	251.850	−256.522	−13.402	−0.006	0.011	2.282
	−3.672	−181.521	−136.478	−7.628	−0.791	−0.311	−0.861
	[−1.294]	[1.387]	[−1.880]	[−1.757]	[−0.008]	[0.034]	[2.649]
DGC (−2)	1.057	−55.166	23.285	10.413	0.203	0.461	2.496
	−4.504	−222.682	−167.426	−9.357	−0.970	−0.381	−1.057
	[0.235]	[−0.248]	[0.139]	[1.113]	[0.209]	[1.210]	[2.362]
DLnGDP (−1)	−1.200	8.457	−6.309	−1.094	0.298	−0.008	−0.889
	−1.013	−50.063	−37.641	−2.104	−0.218	−0.086	−0.238
	[−1.185]	[0.169]	[−0.168]	[−0.520]	[1.366]	[−0.091]	[−3.744]
DLnGDP (−2)	−0.369	−25.007	29.200	3.828	−0.406	0.015	−0.193
	−0.962	−47.570	−35.766	−1.999	−0.207	−0.081	−0.226
	[−0.383]	[−0.526]	[0.816]	[1.915]	[−1.958]	[0.181]	[−0.854]
C	0.009	1.582	−1.261	−0.005	−0.002	0.001	0.029
	−0.028	−1.408	−1.058	−0.059	−0.006	−0.002	−0.007
	[0.306]	[1.124]	[−1.191]	[−0.082]	[−0.359]	[0.224]	[4.319]
R−squared	0.767	0.497	0.555	0.856	0.862	0.733	0.895
Adj. R−squared	0.224	−0.678	−0.484	0.519	0.541	0.109	0.650
Sum sq. resids	0.003	7.046	3.983	0.012	0.000	0.000	0.000
S. E. equation	0.022	1.084	0.815	0.046	0.005	0.002	0.005
F-statistic	1.414	0.423	0.534	2.544	2.682	1.176	3.656
Log likelihood	63.584	−18.331	−12.341	48.231	95.829	115.446	94.031
Akaike AIC	−4.627	3.174	2.604	−3.165	−7.698	−9.566	−7.527
Schwarz SC	−3.881	3.920	3.350	−2.419	−6.952	−8.820	−6.781
Mean dependent	−0.002	0.072	0.104	0.128	0.000	0.000	0.014
S. D. dependent	0.025	0.836	0.669	0.066	0.007	0.002	0.009

注：数据均通过 Eviews 7.2 软件输出。

五　脉冲响应分析

要对模型做出解释，可以通过脉冲响应函数（Impulse Response Function，IRF）来进一步分析。图 7-2 到图 7-5 是滞后期为 20 期的 $DLnTC$、DF_1、DF_2 和 DFL 分别对 $DLnTC$ 的冲击反应图。

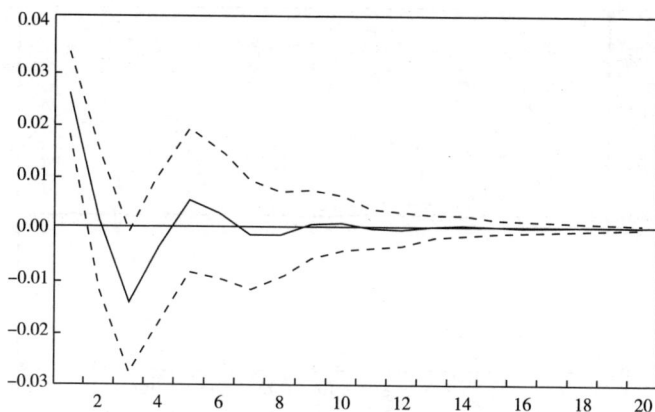

图 7-2　*DLnTC* 冲击对 *DLnTC* 自身的影响

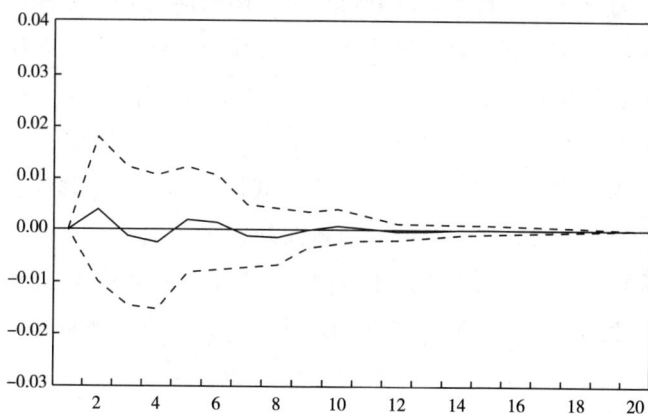

图 7-3　*DF₁* 冲击对 *DLnTC* 的影响

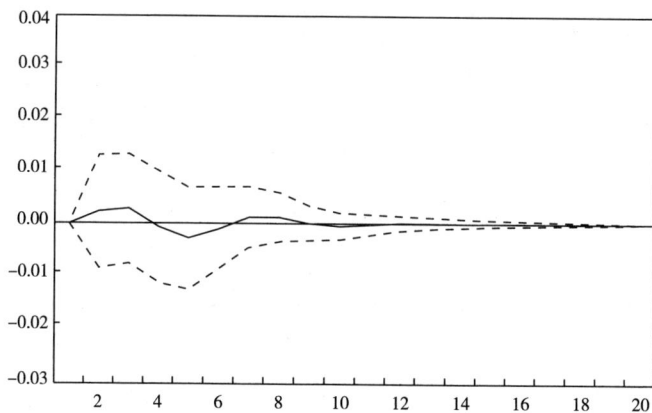

图 7-4　*DF₂* 冲击对 *DLnTC* 的影响

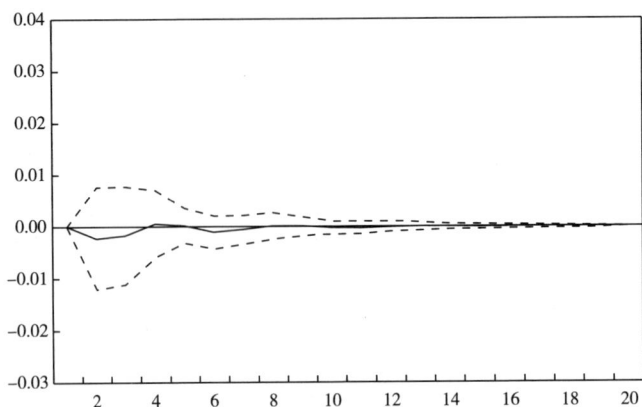

图 7-5 *DFL* 冲击对 *DLnTC* 的影响

图 7-2 为我国技术进步的提升对自身的影响即给 *DLnTC* 一个标准差的冲击时，技术进步在第 1 期至 2 期有正向的反应，随后 3 至 5 期变为负向冲击，但立刻反弹为正，第 5 期达到最大值后影响逐步减弱，并趋向平稳。这说明了技术不断更新和累积将会进一步推进我国技术进步。

图 7-3 为直接融资因子提升的冲击对我国技术创新的影响。当给 *DF₁* 一个标准差的冲击时，将会对技术创新前期带来正面冲击，第 4 期探到一个最低值后转而上升，第 5 期是正向冲击，第 6 期达到高点后逐渐趋于零，其中在第 6~9 期内有一段略微的负向反应。这说明直接融资的发展对我国技术创新的作用并不显著，短期内的无反应和负向反应表明直接金融对我国技术创新的支持作用短期内相对较弱。这也较为契合我国直接融资对技术创新的实际融资状况，由于我国资本市场发展相对缓慢，在政府主导的金融制度变革进程中处于发展不健全、体系单一化的状态，与发达资本市场国家的有效服务技术创新融资相比尚有不小差距。

图 7-4 为间接融资因子提升的冲击对我国技术创新的影响。当给 *DF₂* 一个冲击后，将会对技术创新前期带来正面冲击，缓慢上升至第 3 期时达到最高点，之后缓慢下降，在第 5 期触底后反弹，又经历轻微正向冲击后逐渐呈水平状态，于第 10 期左右趋于零。这说明间接融资的发展对我国技术创新的作用较为显著，且短期内的正向效果更为明显，可以保证技术创新在一定期间内的稳定增长。这也十分符合我国间接融资的信贷支持对技术创新的实际效果，对于中国这么一个 "政府主导+银行主导" 的 "双主导" 特质的金融结构来说，对技术创新的支持、服务主要是通过间接融资

这一路径反映出来。

图 7-5 为金融自由化提升的冲击对我国技术创新的影响。当给 DFL 一个冲击后，将会对技术创新前期带来负面冲击，到第 4 期后逐渐变为正面冲击，经历第 4 期至第 6 期的两次小波动后逐渐趋于零。这说明金融制度的变革一开始对我国技术创新具有负向作用，但随后负向作用逐渐降低，开始发挥正向作用。

从以上脉冲效应函数结果来看，短期内（第 3 期前），直接融资和间接融资都存在较大幅正向波动，金融制度存在小幅负向波动，这说明直接融资和间接融资的效果较为明显，而金融制度对技术创新作用的发挥存在滞后性；中期内（第 3~10 期），直接融资存在两次微小正向和负向作用后逐步式微，而间接融资存在小幅负向反应后逐步趋于零，金融制度呈现持续微弱反应并较早趋于零，这说明直接融资的作用较为反复，间接融资的作用迅速转为正向，而金融制度的作用较为微小但仍然起作用；长期内（第 10 期后），不同于直接融资和间接融资的已无作用，金融制度的支持作用在该阶段依然存在微弱正向作用。这说明，金融制度变革的影响具有较强的持久性，进一步表明资金自由化进程对技术创新有较为持续的微弱正向影响。这也进一步验证了我们的假说Ⅲ和假说Ⅳ中关于我国"双主导"金融结构对技术创新存在抑制现象，以及金融制度变革、金融结构与技术创新三者关系的相关理论假说。

六　方差分解

接下来对 $DLnTC$、DF_1、DF_2 和 DFL 等变量的方差进行分解，分析未来时期各变量的方差受不同信息冲击影响的程度和贡献度，结果见 7-21。

表 7-21　$DLNTC$、DF_1、DF_2 和 DFL 的方差分解

Period	Variance Decomposition of $DLnTC$					Variance Decomposition of DF_1				
	S. E.	$DLnTC$ (%)	DF_1 (%)	DF_2 (%)	DFL (%)	S. E.	$DLnTC$ (%)	DF_1 (%)	DF_2 (%)	DFL (%)
1	0.025	100.000	0.000	0.000	0.000	0.909	23.327	76.673	0.000	0.000
2	0.026	96.327	2.133	0.774	0.767	1.000	19.377	73.615	2.683	4.325

Period	Variance Decomposition of $DLnTC$					Variance Decomposition of DF_1				
	S. E.	$DLnTC$ (%)	DF_1 (%)	DF_2 (%)	DFL (%)	S. E.	$DLnTC$ (%)	DF_1 (%)	DF_2 (%)	DFL (%)
3	0.030	95.825	1.786	1.490	0.900	1.037	20.750	70.911	2.712	5.626
4	0.030	95.141	2.442	1.507	0.910	1.063	23.325	67.615	2.593	6.466
5	0.031	94.145	2.699	2.278	0.879	1.078	23.987	66.871	2.707	6.435
6	0.031	93.779	2.853	2.377	0.992	1.078	23.976	66.855	2.738	6.431
7	0.031	93.481	2.995	2.506	1.018	1.078	23.993	66.819	2.739	6.449
8	0.031	93.150	3.207	2.631	1.013	1.079	24.017	66.795	2.740	6.449
9	0.031	93.150	3.207	2.630	1.013	1.079	24.027	66.775	2.748	6.450
10	0.031	93.077	3.251	2.653	1.019	1.079	24.029	66.770	2.750	6.451

Period	Variance Decomposition of DF_2					Variance Decomposition of DFL				
	S. E.	$DLnTC$ (%)	DF_1 (%)	DF_2 (%)	DFL (%)	S. E.	$DLnTC$ (%)	DF_1 (%)	DF_2 (%)	DFL (%)
1	0.754	22.309	71.129	6.562	0.000	0.055	13.543	0.008	14.467	71.981
2	0.820	22.980	60.847	13.055	3.118	0.065	17.795	7.912	10.952	63.341
3	0.845	26.254	57.309	12.631	3.805	0.074	22.046	9.803	9.311	58.840
4	0.849	26.034	57.269	12.790	3.907	0.080	22.009	15.440	8.786	53.765
5	0.860	26.089	56.686	13.340	3.885	0.082	21.234	16.274	8.494	53.998
6	0.861	26.083	56.578	13.460	3.878	0.083	20.757	15.939	8.327	54.976
7	0.862	26.192	56.495	13.439	3.874	0.084	20.791	15.888	8.103	55.218
8	0.863	26.167	56.452	13.512	3.869	0.085	20.897	16.177	7.931	54.995
9	0.863	26.157	56.433	13.541	3.869	0.085	20.751	16.435	7.844	54.970
10	0.863	26.162	56.432	13.538	3.868	0.086	20.624	16.519	7.794	55.063

从表 7-21 可以看出，$DLnTC$ 的波动主要受自身冲击的影响，尽管这种影响呈明显的下降趋势，但仍然占 93% 以上。DF_1、DF_2、DFL 的冲击对 $DLnTC$ 的影响都较小，但其中 DF_1 的冲击对 $DLnTC$ 的影响较 DF_2 和 DFL 的大，这表明直接融资方式对我国技术创新的长期影响是较为持续和明显的。

DF_1 的波动除了主要受自身冲击的影响外，主要受 $DLnTC$ 冲击的影响，且呈相对稳定态势，长期稳定于 24% 左右。表明技术创新对直接融资方式的长期影响是显著的。

DF_2 的波动除了主要受 DF_1 的影响外，还受自身和 $DLnTC$ 冲击的影响，其中 DF_1 的影响十分显著，一直在 56% 以上，说明直接融资的相对发展规模是影响间接融资的重要变量，两者的相对比例关系形成了一定的金融结构。另外，DF_2 受到 $DLnTC$ 冲击的影响呈相对稳定态势，长期稳定于 26% 左右。表明技术创新对间接融资方式的长期影响也是显著的。

DFL 的波动除了主要受自身冲击的影响外，主要受 $DLnTC$ 冲击的影响，且长期在 20% 以上，说明技术创新是影响金融制度变革进程的重要因素，也说明从长期来看，我国技术创新手段的更新对金融制度变革的影响不容忽视。DFL 的波动还受到 DF_1 的冲击的影响，长期在 16% 以上，说明直接融资发展也构成了影响金融制度变革进程的重要因素。

这再一次印证了假说Ⅲ和假说Ⅳ中的相关理论假说。

第五节　实证结论

通过以上计量模型检验和估计，可以得出与本书假说Ⅲ和假说Ⅳ相一致的结论。

（1）金融结构对技术创新存在抑制现象

我国金融发展对企业技术创新作用不显著的原因在于资源配置方式有缺陷和金融体系的市场化程度不高，即存在抑制现象，导致科技型企业出现融资难、融资贵的问题。正如世界银行 2013 年的报告《2030 年的中国》[468] 中所揭示的，中国金融体系的问题被首先归纳为中国金融系统的关键领域仍受到广泛抑制。由于我国金融市场起步较晚、发展尚未成熟、体制机制尚未健全，直接融资方式对技术创新及其产业发展的影响并不显著，技术创新活动仍难以通过直接金融获得所需资金。总之，现阶段的金融结构在支持企业技术创新水平上存在不充分性，金融发展对技术创新过程的渗透力、支撑力、影响力与推动力有待加强。

（2）金融制度对金融结构具有传导作用

这种传导作用突出表现为金融制度是直接金融的格兰杰原因，这说明金融制度变革对直接金融发展具有显著影响。迄今为止，中国的金融制度变迁一直是以渐进式的增量变迁为主轨迹的，金融制度变革突出表现为在现有国有银行制度以外大力发展商业银行、资本市场。对处于"新兴+转轨"的中国金融发展来说，金融制度的传导作用尤其明显。

（3）直接金融对技术创新的作用较大

计量模型分析结果显示，直接融资方式对我国技术创新的长期影响是较为持续和明显的。此分析结果也有力回应了 Tadesse（2002）的研究观点。Tadesse（2002）认为：虽然金融市场对技术创新的效率更高，但金融机构对技术创新的贡献可能更大，这取决于金融部门的发达程度。在发展中国家特别是在金融部门相对不发达的国家，银行主导型金融结构在促进技术进步方面所起的作用比市场主导型金融结构的大。作为一个处在"新兴+转型"大变革阶段的发展中大国，我国正加快发展全方位的金融市场，金融市场的发达程度很大程度上决定了这轮金融改革的深度和广度。直接金融对技术创新具有较为明显的作用，这说明应加快发展多层次资本市场，提高金融业的竞争力，逐步实现银行主导型金融结构向市场主导型金融结构过渡。

本章小结

本章首先借鉴莫申生（2014）的方法构建了金融结构指标体系，同时主要采用班迪埃拉等人（Bandiera et al.，2000）提出的方法，拟采用金融自由化指标衡量中国金融制度，以上指标数值采用赋值法获得。针对如上指标，采用国内外相关研究所普遍使用的主成分分析法选定金融结构、金融制度的核心指标，得到各指标的主要因子，以此作为多元回归分析的基础。在此基础上，借鉴 Beck 和 Levine（2002）的研究方法，构建多元回归模型，对金融制度、金融结构与技术创新三者的关系进行实证检验。从实证检验结果来看，我国金融结构对技术创新存在抑制现象，金融结构对技术创新的渗透力、支撑力、影响力与推动力有待加强；金融制度对金融结构具有传导作用，金融制度改革受经济体制改革、科技体制改革的系统影响，对技术创新的促进作用客观存在，特别是对处于"新兴+转轨"的我国金融结构来说更是如此。我国金融结构中的间接融资对我国技术创新的作用力度较大，直接融资对技术创新的贡献率较小，并没有形成像发达国家（美、英、德、日）那样的良性互动关系，直接融资对技术创新全过程的渗透力、支撑力、影响力与推动力有待加强。金融制度是促进我国直接融资发展的重要力量，这说明当下对金融制度的改革创新成为必要和迫切的举措，这也说明应加快发展多层次资本市场，逐步实现银行主导型金融结构向市场主导型金融结构转变。以上实证结论充分验证了假说Ⅲ和假说Ⅳ中的相关理论假说，得出与本书假说Ⅲ和假说Ⅳ相一致的结论。这为深化我国金融制度变革、推进金融供给侧结构性变革提供了经验基础和政策依据。

第八章

基本结论、对策建议与研究展望

处于转轨经济中的我国金融结构具有其特定的演进轨迹，不仅表现为国家主导下的渐进金融改革的产物，其优化的路径选择也同样受国家效用最大化的约束。在创新型国家的建设过程中，金融体系对技术创新的功能通过金融市场和银行中介两种渠道引导资金从储蓄者向投资者流动或转移。在金融制度变迁的前提下，金融结构主要从功能重构、金融创新、科技与金融的结合、金融制度系统变革和优化次序安排等方面优化，进而有效地促进技术创新。

第一节　基本结论

本书主要得出以下基本结论。

从技术创新全过程考察，不同金融工具适用于不同创新阶段。资本金融适用于技术创新研发试验阶段，银行金融则适应技术创新产业化阶段，二者在推动创新过程中具有相对比较优势，扮演同样重要角色。

金融结构与技术创新模式协同演化。金融结构影响技术创新模式，一般而言，以资本金融为主的金融结构主要表现为原始创新；以借贷金融为主的金融结构多数倾向于模仿创新。技术创新模式的变迁也会影响金融结构演化：后起模仿国技术追赶，逼近技术先进国家，前者由模仿创新转向自主创新，资本金融比重将会逐渐增加，导致各国金融结构呈现趋同化现象。随着金融制度变革的深入，我国的金融结构也呈现与发达国家渐进趋同的特征。

我国金融结构中银行与政府的"双主导"特点对技术创新存在抑制现象，使最优金融结构产生偏离。我国金融发展对企业技术创新作用不显著的原因在于资源配置方式有缺陷和金融体系的市场化程度不高，即存在"金融抑制"现象。在金融抑制的条件下，信贷市场存在普遍的利率管制，利率无法全面准确反映资金供求的相对关系，导致超额需求的"过剩"和金融缺口的"短缺"并行出现，同时，信息不对称的存在减少了资金供给，加剧了科技型企业融资难、融资贵的问题。

金融制度安排是影响金融结构的重要变量。迄今为止，中国的金融制度变迁一直是以渐进式的增量变迁为主轨迹的，金融制度变革突出表现为在现有国有银行制度以外大力发展商业银行、资本市场。对处于"新兴+转轨"时期的中国金融来说，金融制度对金融结构的传导作用尤其明显。金融严厉管制会导致金融结构扭曲，使得金融结构偏离最优均衡点。在此条件下，金融管制适度放松可以推进金融结构优化，最后成为技术创新的强大动力。

从实证检验结果来看，我国金融结构对技术创新存在抑制现象，金融结构对技术创新的渗透力、支撑力、影响力与推动力有待加强；金融制度对金融结构具有传导作用，特别是对处于"新兴+转轨"时期的我国金融结构来说更是如此；直接金融对我国技术创新的作用力度相对较大，这说明应加快发展多层次资本市场，逐步实现银行主导型金融结构向市场主导型金融结构转变。

第二节　对策建议

基于以上理论和实证研究的结论，可以发现金融结构及其优化与技术创新之间的确存在相互作用关系。在金融制度变革的大背景下，为促使金融结构与技术创新之间的关系达到最优或最适状态，就需要政府在金融改革中进一步优化金融制度安排，为金融结构的优化提供良好的制度环境，促进技术创新模式逐步由以引进、消化吸收、再创新为主向自主创新、原始创新转变。

当前，国内经济进入新常态模式，实体经济处于转型阵痛期，中国金融资源在时间和空间配置上存在一定扭曲，金融行业对实体经济行业的支持力度和方向明显不足，大量的信贷资金流向房地产、股市甚至 P2P 借贷中，根本无法有效地支持实体经济发展，更不用说支持高技术产业发展；同时，金融产业也存在各种问题及风险，金融资金筹集与运用之间存在明显的期限错配风险，如金融机构的"短存长贷"，金融机构将短期资金使用长期化；潜在流动性风险，如企业"短贷长投"，企业将短期借款投向长期固定资产，企业"借新还旧"，通过新的借贷资金偿还旧的借贷资金；融资结构不匹配，如企业债权融资大大高于股权融资。为了有效推进国内经济发展，实现经济平滑增速换挡，有必要推进金融供给侧改革支持国内各项产业发展。

因而，金融供给侧改革是当前国内供给侧结构性改革的核心。管涛（2016）[469]认为金融供给侧结构性改革的内容包括丰富金融机构体系、健全金融市场体系、加强金融创新功能、完善金融宏观调控、继续扩大金融开放、完善金融治理体系；张承惠（2016）[470]认为金融机构要支持供给侧结构性改革，需要从支持"三去一降一补"、化解金融体系自身风险和金融体系体制机制改革三方面进行；董艳玲、王立锋（2016）[471]从银行业和保险业的间接融资、资本市场的直接融资、汇率和资本账户管理、政策性金融、衍生品市场这几个重要领域探讨促进供给侧改革的金融支持问题；杨甜娜（2016）[472]提出推进供给侧改革过程中要以优化金融领域的制度供给、制度结构为龙头，推动直接金融成长壮大、间接金融健全增效、金融产品多样化，构建对各类需求"无缝覆盖"的现代金融体系；徐洪才（2016）[473]认为金融是现代经济的核心，中央银行、商业银行及资本市场应形成合力，在供给侧结构性改革中发挥重要作用。

从中国金融供给侧现状及新供给主义经济理论中，可以认为金融供给侧改革是改变以往金融行业需求端侧粗放的经营方式，积极"创新新供给、改造老供给"，从提高金融供给质量的角度出发，矫正金融供给中生产要素的扭曲配置，有效增加金融供给，调整金融供给结构，提升金融供给质量，优化资源配置，完成金融对产业升级的支撑作用，金融供给侧改革主要内容包括金融供给政策制度、金融机构供给主体、金融供给产品等方面。

因而，在政策制定上要富有创新性和前瞻性，留有必要的战略空间。主要的政策方向是在金融发展中要着力优化金融结构，促进金融供给侧结构性变革；在促进产业调整和产业创新升级中要做好金融制度及其结构的权变性战略选择。具体包括以下九点。

一 发挥金融创新对金融结构优化的正向激励

因为每个时代特征的不同，金融创新发展至今，也被赋予了不同的具体含义。Goetzmann（2009）[474]认为在公元前4000年前后，随着可交易的债券合同的蓬勃涌现，为了便于不同品类的跨期交易，同时提高这类债务合同的专业化程度和创新性，金融创新的概念便已产生。而到了公元19~20世纪，全球大规模铁路网络的建设投资对金融有爆发式的需求，这也在客观上使得政府机构和专业机构创造了专业化的金融工具和相关的制度，以此来保障能满足更多投资者进行挑选。Tufano（2003）[475]将金融创新定义为金融产品类型的设计、开发以及开拓一定程度上附带着的金融服务。从广义上来看，金融创新可以是一切新增的金融行为，如金融产品、技术、制度以及市场行为等。在这个层面上，金融创新包括产品的创新以及过程上的创新。产品创新可以包含新衍生合同、新企业证券或新形式的集成投资产品；过程创新包括分销证券、交易流程和交易定价的新方法等。

虽然，金融创新被认为是造成2008年全球金融危机的重要因素（美国金融危机调查委员会，2012），一度受到极大规模批判。但多数学者的研究（廖岷，2008[476]；葛奇，2008[477]；周好文、倪志凌，2008[478]；杨福明，2009[479]）也证明了，2008年次贷危机爆发的一个重要原因在于对金融创新活动的"监管失灵"，被动的监管理念导致金融监管准则的调整总是滞后于金融创新实践，创新活动越活跃，创新产品越丰富，这种监管方面的缺陷也就越明显，而层出不穷的各类金融创新产品则是推动次贷危机传导至整个金融体系，并传导至全球的主要原因。一方面，金融机构，尤其是投行机构的杠杆率从2003年的十几倍飙升至30倍左右，高杠杆率导致金融机构难以抵御突发的系统性风险；另一方面，以CDO、CDS为代表的金融衍生品是金融风险蔓延的主要推手。在宽松的监管环境下，以杠杆为基础的金融创新产品蓬勃发展，然而，这些创新产品往往设计复杂，监管部门难以准确识别其风险，导致监管缺失。

但正如美国经济学家戈登（2005）[480]所指出的：每次技术革命的成功财富化，都必然有金融创新的伴生。Mowery 等 （1998）[481]发现，金融市场的创新能为新兴企业提供股票及风险资本融资，因此对新兴企业发展起至关重要的作用。Alessandra 等[482]发现，金融在英国新兴产业创新活动中起关键作用。金融创新促进技术创新的作用机制分为两个方面。一方面是解决企业研发活动融资约束。目前，融资约束是制约战略性新兴产业企业技术创新的一大障碍，金融创新能够提升资本积累速度，使企业研发活动获取更多资金，从而促进企业技术创新[483]。金融创新包括金融组织、制度及业务创新等。金融组织创新如科技银行等能为企业提供更多融资渠道，合理评估技术创新风险，积极介入企业技术创新融资过程；金融制度创新如利率市场化等，能够加剧银行市场竞争，有利于培养民间金融机构，根据企业风险层级实行区别化融资策略，从而提高战略性新兴产业企业融资成功概率；金融业务创新包括资产证券化、融资租赁、保理融资等，能改善企业资金状况，提高企业内部资金流动性，为研发过程带来更多资金[484]。另一方面是金融创新还可通过不同渠道促进技术创新。Tadesse实证发现，金融创新不仅能够优化资本配置，同时还能借助其风险分担功能促进企业技术创新。另外，金融创新还可以减少信贷约束，促进高技术含量企业获取最新技术[485]。风险投资被认为是金融机构创新的代表[486]，人力资本是风险投资的重要组成部分，经验丰富的风险投资家对企业经营管理和团队建设起关键信息传导作用[487]，其能够在很大程度上提升企业技术创新效率及创业成功概率。同时，风险投资由于拥有丰富的专家经验和专利技术，能够引导企业对内部资源和技术进行整合，从而提高企业技术创新成果产出[488]。

国际金融创新历程归纳见表8-1。

表 8-1　国际金融创新历程

时间	创新目标	创新领域	创新产品
20 世纪 60~70 年代中期	突破管制	服务贸易等实体经济	欧洲美元、欧洲债券、平行贷款、混合账户

续表

时间	创新目标	创新领域	创新产品
20 世纪 60~70 年代中期	突破管制	银行突破利率管制	转让支付命令（NOW）、超级可转让支付命令（SNOW）、货币市场互助基金（MMMF）、自动转化储蓄账户（ATS）、大额可转让存单
	转移与管理风险	服务贸易等实体经济	出售应收账款、出口信用、福费廷、浮动利率票据
		服务投资者和金融机构	可转换债券、可赎回债券、负债管理
	其他	金融市场完善	回购协议、证券交易商自动报价系统
20 世纪 70 年代末~80 年代	转移与管理风险	衍生品市场（服务实体经济和金融体系）	外汇期货、外汇远期、汇率期货、货币互换、利率互换、期权交易、股指期货、远期利率协议、欧洲美元期货期权
		现货市场（降低投资者风险）	与物价指数挂钩的公债、债务保证债券、双重货币债券、可调利率优先股、动产抵押债券、可变期限债券保证无损债券、参与抵押债券
	提供流动性	金融市场完善	联邦住宅抵押贷款、票据发行便利
		资产证券化	住房抵押贷款证券、资产支持证券（信用卡、汽车抵押贷款、贸易应收款）
20 世纪 90 年代以来	提供流动性	资产证券化	多重结构化资产证券化产品过度发展：ABS、MBS、RMBS、CMBS、CDO、CLO、CBO、CDS
	风险管理	金融市场完善	互联网金融、金融超市
		加强监管要求	BaselⅢ新的监管要求纳入各国金融监管体系

从国际范围来看，国际金融创新经历了从以"突破管制"为核心向以"风险管理"为核心的转型。[489]

对中国而言，金融创新总体上仍然是一个褒义词，是受到鼓励和支持的。从历史上看，中国当下进行的金融创新与美国等先进国家的某个历史阶段具有相似性，学习美国在金融创新过程中的经验和防范教训，就成为我国金融创新的重要任务。如作为重要金融创新形式的美国存款脱媒与我国起点相似，在存款利率市场化启动之前、货币基金及互联网金融浪潮出现之前，美国银行业活期存款在总存款中占比与中国相近，美国（1968~1970年）活期存款占比在45%上下，可此时期中国（2002~2003年）这一比例在46%左右。美国脱媒化的历史路径对我国未来存款结构的演变有一定借鉴意义，两国经济制度环境相似，详见表8-2。

表8-2　中国2002~2003年与美国1968~1970年经济制度环境比较[490]

	中国：2002年3月~2003年11月	美国：1968年9月~1970年5月
存款利率市场化	未启动（2012年6月启动）	未启动（1970年6月启动）
货币基金	未出现（2013年12月诞生）	未出现（1972年初诞生）
宏观经济	平稳增长	平稳增长
货币市场利率	平稳	略有上升
股票市场行情	熊市	熊市

资料来源：Wind，Bloomberg，国泰君安证券研究所。

　　从金融创新的类别来看，中国是发展不足与发展过度并存。一方面，金融体系内充斥着大量的制度套利型金融创新（李剑阁，2013）[491]，以加长交易链条、增强不透明性、增加交易成本的形式体现，已经超出了监管方的监管能力和风险控制能力，其不正当的盈利模式于实体经济无益，属于局部金融创新过度。另一方面，中国与美国情况不同，美国是金融创新过度，中国则是创新不足，还处在金融创新的起步阶段（华生，2008[492]；张晓朴，2012[493]）。现存金融制度体系中缺乏有利于提高服务实体经济效率的金融产品，缺乏基本的金融衍生工具，属于金融创新不足[494]。

　　金融体系中的金融中介与金融市场的竞争合作演化形成的"金融创新螺旋"（Financial Innovations Spiral）使金融创新成为提高金融体系效率、促进金融结构优化的原动力。随着金融创新螺旋的加速，两者之间已经开始出现广泛的业务交叉和渗透，界限已经越发模糊，使融合后的金融体系越发充满效率。我国储蓄率一直居高不下，但融资又是"老大难"，长期无法缓解。其实，这背后反映的是"两多两难"问题，即"资金多，投资难"和"企业多，融资难"并存。"两多两难"问题的存在，恰好说明现有金融体系无法有效履行资金融通功能。因而，要通过金融创新提供更加灵活、优惠的制度安排以拓展金融市场发展空间，挖掘金融市场深度，提升金融业对实体经济的服务竞争力。当务之急，是要继续推进金融体系改革，增加金融业务使其多元化，一方面为企业创造更多融资渠道，另一方面也为投资者提供更为丰富的投资工具，满足不同风险-收益偏好的资金需求。当然，改革是一个中长期的过程，在取得实质性效果前，监管当局仍有控制风险、维持金融稳定的必要。要重点对创新业务加强管控，规范业务细节，维护金融体系整体稳定，同时稳步推进改革。

当前，传统金融机构面临转型，而新型金融机构也有新的发展空间。随着经济的发展和通信技术的进步，未来面向技术创新的金融结构的演变趋势应是不同金融体系的互相融合，即兼收并蓄，优势互补，结构逐步合理，功能不断优化。金融市场的各种组合式和证券化的融资方式创新，风险投资与创业板市场、证券市场以及金融衍生产品市场的发展，进一步丰富了金融市场的层次，也使金融市场结构日益复杂化。同时，金融工具如股票、股票期货、股指期权等种类日益增多、规模日益庞大、结构日益复杂，层次不断提升，形式日益无纸化、电子化。另外，金融资产的证券化特征也彰显了金融结构演化的复杂化和高级化。因而，要加大金融创新力度，综合运用各种金融载体和金融手段，为创新型企业量身定做各种金融工具，设计新型金融服务模式，使金融机构、企业、中介机构之间形成互动、互利、互补的共赢战略合作关系。加强银企对接，鼓励和引导金融机构创新金融产品和服务方式，创新绿色信贷、环保信贷等形式，加大对技术领先、产业化前景良好、引领带动性强的产业重大工程和重点项目的信贷支持力度，加快科技资源产业化进程。鼓励符合条件的产业企业发行企业债券、公司债券、短期融资债券、超短期融资债券、中期票据、中小企业集合债券（票据）、PPN（非公开定向债务融资工具）、中小企业私募债券等各类债券。鼓励符合条件的产业企业在主板、中小板、创业板上市融资，支持发展潜力大的中小微企业到全国中小企业股份转让系统（"新三板"）和区域性、地方股权交易市场挂牌融资。鼓励创业投资、私募股权投资投向科技产业，服务大众创业、万众创新。丰富其他金融产品形式，通过知识产权质押融资、科技保险机制、碳债券、高新技术园区企业债券、合同能源管理、合同节水管理等方式满足不同产业企业的特定需求，为科技型产业企业的创新成长筹集更多资金。

二 深化金融结构的系统制度变革

虽然金融结构的产生、发展和演化有其内生性与规律性，但是，金融结构的变迁势必也受到政府的相关政策和制度的影响。美、英、德、日等国的政府在金融结构制度安排对技术创新方面均起到重要的引导作用。20世纪80年代以来，发达国家和新兴市场经济国家都先后进行了金融自由化改革，形成了一场全球性的、影响深远的金融制度系统变革浪潮。麦金农（1991）[495]在对发展中国家金融发展实践经验进行总结和反思的基础上，重申了金融深化理论的基本理论观点，并且提出了金融深化进程中金融控制的观点，即经济自由化中各项改革措施要配套并存在前后次序。之后，Stulz（2001）[496]也认为："政府无法靠立法来改变金融的发展，但是能改变金融的结构。"特别是作为现代治理主体（政府、市场、社会组织）的重要一维，各国政府是经济社会最重要的制度安排之一，在本国经济发展和金融体系的形成和演变过程中具有极其特殊的位置。良好的政府治理能力（善治）会提高经济体的集体理性，预防和矫正现代复杂经济社会中的不正当市场竞争行为和道德风险，从而提高经济金融体系对经济社会调控的效率。因而，一国必须拥有完善的法律体系、政策体系和良好的政府治理来维持金融市场的公平、公正、公开。在此方面，Borras（2008）[497]的研究就认为创新的公共政策具有高选择性，可能表现在具体问题、地区、行业、产品、公司、措施等多方面。其中，财政政策与金融政策的协同尤为重要。

改革开放三十多年来，若干新政策措施的出台本质上是各个分立的制度变迁，未能看到制度变迁的系统性和整体性。这种变迁的特征，一是较少考虑各项制度安排的高度相关性、相互依存性和可能的排斥关系；二是在不触及制度基础的前提下，实行改良式的制度替代。当单项制度改革越来越频繁时，制度群簇越发多元化和多样化，对于制度安排来说，其结构趋于复杂化，当整体制度发生深层次结构变迁时，单项制度变迁的绩效水平可能难以检验。当前，我国金融制度发展已经从单项制度变迁向制度系统和结构的变迁转移，需要更多地思考金融制度改革和创新的兼容性、系统性和整合性。因此，对制度改革创新的兼容性的考察成为当下衡量制度变革绩效水平高下的重要维度。我国金融支持技术创新的阶段与经济体制、金融体制、科技体制改革的关系详见图 8-1。

图 8-1　我国金融支持技术创新的阶段及与经济体制、
金融体制、科技体制改革的关系[498]

　　从图 8-1 中可以看出，我国金融支持企业技术创新的过程是在经济体制改革框架内、金融体制与科技体制的改革进程中，逐步丰富、强化并自成体系的过程，要把我国金融发展支持企业技术创新的发展阶段与我国经济体制、金融体制、科技体制改革的阶段性任务相结合。目前我国经济体制处于社会主义市场经济阶段，金融体制处于市场化调整与充实阶段，科技体制处于创新体系建设阶段，金融发展对企业技术创新的支持正处于全面深化融合阶段，如何全面深化技术创新与金融结合的系统变革是亟待解决的问题。

　　20 世纪 80 年代以来，一轮全球范围的金融自由化改革，使很多国家（包括德国、日本、法国）的直接融资比重普遍提高，金融结构呈现与美、英等国趋同的优化态势。面对新一轮生产力革命（"第三次产业革命"）的挑战，发展"新经济"，加快建成"创新型国家"，要主动深化推进金融领域的全面改革（贾康，2016）[499]。我国应把握当前金融改革深化的契机，做好顶层设计，把握改革的节奏，稳健、协同推进各项体制机制和管理制度的改革进程，进一步推动法治建设、加强监管执法，营造有利于直接融资发展的法治和诚信等外部环境。

　　同时，金融制度转型构成了经济转型的核心部分，其转型路线和速度的安排是"一种不确定条件下有意识的前瞻选择"[500]。基于各自的转型初始条件和国家利益,各国需要选择各自不同的转型方式和节奏。1991 年,麦金农认为发展中国家由金融抑制向金融自由化的转化有一个最优次序,"政府不能、也许也不该同时实行所有市场化措施"[501]。实践经验表明,金融改革的次序性及成功对经济稳定发展有十分重要的作用,对于发展中国家、新兴转型国家而言则更是如此。

因而,促进技术创新的金融结构优化,也需要考虑次序问题。技术创新是一个动态的、演进的过程,技术创新的不同性质、不同阶段、不同特征产业和产业区段的技术创新活动以及高科技企业所处生命周期的不同,都对金融服务提出差异化的需求。而能综合体现一国金融服务、金融资源配置状态的金融结构,就成为影响一国技术创新能力的重要内生变量。随着一国资源禀赋的改变、产业的转型升级和创新驱动能力的提升,技术创新对金融提出了功能上的需求,金融体系结构势必要通过不断扩展和提升其功能来满足需求并进一步促进经济发展,如此相互促进、共同发展。总的来说,适应从模仿创新向原始创新的变迁的需要,中国需要更加多元化的金融结构和更加集成化的功能体系。不仅要在发展间接融资的同时,积极鼓励直接融资的发展,充分发挥直接融资对于技术创新的作用,而且还要积极响应多层次金融服务需求,建立一个由大中小型银行、多层次资本市场共同经营、分工协作、共同发展、深度耦合、优势互补的金融体系,为深化科技与金融的深度耦合创造更多支点。

三　强化科技金融的深度耦合机制

科技金融一词是伴随中国科技体制改革和金融发展而逐渐产生的。[502]科技金融的概念在我国出现较晚,仅有十多年的历史。一般认为科技金融有个宽泛的定义:"科技金融是促进科技开发、成果转化和高新技术产业发展的一系列金融工具、金融制度、金融政策与金融服务的系统性、创新型安排,是由向科技和技术创新活动提供金融资源的政府、企业、市场、社会中介机构等各种主体及其在科技创新融资过程中的行为活动共同组成的一个体系,是国家科技创新体系和金融体系的重要组成部分。"[503]从经济社会发展的趋势看,科技与金融的互相依存、互相促进、互相渗透、互相融合是个方向，科技的日新月异是建立在自主创新基础上的科技产业发展，离不开金融这个基础平台和基本条件；同样，金融的创新发展也离不开科技创新的产业基础和技术依托。"从金融视角来看，现代经济中的技术创新本质上是一个资本筹措与运用的过程；而从技术创新的角度看，现代金融的发展很大一部分是以技术创新为载体和工具的，这在经济现实中就表现为技术金融一体化。"[504]"十二五"科技规划在重要指标和名词解释中对科技金融做出明确解释：科技金融是指通过创新财政科技投入方式，引导和促进银行业、证券业、保险业金融机构及创业投资等各类资本，创新金融产品，改进服务模式，搭建服务平台，实现科技创新链条与金融资本链条的有机结合，为初创期到成熟期各发展阶段的科技企业提供融资支持和金融服务的一系列政策和制度的系统安排。当前，要促进科技与金融的有效融合，需要国家从战略高度通过制度引领、制度建设、制度保障的形式来完成，构建一套有效激励创新的体制机制，推动科技金融顶层设计。从 2006 年至 2008 年年初《国家中长期科学和技术发展规划纲要（2006—2020 年）》及相关配套政策和实施细则的密集出台，使科技金融政策环境显著改善。特别是 2010 年 10 月国务院发布的《关于加快培育和发展战略性新兴产业的决定》，强调了金融扶持政策对战略性新兴产业发展的作用，明确提出到 2020 年我国战略性新兴产业占国内生产总值的比重要达到 15%。2011 年，科技部会同中国人民银行、中国证监会、中国银监会、中国保监会开展促进科技和金融结合试点工作，探索科技资源和金融资源对接的新机制，进一步推动了全国各地科技和金融的结合。

关于科技与金融结合的较新研究是卡萝塔·佩蕾丝（Carlota Perez, 2002）的《技术革命与金融资本》，研究范式为："新技术早期的崛起是一个爆炸性增长时期，会导致经济出现极大的动荡和不确定性。风险资本家为获得高额利润，迅速投资于新技术领域，产生金融资本与技术创新的高度耦合，从而出现技术创新的繁荣和金融资产的几何级增长。"[505]针对学术界对金融与技术间关系问题的忽略，佩蕾丝（2007）指出了金融资本在技术创新与经济周期之间所起的重要作用，认为"技术革命—金融泡沫—崩溃—黄金时代—政治动乱"这样的顺序大约每半个世纪重来一次，形成一个周期。两百年来这样的技术创新已经发生过五次，产生了五个经济长波周期（见图 8-2）。[506]

在经济长周期（长波）与技术创新的关系方面，夏敏仁、陈风（2017）[507]发现，较于长波，科技浪潮的启动时点更为提前。这是因为在萧条期，企业对于低利润的容忍达到极限，并开始做出新的尝试，加快了基础创新的步伐。

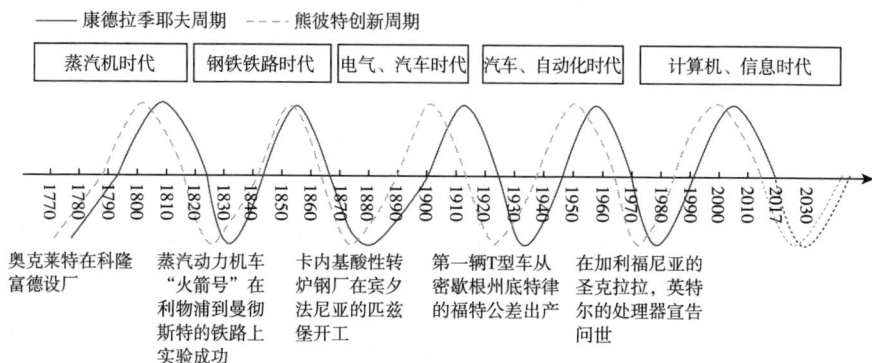

图 8-2　技术创新下的长波周期

在佩蕾丝看来，在一次产业革命的发生及其后的经济结构调整、社会制度创新以及金融资本在其中的作用中间，存在如下的一个阶段序列：①一次产业革命的序列开始，即新产业资本的产生（技术革命爆发期）→②金融资本对新旧产业资本的投入，经济结构的调整期（狂热阶段）→③由金融危机引起的反思、调整、治理，导致经济和社会制度创新（转折点）→④金融与产业资本在新制度支持下的合理的生产应用（协同阶段）→⑤市场饱和与技术成熟，埋下新的金融危机的种子（成熟期）→⑥下一次产业革命的开始，金融资本投向新技术（技术革命爆发期）。这样的观点看起来有循环论的意味，卡萝塔·佩蕾丝认为，在过去二百年里，主要资本主义国家大体经历过五次这样的产业革命长波周期，其中"金融资本和生产资本之间的相互关系决定了增长的节奏和方向"[508]。而且，技术革命或新兴技术早期的崛起是一个爆炸性增长时期，会导致经济社会出现极大的动荡和不确定性。在由技术创新引发的经济社会的重大演变和革新过程中，金融创新扮演着关键角色。它首先支持了技术创新的发展，继而加剧了技术经济领域和社会制度领域之间的不协调，而这些不协调可能引发冲突的产生和放大。当这两个领域之间的协调建立起来后，金融创新又成为技术创新进入展开期的推动力。一场技术创新行将结束，金融创新又会对催生下一场技术创新产生重要作用。

佩蕾丝将技术革命引发的经济演化分为两个时期四个阶段。两个时期是导入期和扩展期，各含两个阶段。导入期的两个阶段是爆发阶段和狂热阶段，扩展期的两个阶段是协同阶段和成熟阶段，导入期和扩展期两阶段之间会有一个转折点。如此划分，整个技术变革周期就由爆发、狂热、协同和成熟四个阶段构成（见图8-3）。

爆发阶段是技术的时代。在这个阶段，旧的技术经济范式已经衰败，新的技术经济范式开始形成。伴随着新兴核心技术的商业化和产业化，新产品、新产业呈爆炸性增长特征，此时，金融资本开始介入，金融资本成为促进技术革命的新风险资本。

狂热阶段是金融的时代。在这个阶段，金融资本主宰技术革命不断引导新范式深入地传播，新兴技术体系、新兴产业过度融资，出现大量金融资本追逐技术资本，产生资本市场狂热发展脱离实体经济的疯狂现象，并进而出现泡沫破裂和狂热衰退现象。

协同阶段是生产的时代。在这个阶段，技术开始缓慢走向成熟的商业化和产业化，金融也受到必要的干预和规制，金融资本和生产资本之间形成愉悦的"联姻"，技术创新与金融资本形成相对的协同和一致性的成长。

成熟阶段是孕育的时代。在这个阶段，由于技术的成熟和市场的饱和，技术创新的潜力逐步耗尽，技术革命的动力逐渐衰竭，技术创新的收益不断递减。产业接近成熟，利润率下降，使得宏观经济增长出现停滞，甚至进入持续的萧条和衰退周期。此时，金融资本开始退出并寻求新的机会，因而，这个阶段也成为新的核心技术、战略性产业、新兴产业的酝酿和培育期。

赵昌文等（2009）对科技金融做了一个非常宽泛的定义：科技金融是促进科技开发、成果转化和高新技术产业发展的一系列金融工具、金融制度、金融政策与金融服务的系统性、创新性安排，是由为科学和技术创新活动提供金融资源的政府、企业、市场、社会中介机构等各种主体及其在科技创新融资过程中的行为活动共同组成的一个体系，是国家科技创新体系和金融体系的重要组成部分。也有学者提出科技金融的完整定义：科技金融是科技产业与金融产业的融合，是促进科技开发、成果转化和高新技术发展的金融制度、金融政策、金融工具、金融服务的系统性、创新性安

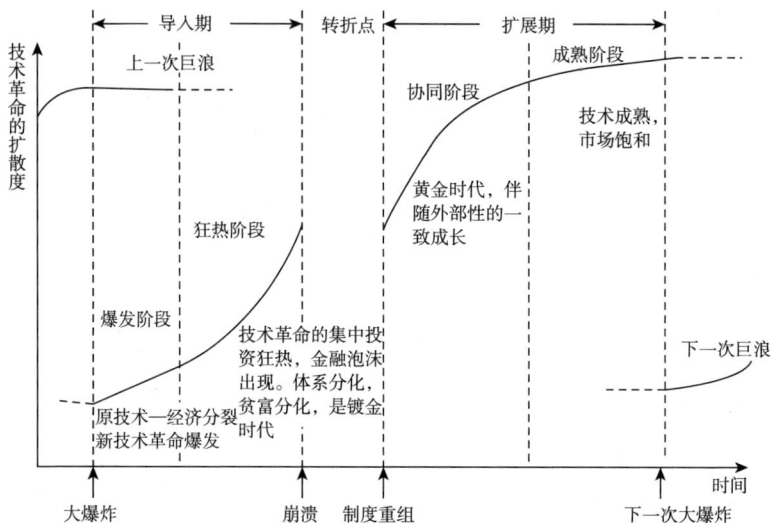

图8-3 技术革命的四个阶段[509]

排。因此，科技金融首先应该是一个金融领域的概念，可以归入产业金融的范畴；其次，科技金融是系统性、创新性的政策安排，它与传统金融和中小企业金融相比都具有独特属性；最后，科技金融的服务对象并非只是高新技术企业或者高新技术产业，它也包括对传统产业、成熟企业技术更新改造和研发的支持。

为了清晰地说明科技创新与金融创新结合的收益分配关系，笔者构建了一个简单的博弈模型，见表8-3，通过分析作为科技创新主体的科技生产者与作为金融创新主体的金融资本集团的动态演化博弈过程，探寻促进两者结合的制度框架与政策安排。假设在创新主体相互作用的过程中，每个创新主体群体都面临两种不同的策略选择，即"创新"或"不创新"，由此可构造一个随机配对的博弈模型。

表8-3 创新主体间的支付矩阵

主体		金融资本集团	
		创新	不创新
科技生产者	创新	M, M	F, G
	不创新	G, F	N, N

如表 8-3 所示，当作为科技创新主体的科技生产者和作为金融创新主体的金融资本集团都选择"创新"策略时，双方的收益都为 M，相反，两者都选择"不创新"策略时，双方收益均为 N（其中 M>N）；若一方选择"创新"另一方选择"不创新"策略，则选择创新的一方收益为 F，不创新的一方收益是 G（G>F）。假设在地方政府群体中采用创新策略的博弈方的比例为 x，那么采用不创新策略的博弈方的比例就是 1-x。可以算出采用两种策略博弈方的期望收益 U_1、U_2 和群体平均期望收益 U 分别为 $U_1=x \cdot M+$(1-x)·F、$U_2=x \cdot G+$(1-x)·N 和 $U=x \cdot U_1+$(1-x)·U_2。由此可以得到采用创新策略的博弈方的复制动态方程 $\dfrac{\mathrm{d}x}{\mathrm{d}t}=x \cdot (U_1-U) = x \cdot (1-x) \cdot$ [$x \cdot$(M-G)+(1-x)·(F-N)]。

令 $\dfrac{\mathrm{d}x}{\mathrm{d}t}=0$，解得上述复制动态最多有三个稳定点，分别是 $x_1=0$、$x_2=1$ 和 $x_3=$（F-N）／（F-N+G-M）。随着支付矩阵的不同取值，x_3 可能与 x_1 或 x_2 相等也可能不存在，此时博弈就退化为只有两个稳定点，意味着群体成员趋向于采用相同的策略（创新或不创新），对应完全理性博弈的纯策略均衡；当 x_3 存在且不等于 x_1 或 x_2 时，该稳定点意味着群体成员以一定比例采用不同策略，对应混合策略均衡，但作为演化稳定策略，x 必须是这样一些稳定点：给该稳定点一个微小的扰动（如由于博弈方的错误等某种原因使得上述比例关系偏离了这些稳定点 x），复制动态仍然会使其恢复到这些水平。

两创新主体间的策略组合和战略选择如表 8-4 所示。

表 8-4　创新主体间的收益耦合策略和创新战略

主体		金融资本集团	
		创新	不创新
科技生产者	创新	紧耦合策略；联盟战略	松散耦合策略；跟随战略
	不创新	松散耦合策略；跟随战略	非耦合策略；单（定）数交易

这一博弈模型很好地解释了科技生产者与金融资本集团推动创新融合的路径选择。在不断演化、多次博弈的条件下，要实现科技生产者与金融

资本集团效用最大化，需要不断创新制度供给，推动整个科技创新与金融创新的整体变迁。

在此分析框架下，需考察以企业为代表的科技生产者与金融市场资本集团间耦合发展的市场驱动力量是否具备，在市场驱动不足的条件下，政府责无旁贷地承担起推动科技创新与科技金融耦合发展的任务，但政府推动的目标是培育科技创新主体与市场科技金融主体实现耦合发展，即通过政府力量引导并带动市场驱动力量的发展。基于科技创新与科技金融的具体情境，设计政府主导型科技创新与科技金融耦合发展模式、过渡型科技创新与科技金融耦合发展模式以及市场主导型科技创新与科技金融耦合发展模式。

政府主导型耦合发展模式适用于科技创新与科技金融发展程度均较低的地区，由于科技创新主体与市场科技金融主体耦合能力较弱，因此需要政府为主要推动力实现科技创新与科技金融耦合发展，即通过政府力量实现系统要素间组合结构的优化。

过渡型耦合发展模式为科技创新与科技金融本身具备一定发展基础或经过政府主导型耦合发展模式培育后，适宜采取的耦合发展模式。科技创新与科技金融发展处于中等水平，科技创新主体（尤其是企业）与市场科技金融主体具备一定耦合能力。

市场主导型耦合发展模式适用于科技创新与科技金融发展程度均较高的地区，科技创新主体（尤其是企业）与市场科技金融主体耦合能力较强，政府在科技创新与科技金融耦合发展中的作用弱于上述两方。

政府主导型、过渡型与市场主导型三种耦合发展模式无优劣或先进落后之分，只有与具体发展情境的适合或不适合之分，三种耦合发展模式追求的目标均是科技创新与科技金融系统要素结构的优化，通过科技创新子系统与科技金融子系统间的正反馈作用，实现系统耦合效应最大化。三种耦合发展模式间既存在相互联系，也存在相互区别。三种模式类型的划分是基于科技创新与科技金融耦合发展驱动力差异，但政府驱动力量与市场驱动力量在三种模式中均存在，二者共同驱动科技创新与科技金融耦合发展，区别在于两种力量所占的比重不同。从政府主导型耦合发展模式到市场主导型耦合发展模式的过程中，政府驱动力量的比重在下降，而市场驱动力量在增强，在三种发展模式中，两种驱动力量缺一不可。在目标定位上，政府主导型耦合发展模式的定位为培育产学研金合作，过渡型耦合发展模式的定位为培育"创新与金融"集群，而市场主导型耦合发展模式下的目标定位为保障创新的持续性、领先性以及市场、科技、金融的有序发展。前一模式目标定位的实现是下一模式进行的基础。不同发展模式基于相应的目标定位，政府的关键任务亦存在差异，三种耦合发展模式具体比较见表8-5。

表8-5　三种耦合发展模式比较[510]

耦合发展模式类型	耦合主要驱动力	目标定位	政府关键任务
政府主导型	政府	产学研金合作	1. 产业共性与关键性技术攻关、优秀科技创新成果转化 2. 市场科技金融发展路径选择
过渡型	政府与市场	"创新与金融"集群	1. 创新集群产业与集聚地选择 2. 科技创新与市场科技金融税收优惠政策制定 3. 集群外部环境建设
市场主导型	市场	创新持续性、领先性，市场、科技、金融有序发展	1. 探索性基础研究 2. 下一代技术研发 3. 市场科技金融监管

随着科技创新与科技金融发展状态的变化，耦合发展模式也随之转换，具体转换过程如图8-4所示。区域科技创新状态与区域科技金融状态为（高、低）和（低、高）的状态不存在，原因在于科技创新与科技金融间的紧密联系，二者相互制约，科技创新发展缓慢将严重制约科技金融的发展，反之亦然，故一种状态高而另一种状态低的组合状态不存在。图中箭头代表了科技创新与科技金融耦合发展模式的转换路径，其中实线箭头代表了耦合发展模式转换的最优路径。以路径①和路径②为例进行比较说明，在区域科技创新与区域科技金融状态为（低、低）的情况下，路径①为耦合发展模式转换的最优路径，即政府主导型耦合发展模式下实现区域科技创新与区域科技金融状态提升至（中，中），之后进一步通过过渡型耦合发展模式实现二者的发展状态提升至（高，高），进而转换为市场主

导型耦合发展模式。而在路径②中，政府主导型耦合发展模式下实现区域科技创新状态与区域科技金融状态提升为（低，中），再仍由政府主导下实现二者发展状态提升为（中，高），最后再通过过渡型耦合发展模式实现二者发展状态提升为（高，高），此过程中科技金融始终滞后于科技创新发展，将直接影响科技创新与科技金融的耦合发展效果。在科技创新与科技金融耦合发展模式转换过程中，政府具有主动选择权，基于二者的具体发展状态（见表8-5），政府选择政府主导型耦合发展模式、过渡型耦合发展模式或市场主导型耦合发展模式，相应政府职能定位为主导作用、引导作用或服务支撑作用。与发展状态相适应的耦合发展模式将促进科技创新与科技金融共同快速发展，而不相适应的耦合发展模式将阻碍二者发展速度。由于科技创新与科技金融发展的动态性，其耦合发展模式亦需要动态调整与转换，这就对政府相关部门科技创新与科技金融耦合管理提出较高的要求。

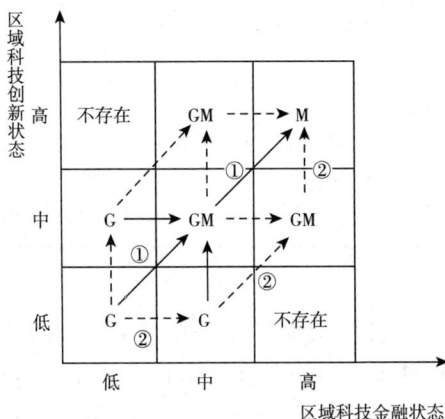

图8-4 科技-金融协同发展模式转换路径[511][512]

注：图中G代表政府主导型，M代表市场主导型，GM代表过渡型。

四 优化以银行为主的间接融资体系

改革开放以来，虽然我国"全套金融机构"的多元化框架基本形成，但金融机构同质化、服务单一化带来的金融服务的可及性和弹性仍然较差，从CRn指数来看，2009~2011年我国5家大型银行总资产占整体银行业金融机构总资产的份额即 CR_5 也都大于 40%，说明无论是从存款额、贷款额还是从总资产来看，我国银行业都属于寡占型行业，少数几家大型银行占据主导地位。适应中小企业孕育和发展的中小商业银行也相对发展滞后，这是中国企业"融资难""融资贵"问题的直接成因。正如上文所论证的，基于间接融资在技术创新信息揭示、代理监督和风险内部化方面的比较优势，需要不断通过加快利率市场化、股权改革，发展民间银行机构、中小银行机构来创新、优化以银行为主的间接融资体系。

首先，要推进股权多元化发展，鼓励、引导和规范民间资本进入金融领域。促进民营银行发展壮大，逐步改变国有大型商业银行的寡头垄断格局，形成多层次银行服务体系和多元化金融格局。随着民营银行的开闸和试点的不断推进，其发展模式也将逐渐清晰，这对于完善金融服务的覆盖、盘活中小企业、促进实体经济发展具有重要意义。与传统银行对比而言，一方面，现阶段很多业务还需要通过传统银行授信的方式来进行；另一方面，民营银行与传统银行在定位上有别，对传统银行不构成直接竞争，冲击不大。互联网金融监管机制的不断完善，将有利于重塑银行的核心主动脉地位，确保银行本质功能的保留，这体现在减少互联网金融对银行的冲击。而民营银行的毛细血管地位，将成为传统业务的有效补充。此外，传统银行业亦可以通过自身的资源沉淀，快速积极地布局互联网领域。

其次，混业经营是供给侧改革在金融领域的重要着力点。重点是逐步推进银行的混业经营，促进银行、证券公司、保险公司等金融机构业务互相融合，形成混业经营格局。这既是金融脱媒和利率市场化的必然要求，也是从国际经验来看供给侧改革体现在金融业的必然结果。美国、英国等西方主要国家 20 世纪 80 年代的供给侧改革最终都导致了金融体系从分业到混业的变革。在全球金融业综合经营的大趋势下，银行金融机构应顺势而为，注重培养核心竞争力，基于自身优势参与同业合作，充分利用自身资金和客户资源优势对各类金融机构进行资源整合，积极探索符合我国国情的银行业综合经营模式。混业经营本质就是适应金融脱媒趋势，在银行内部引进直接融资模式，促进直接融资与间接融资的有机融合，有效整合长期、短期资金资源，共同发挥作用，实行综合经营，既有助于防范经营风险、提高金融资源利用效率、扩展传统银行盈利空间，又有利于推动金

融资源在不同市场合理流动、优化资源配置，在做好为低风险成熟产业的
金融服务的同时，增加对创新创业中高风险产业的支持力度。

再次，积极发展科技银行。针对传统商业银行运营模式在服务早期创
新创业企业尤其是高科技企业上普遍存在风控能力差、收益率不如预期、
服务模式单一等问题，建议充分吸收美国硅谷银行模式，提供多种金融服
务与企业紧密关联、共同成长。进一步建立和完善科技金融服务体系，在
总结中国银行上海分行对审批效率的提高（"张江模式"）、平安银行深圳
科技支行差别化的中小企业授信审批业务流程等先进经验以及汉口银行光
谷支行、杭州银行科技支行、西安科技银行等运营机制的基础上，成立专
业的科技分行、科技支行和科技贷款专营机构及部门，推动投贷联动模式
的发展，推出专利权质押贷款、科保通（银政合作）、企保通（银保合
作）、微贷通（信用贷款）、企担通（抵押加成授信）、商票通（商票加保
授信）、合同能源管理等系列产品[513]。

最后，要规范发展"影子银行"。在上一轮的金融危机中，影子银行
体系助推了金融危机的扩大与蔓延，在一定程度上，影子银行代表了美国
的金融创新与金融监管间的博弈。

商业银行体系与影子银行体系对比见表8-6。

表8-6　商业银行体系与影子银行体系对比

	商业银行体系	影子银行体系
资金来源	存款	货币市场基金
融资模式	零售（发放-持有）	批发（发放-分销）
产品结构	简单	复杂
信用创造乘数	存款准备金率	抵押扣减率
金融工具	贷款	MBS、ABS、CDO、CDS等
杠杆率	10~15倍	20倍以上
信息披露	透明	不透明
监管方式	巴塞尔协议、存款准备金制度、存款保险制度、信贷额度	依靠市场纪律、机构自身约束

资料来源：东方证券研究所。[514]

近年来，我国的影子银行出现了野蛮生长的迅速膨胀态势。中国式
"影子银行"主要包括银行主导型影子银行（如银行理财产品、银信合作

产品、信托受益权、银信合作、银证合作、同业代付、民间票据市场和未贴现银行承兑汇票等)、采用传统银行模式的非银行金融机构(如委托贷款、传统信托业务)和较少受到监管或无监管的影子银行(如狭义民间借贷、小额贷款公司、典当、私募股权基金)。要正确看待影子银行给金融体系平稳运行带来的巨大潜在风险,加快金融改革和金融创新进程,对各个层次的影子银行采用不同的监管手段和监管方式。银行主导型影子银行目前的问题主要是金融监管与金融开放创新之间步调不统一导致的关系错综复杂和监管不明确,因而,要逐渐转变我国以银行(间接融资)为主导的融资体系,完善金融监管模式,加强商业银行监管,标本兼治、多管齐下,克服"监管真空"和监管套利将是未来可行的风险监管路径。采用传统银行模式的非银行金融机构,目前虽然存在潜在风险,但尚未出现美国影子银行体系中的复杂衍生品交易品种和高杠杆融资经营业务,其潜在风险也是可控的。较少受到监管或无监管的影子银行,应收紧监管规定,加快将其纳入监管范围并进行有序疏导。

五　健全多层次资本市场建设

在供给侧结构性改革的金融改革层面,建设多层次的资本市场、降低企业融资门槛和融资成本,是提升全要素生产率的重要路径之一,也是促进新兴产业尤其是战略性新兴产业发展的当务之急。根据高新制造企业的生命周期划分标准,新兴产业大多处于成长期[515]。新一代信息技术产业处于成长中期,新能源产业处于成长晚期,生物产业正从成长晚期进入成熟期,新能源汽车产业处于成长早期,高端装备产业处于成熟期,节能环保产业处于成长早期,新材料产业处于成熟期。七大新兴产业包含的行业和板块也分别处于生命周期不同阶段,见表8-7。

表 8-7　七大新兴产业处于生命周期的成长期

新兴产业	营业收入增长率（连续 3 年）	现金流（连续 3 年）			所处生命周期
		经营现金流	投资现金流	筹资现金流	
新一代信息技术	20.32%	+	−	+	成长中期
新能源	15.34%	+	−	+	成长晚期

续表

新兴产业	营业收入增长率 （连续 3 年）	现金流（连续 3 年）			所处生命周期
		经营现金流	投资现金流	筹资现金流	
生物	12.98%	+	−	+	成长晚期
新能源汽车	7.19%	+	−	+	成长早期
高端装备	6.90%	+	−	+	成熟期
节能环保	6.83%	+	−	+	成长早期
新材料	1.47%	+	−	+	成熟期

从生命周期角度来看，企业生命周期对应多层次资本市场。处于生命周期不同阶段的企业适合登陆不同的市场。根据新三板、创业板、中小板、主板的上市要求和企业在生命周期不同阶段的收入、利润、市值特征，处于初创期的企业适合登陆新三板的基础层，处于成长早期的企业适合登陆新三板创新层，处于成长中期的企业适合登陆创业板，处于成长晚期的企业适合登陆中小板，处于成熟期的企业适合登陆主板，主营业务为新兴产业的公司适合登陆战略新兴板。企业登陆合适的板块不仅能降低上市难度，便于获得融资，还有利于投资者明确公司的发展定位，获得投资者的认可和合理的估值。

我国正在完善以新三板、创业板、中小板、主板等为主体的多层次资本市场体系。新三板是全国性的非上市股份有限公司股权交易平台，主要服务处于初创期和成长早期的创新、创业企业，新三板挂牌企业数量和融资金额快速增长。创业板主要服务暂时无法在主板上市，处于成长中期的创业型企业、中小企业和高科技产业企业。新三板分层将大大拓宽初创期和成长期企业的投融资渠道，有利于企业获得资金快速发展。随着股权众筹的发展，众筹平台应该成为多层次资本市场的最底层。在股权众筹平台兴起之前，已有法律规范中只能参考《证券法》、《公司法》、《关于进一步促进资本市场健康发展的若干意见》（国发〔2014〕17 号）等，其中涉及股权众筹业务的主要有《公司法》对于公司人数的限制、《证券法》有关企业对于公开发行股票的规定等。我们对于股权众筹行业存在一个基本认知，即主板、中小创、新三板、区域性股权交易市场分别对应不同发展阶段的公司,股权众筹将有望成为天使、VC阶段的"交易市场",助力更多小微企业成功实现融资,发展壮大。互联网的普及,催生了"创业者的天堂,人人皆是天使投资人"的各类众筹平台。众筹发行人大大降低了融资难度,美国就出现了 Lending Club、Kickstarter 之类很有影响力的互联网众筹平台。中国近年来也涌现了京东众筹、无忧筹等优秀的众筹平台。

经过三十多年的发展,目前我国多层次的资本市场格局已初步形成,包括以主板、中小板为主的一板市场,以创业板为主的二板市场,以全国中小企业股份转让系统为主的三板市场,以全国各地股权交易中心为主的四板市场(见图8-5)。但是各层次市场之间发展极不平衡,全国性场内交易市场极为火热,估值偏高,创业板市场甚至出现一定程度泡沫;而地方性场外交易市场由于实行"四不政策"(不能拆细交易、不能连续交易、不能公开竞价交易、股东人数不得超过200人),行情低迷,交投清淡。其结果是:一方面,融资平台单一,企业上市融资极为困难,千军万马挤独木桥,形成沪深股市新股上市"堰塞湖";另一方面,资本退出困难,影响风险投资进入的积极性,甚至导致企业分光吃光的短期行为。

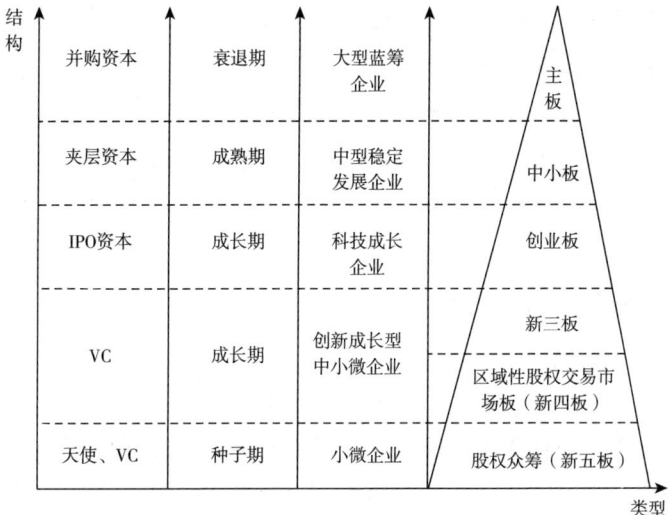

结构				
并购资本	衰退期	大型蓝筹企业	主板	
夹层资本	成熟期	中型稳定发展企业	中小板	
IPO资本	成长期	科技成长企业	创业板	
VC	成长期	创新成长型中小微企业	新三板	
			区域性股权交易市场板(新四板)	
天使、VC	种子期	小微企业	股权众筹(新五板)	类型

图8-5 多层次资本市场类型与结构[516]

要围绕多层次资本市场体系的构建（祁斌，2014）[517]，不断深化市场层次和产品层次，推进金融制度创新（处理好注册制与行政审批制、核准制间的关系），协同发展场内市场与场外市场、股市与债市、公募与私募、现货与期货等多样市场，提高直接融资比重。首先，要大力培育、发展地方性场外资本市场。资本市场"场内强场外弱"，我国场外股票市场尚不发达，与成熟市场差距明显，因而要积极发展场外交易市场。积极引进西方国家成熟柜台交易模式，打破单一协议交易方式，实行协议交易、做市商与电子竞价交易有机结合。其次，加快发展区域性股权市场，开展股权众筹融资试点，拓展创业创新投融资渠道。再次，要规范发展创业投资和私募股权投资基金。近年来，中国风险投资发展中投向一般性技术改造的项目多，投向高风险但高渗透性的技术创新项目少。许多机构虽然被称为"风险投资"，但已成为"保险投资"[518]。当前要大力推进投资基金的结构调整和制度创新。一是逐步提升天使投资和风险投资比重，增加对大众创业、万众创新的前端投资扶持力度；二是大力发展个人独资和有限合伙的风险投资，建立与风险投资管理相适应的激励约束机制，最大限度地降低风险投资的道德风险和代理风险；三是在风险投资中试行优先股制度，通过一系列特殊权利安排，调整风险规避者与风险偏好者、风险投资者与风险企业之间的利益关系，增强投资基金抗风险能力。最后，还应大力发展企业债券融资。目前我国资本市场"重股轻债"现象突出，严重影响了资本市场多层次体系的建设，要大力发展债券市场，促进债券市场互联互通。总之，要通过建设多层次资本市场，有效拓展企业直接融资渠道，切实降低企业融资成本，为大众创业、万众创新开辟融资窗口和风险投资退出通道。

六　建立政策性融资担保体系

所谓政策性融资担保，是指政府通过成立具有政府背景的担保公司，向融资主体提供市场化的增信服务，以缓解融资主体融资难问题。由于产业技术创新具有一定的公共产品属性，政策性担保机构是产业领域银企关系的桥梁和纽带，对产业融资具有中枢性功能，一方面有助于增加科技企业的市场信用，另一方面有效回应了银行降低风险的需要。因而，积极组建政策性融资担保机构，能为银行在技术创新成果产业化阶段提供中等风险的金融支持和政策性担保，不但可以撬动更多的社会资金来有效补充中小企业融资的"麦克米伦缺口"，还可以积极促进多个创新主体间的公平竞争。

从美国、德国、日本及我国台湾地区的经验来看，政策性融资担保机构对缓解科技中小企业融资难问题、培育发展创新型中小企业至关重要。美国专门成立了小企业管理局（Small Business Administration，简称 SBA）来实现对中小企业的金融支持。SBA 为小企业贷款提供担保的上限可达到 75%~85%，大大减少了商业银行的后顾之忧。德国各州普遍存在的担保银行发挥贷款风险分摊机制功能，使得当担保银行发生代偿风险时，政府承担其损失金额的 80%。日本通过信用保证基金，建立了类似再担保的机制，对符合条件的信用保证协会的代偿保险金比例高达 70%。在我国台湾地区，中小企业信用保证基金旨在为中小企业提供融资担保，政府出资比例约占 80%[519]。

发达国家和地区政策性融资担保机构的发展为我国提供了有力借鉴，要遵循审慎经营、风险管理、广泛覆盖、扶助小微、商业可持续的原则，积极引导融资性担保机构加大对符合国家新兴产业政策、技术创新意愿强、管理规范、具有项目研发和产业化基础的产业企业的担保力度。积极构建分层化的政策性融资担保体系，建立科技型融资担保公司、中小企业融资担保机构等政策性融资担保机构，并通过加快社会信用体系建设、健全担保行业法律法规、强化风险管理，及逐步与银行建立并深化全方位的合作关系，实现科技企业、担保机构、银行三方共赢，共同促进产业发展。可以肯定的是，多层政策性担保体系的建立，将极大地加强商业银行与融资担保机构的合作力度，从根本上改善科技企业的融资环境。

七　加快融资租赁业发展

融资租赁具有融资期限长、不变更租赁资产的所有权及租赁合同比较稳定等特点，较之于银行信贷等其他融资方式，更适合中小高科技企业的项目融资需要。2015 年 9 月，《关于加快融资租赁业发展的指导意见》提出了引导发展融资租赁的目标任务和具体安排。融资租赁业的上游为资金供给方，下游是实体企业，是与实体经济结合最密切的金融子领域之一，在金融业"脱虚向实"的政策导向下，正迎来发展机遇。2016年《国民经济和社会发展第十三个五年规划纲要》首次提出，要"提高金融服务实体经济效率"。金融业的发展方向是服务实体经济，找准服务实体经济的重点领域和重要环节显得尤为重要，融资租赁服务于实体企业，尤其是中小型企业，正是金融与实体经济结合的典型领域。在社会融资结构转型过程中，融资租赁是社会融资结构中的新生力量，能够有效补充以银行为主的融资体系，以中小企业为服务主体，为经济发展注入活力。融资租赁业的市场空间将扩大，也有望迎来良好的发展机遇。因此，当前我国应大力引导金融租赁发展，增加租赁供给，有效缓解中小高科技企业的融资难题。

同时，与发达国家相比，我国的租赁渗透率（通过融资租赁方式获得的资产占所有采购资产的比重）还处于比较低的状态，发展的市场空间也比较大。根据世界租赁年鉴，目前欧美发达国家融资租赁的市场渗透率在15%~30%，可作为排在银行信贷之后的第二大融资方式。以美国为例，根据美国设备租赁和金融协会（ELFA）官网公布数据可知，美国2014年的融资租赁额超过9000亿美元，市场渗透率更是高达40%。从我国情况来看，尽管近年来我国融资租赁业务市场渗透率已经从2006年的0.073%快速提升至2014年的7.078%，但相较于我国庞大的经济规模总量和固定资产投资额，融资租赁行业的发展尚处于起步期，其总体规模还有较大的提升空间。详情见表8-8。

表8-8 中国融资租赁行业渗透率情况

年份	全国融资租赁业务总量增长率（%）	全国固定资产投资总额增长率（%）	融资租赁业务市场渗透率（%）	融资租赁业务GDP渗透率（%）	我国融资租赁合同余额（亿元）
2006		23.91	0.073	0.037	80
2007	200.00	24.84	0.175	0.090	240
2008	545.83	25.85	0.897	0.494	1550
2009	138.70	29.95	1.647	1.085	3700
2010	89.20	12.06	2.781	1.743	7000

续表

年份	全国融资租赁业务总量增长率（%）	全国固定资产投资总额增长率（%）	融资租赁业务市场渗透率（%）	融资租赁业务 GDP 渗透率（%）	我国融资租赁合同余额（亿元）
2011	32.90	23.76	2.986	1.966	9300
2012	66.70	20.29	4.137	2.984	15500
2013	35.50	19.11	4.706	3.572	21003
2014	42.90	20.11	7.078	4.716	30013

资料来源：2013～2014 年中国金融租赁行业年度发展报告。

基于如上分析，要修改和完善相关政策，加大融资租赁的政策扶持力度。加大税收政策调整，充分考虑融资租赁的金融属性，细化完善营改增试点政策，结合融资租赁行业的业务特性和融资租赁企业资金对接渠道，制定明确的融资租赁税收实施办法。加大业务扶持力度，鼓励地方先行先试，引导政府基础设施项目采用融资租赁方式，契合地方政府融资需求。积极出台扶持融资租赁行业发展的相关政策，包括奖励、风险补偿等，设立行业引导资金和产业扶持资金。鼓励实体企业采用融资租赁方式解决中长期资金需求，提振固定资产投资，盘活存量资产。将融资租赁作为支持创新创业的重要金融工具，鼓励科技创新型企业采用融资租赁方式创业发展。

八　重视中小型金融机构对技术创新的支持作用

中小型金融机构的发展有助于形成多元化、多层次、多结点的金融服务支持网络。早在 1931 年，《麦克米伦报告》就关注到了中小企业融资难的问题，当中小企业主要依赖银行贷款满足资金需要时，就可能陷入"中小企业金融缺口"（"麦克米伦缺口"，Macmillan Gap）。该报告明确提出：当企业外源性融资小于 25 万英镑（约合现值 400 万英镑）时，很难在资本市场上融资成功，就出现了一个明显的缺口。虽然 Petersen 和 Rajan（2002）的研究明确指出：随着银行信贷技术和信息化技术的进步，银行信贷方式正由原来的严格事前筛选、昂贵的事后监控转向频繁的事后监控和快速干预[520]，使得大银行可能为小企业服务。但中国人民银行的一项调查发现：中小企业融资需求在 200 万元以下，很难获得银行的贷款支持[521]。世界各国，无论由政府主导金融资源配置，还是由市场主导金融资源配置，大企业都具有吸引信贷融资的天然优势。但从关系型融资来看，中小商业银行具有天然优势，对于满足中小企业的融资需求尤为重要。

在国家创新体系中，中小企业是对市场反应最为灵敏、技术创新活动最为活跃、最敢于冒风险的一支力量，被各个发达国家（如德国、日本、美国等）所高度重视。1998 年，美国中小银行有 8000 多家，作为中小金融机构主力军之一的信用社有 11500 多家，其中在联邦注册的有 7000 多家，在州注册的有 4000 多家。[522] 在我国，自改革开放以来，我国中小企业无论在创造产值还是在提供就业方面都发挥了巨大作用。但学术界和实务界普遍认为，以银行信贷为主的金融资源仍集中配置在原有的低效率部门，大量成长性良好的市场化部门和中小企业缺乏金融支持（巴曙松，2013）[523]。针对这一观点，马云（2013）[524] 也鲜明地认为："中国的金融行业特别是银行业只服务了 20% 的客户。"中小企业的经济贡献和获贷情况见表 8-9。

表 8-9　中小企业的经济贡献和获贷情况不对称[525]

经济贡献（%）		获贷情况	
GDP 贡献	60	获得贷款的小微企业数量	1184.05 万户
就业贡献	80	占小微企业	26%
税收贡献	50	贷款余额	16 万亿元
创新成果	75	占全部贷款	22%

我国的中小企业以劳动密集型为主，且要求与之相对应的组织形态和金融体制，"既然我国要素禀赋特征决定了我国经济增长主要由中小企业的大量发展来推动……建立一个以中小金融机构为主体的金融体系就成为我国金融体制改革的必然选择"（林毅夫、李永军，2001）。类似的，史晋川（2003）[526] 也提出大力发展中小金融机构以支持科技创新。融资市场的缺失是导致我国中小企业"融资难"问题的关键所在，而建立健全各类中小企业融资市场，完善市场运行机制，为中小企业提供多元化融资渠道以满足其不同发展阶段的融资需求，是解决中小企业融资困难的根本途径[527]。适应"新经济"背景下大众创业、万众创新中主体小型化、个性

化和特色化的特点，培育和发展市场效率优势、信息优势和经营灵活、适应性强的中小型金融机构，特别是地方民营中小商业银行就成为当务之急。基于此，金融体制改革和创新的一个方向应该是建立有利于中小企业创新型发展的金融体制机制和组织结构，突出创新融资制度与融资工具，激活资本市场功能，拓展中小科技型企业与金融资源相结合的多层次、多元化的融资渠道和金融生态环境。

九　探索互联网金融等新金融模式对优化金融结构的积极作用

互联网经济是中国经济转型的典型代表，是"新经济"下助推中国创新梦的杰出模范。据中国互联网络信息中心（CNNIC）的数据，2014年年底中国互联网经济占 GDP 比重达到 7%，已经超过美国，互联网全球前十的市值公司中中国就有四家。互联网金融凸显较明显的"长尾效应"，如图 8-6 所示。在以利润为导向的经营战略驱动下，传统金融机构以"二八定律"作为经营准则，更加关注能创造出 80% 收益的 20% 的城镇客户群体。伴随互联网金融的兴起，同时在长尾效应的影响之下，原先被传统金融机构所忽视的零散资金和短期存款资金为互联网金融创造了巨大的效益。互联网金融具备对大数据金融资源发掘和运用的能力，能够整合大量碎片化的数据并形成规模优势，较好地解决目前金融领域存在的问题，能以较低的成本关注到传统金融机构无暇顾及的需求市场。除"长尾效应"外，互联网金融还催生和强化了"共享效应""鲶鱼效应"等效应。

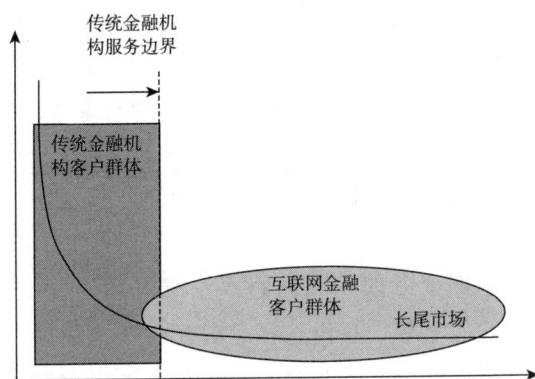

图 8-6　互联网金融将覆盖长尾市场

作为传统金融行业与互联网结合的新兴领域，互联网金融在过去几年爆发出了强大的能量，催生了千亿美元交易规模的移动支付产业、数百亿美元的 P2P 产业，以及高速增长的众筹、网络小额借贷、网络金融产品销售、理财 App 等细分领域，逐步改变了人们传统生产方式、消费理财习惯甚至是生活方式。乐观地说，互联网金融将开启直接金融、间接金融外的第三种金融业态和金融服务模式。

2014 年中国互联网金融各细分领域市场规模见表 8-10。

表 8-10 2014 年中国互联网金融各细分领域市场规模

不同业务模式分类	市场规模（人民币）	主要参与者	发展阶段	行业特点	发展趋势
移动支付	9.22 万亿	支付宝、银联、易宝支付、财付通、微付通、拉卡拉	中期	大数据云计算	超过银行支付
P2P	1000 亿	陆金所、有利网、宜人贷、人人贷 P2P	初期	投融资方直接对接	已超过银行规模
众筹	100 亿	京东众筹、无忧筹	起步期	创业者的天堂，人人皆是天使投资人	推动中国所有行业追上发达国家
网络小贷	5000 亿	电商及商户	中期	依托现金流贷款	电商平台商户发展
基金销售	6000 亿	余额宝、天天基金网	中期	网络渠道	规模更大
金融机构创新	2000 亿	机构及投资者	起步期	平台渠道	市场更广
财富管理	100 亿	机构及投资者	起步期	专业化的财富管理	市场更广
互联网保险	858.9 亿	众安保险、易安财产保险、泰康在线财产保险	起步期	经营模式逐步确立	市场更广

资料来源：中国人民银行、各行业渠道、安信国际研究报告、东北证券研究报告等。

应该看到，互联网金融的一系列特点（如开放、共享、便捷、高效、去中心化、去中介化、平等、自由选择、关注长尾、普惠、民主等）与发展多元化直接融资体系在本质上相契合，能优化金融资源供给侧配置，有效地拓展创新创业企业的直接融资渠道，切实降低技术创新企业融资成本，有利于打破金融体系由银行等传统金融机构垄断的局面，将巨量的储蓄转化为投资，成为传统金融领域的重要补充，在不断满足实体经济需求的同时，实现功能意义上的金融化。吴晓灵（2014）[528]就认为：中国的小额借贷和股权融资通过互联网的形式进行直接融资，将具有广阔发展前景。

2015 年 7 月，《关于促进互联网金融健康发展的指导意见》提出要加速互联网与金融的深度融合，支持金融机构与互联网企业开展多层次合作，强调互联网金融支持、服务于"微、小、新"机构及个人的重要意义。在"依法监管、适度监管、分类监管、协同监管和创新监管"的指导下，互联网金融将通过传统金融机构的互联网创新和互联网企业的金融创新来促进大众创业、万众创新，推动中小微企业发展。在监管缺失背景下，互联网金融行业经历了近几年的野蛮生长。自 2016 年以来监管政策逐步收紧，整个行业面临洗牌，预计未来会有更加详细、严格的政策出台，加速行业机制建设。我们还可以从 2014~2016 年的政府工作报告中看出，政府强调"规范互联网金融的发展"，再次表明政府对互联网金融监管的重视和促进互联金融健康发展的态度，相关规范论述见表 8-11。

表 8-11 关于"互联网金融"的论述更加强调"规范发展"

时间点	关于"互联网金融"的论述
2014 年 3 月	《2014 年政府工作报告》指出"促进互联网金融健康发展，完善金融监管协调机制，密切监测跨境资本流动，守住不发生系统性和区域性金融风险的底线"
2015 年 3 月	《2015 年政府工作报告》中提到"促进电子商务、工业互联网和互联网金融健康发展"，引导互联网企业拓展国际市场
2015 年 11 月 2016 年 3 月	《中共中央关于制定国民经济和社会发展第十三个五年规划的建议》和《国民经济和社会发展第十三个五年规划纲要》中指出"规范发展互联网金融"
2016 年 3 月	《2016 年政府工作报告》再次强调"规范发展互联网金融"

基于此，我们应当抓住互联网普及和互联网技术创新、金融管制适度放松为我国互联网金融发展所提供的难得的发展机遇，积极推动和引导互联网金融的发展，实现鼓励创新与合规监管协同并进，实现金融风险监管全覆盖，通过推动互联网金融的规范和稳健发展，促进直接融资比重的提高，优化金融结构。

与此同时，互联网金融本质仍是金融，其要借助互联网优势促进资金融通，实现金融本质作用，就需要不断有新技术推动创新。随着互联网金融各子行业运营模式不断完善，亟须新技术刺激行业发展。客观上应看到，互联网金融只是金融科技（FinTech）的初级形态。从金融科技的演化进程来看，科技赋能正不断补充与重构金融业态。金融科技的核心在于科技成为金融服务的重要基础设施，为其赋能，聚焦金融提质增效，推动金融服务需求与供给方共同受益，金融业态往更高阶进步。2016年以来，区块链、人工智能、人脸识别等新技术成为热点，"金融科技"概念逐渐浮出水面，国内外投资机构加快金融科技投资布局，新兴技术将不断颠覆传统行业生态，成为促进互联网金融发展成熟的不竭动力。

在纵深上，数据科学、人工智能等科技有助于深挖金融需求，使传统业务更具灵活性与延展性，实现个性化风险定价、服务与精准营销。

在宽度上，互联网、大数据与风险分担机制创新使金融服务能够覆盖传统金融机构因杠杆经营风险要求而不能覆盖到的金融需求，扩展服务范围与服务能力。

在运营与底层架构上，新型科技如区块链通过重构金融组织方式，颠覆性地实现高效、低成本的服务方式，优化客户体验，解决金融需求痛点。

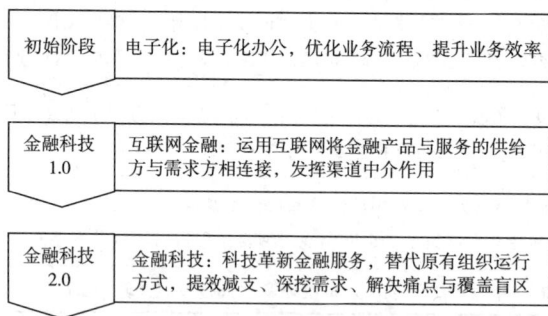

初始阶段	电子化：电子化办公，优化业务流程、提升业务效率
金融科技 1.0	互联网金融：运用互联网将金融产品与服务的供给方与需求方相连接，发挥渠道中介作用
金融科技 2.0	金融科技：科技革新金融服务，替代原有组织运行方式，提效减支、深挖需求、解决痛点与覆盖盲区

图 8-7　金融科技的演化进程[529]

以大数据、云计算等为技术基础的互联网金融是一种创新型金融模式，能打破传统金融约束，弥补传统金融的不足，促进金融创新，助推金融供给侧改革，加快推进普惠金融发展。在一定程度上可以说，基于大数据应用的互联网金融正在开启一个金融改革创新的新时代。

第三节 研究展望

经济新常态是对中国经济进入更高层次发展阶段的战略定位、发展思路和趋势特征的分析和凝练。中国经济正在逐步进入新常态，经济也从高速增长转向中高速增长，在改革调结构的浪潮中，经济增长更依赖于创新活动。在此背景下，经济新常态对创新提出了更高的要求。"十三五"时期，中央提出要以供给侧结构性改革为主线，扩大有效供给，满足有效需求，加快形成引领经济发展新常态的体制机制和发展方式。在供给侧结构性改革的金融改革层面，建设多层次的资本市场、降低企业融资门槛和融资成本，是提升全要素生产率的重要路径之一。从长期看，实施创新驱动战略，推进包括技术创新、金融制度创新在内的各类创新是实施供给侧结构性改革的根本之举。因而，适应经济新常态，在实施创新型国家战略、推进"新经济"发展、实现中国经济新旧动力转换的进程中，中国金融体系的结构性变革和制度性创新必将为技术创新与金融结构相关领域提供更为广阔的研究空间。

本书通过理论分析和实证检验论证了促进我国技术创新的金融结构优化及金融制度变革的路径和政策，对技术后发国家的金融结构变迁理论进行了初步理论探讨，可以丰富和发展我国金融结构和技术创新理论，为我国选择金融结构与技术创新的最优结合方式和路径提供一个有效的解释框架和理论参考。但总体而言，本书只是对所提出的问题进行了初步探索，限于篇幅和作者能力，未尽问题、表达不当和错漏之处在所难免。经济新常态下供给侧结构性改革为研究打开了新的视野，有效拓展了研究空间，这些都有待于未来研究在如下几个方面的进一步深入探讨。

第一，新经济条件下，创新作为引领发展的第一动力，旨在通过技术进步和制度红利的释放，提高金融资源配置、服务技术创新的效率。因而，在不同的金融结构条件下，金融体系通过金融创新衍生出的功能是如何促进新实体经济（新一代信息技术与实体经济深度融合）的产生、发展和壮大的。

第二，适应技术创新发展阶段的需要和金融制度变革的深化，我国的金融结构也呈现出与主要国家渐进趋同的特征。随着金融市场的不断发展，当金融市场和金融中介的比例发生根本性变化时，我国金融结构可能存在的路径依赖效应将如何影响技术创新。

第三，随着国家金融改革创新试点（包括自由贸易试验区金融开放创新试点、泉州市金融服务实体经济综合改革试验区、温州市金融综合改革试验区、珠江三角洲金融改革创新综合试验区、台州市小微企业金融服务改革创新试验区、吉林省农村金融综合改革试验等）和国家自主创新示范区建设的不断推进，从区域经济的发展视野来看，区域性金融结构与区域技术创新能力集聚的互动机理及其最优结合路径有待进一步拓展研究。

第四，新时期要切实加大对大众创业、万众创新的金融支持力度，不断创新金融服务机制、模式、产品和技术，研究在初始资源约束下，融资结构差异是如何影响企业创新创业行为的内层机理和综合效应的。

第五，对战略性新兴产业企业的技术生命周期与金融生命周期的匹配度，以及基于生命周期的战略性新兴产业企业成长路线图、技术路线图与融资路线图的结合度关系，可以做更为深入的数理分析和样本调查，以厘清其中的演变机理，以探寻培育和发展战略性新兴产业的路径和机制。

总之，作为对中国金融结构优化与技术创新关系的初步全面考察，本书还有许多问题值得拓展讨论，在分析方法和工具手段上也还有很多可改进的地方，也有待于更加丰富、深入的行业企业的案例研究。希望本书能给相关领域的同类研究带来一定的启发，以取得更多的理论和实践的突破。

参考文献

［1］Mensch，G.，*Stalemate of Technolongy*. Cambridge，Massachuestts：Ballinger，1979：86-87.

［2］〔美〕雷蒙德·W. 戈德史密斯：《金融结构与金融发展》，周朔等译，上海三联书店，1994。

［3］中华人民共和国国家统计局编《中国统计年鉴（2013）》，中国统计出版社，2013。

［4］〔美〕约瑟夫·熊彼特：《经济发展理论：对于利润、资本、信贷、利息和经济周期的考察》，何畏、易家详译，商务印书馆，1990。

［5］经济合作与发展组织（OECD）：《技术创新调查手册》，新华出版社，1997。

［6］S. Myers，D. G. Marquis，*Successful Industrial Innovation：A Study of Factors Underlying Innovation in Selected*. Washington：National Science Foundation，1969：9-17.

［7］R. Musesr，Identifying Technological Innovation. *IEEE TEM*. 1985，32（4）：158-176.

［8］J. M. Utterback，W. J. Abenatky，A Dynamic Model of Product and Process Innovation. *IEEE TEM*，1988，35（2）：63-70.

［9］Freeman，C.，*Technology Policy and Economic Performance：Lessons from Japan*. London：Printer Publisher，1987：155.

［10］P. Stoneman，P. Diederen，Technology Dissusion and Public

Policy. The Economic Journal. 1994，104（7）：918-930.

［11］Lynn，G.，Morone，J. G.，Paulson，A. S.，Marketing and Discontinuous Innovation：the Probe and Learn Process. *California Management Review*，1996，38（3）：8-37.

［12］张培刚：《农业与工业化（上卷）：农业国工业化问题初探》，华中科技大学出版社，2002。

［13］李京文、钟学义：《中国生产率分析前沿》，社会科学文献出版社，1998。

［14］傅家骥主编《技术创新学》，清华大学出版社，1998。

［15］柳卸林、胡志坚：《中国区域创新能力的分布与成因》，《科学学研究》2002 年第 5 期。

［16］陈劲、陈钰芬：《企业技术创新绩效评价指标体系研究》，《科学学与科学技术管理》2006 年第 3 期。

［17］吴贵生、鲁琨、王毅：《技术替代型创新的避实击虚战略：以移动通信产业为例》，《科学学研究》2009 年第 6 期。

［18］雷家骕、秦颖、郭淡泊等：《中国的自主创新：理论与案例》，清华大学出版社，2013。

［19］〔美〕雷蒙德·W. 戈德史密斯：《金融结构与金融发展》，周朔等译，上海三联书店，1990。

［20］Asli Demirguc-Kunt and Ross Levine，Bank-based and Market-based Financial Systems：Cross-country Comparison. World Bank Working Paper，1999：1-72.

［21］〔美〕罗纳德·麦金农：《经济发展中的货币与资本》，卢骢译，上海人民出版社，1997。

［22］〔美〕爱德华·肖：《经济发展中的金融深化》，邵伏军等译，上海三联书店，1988。

［23］Allen F.，Gale D.，*Comparing Financial Systems*. Cambridge，MA：MIT Press，2000：469-472.

［24］〔日〕铃木淑夫：《日本金融自由化和金融政策》，夏斌译，中国金融出版社，1987。

［25］李茂生：《中国金融结构研究》，山西人民出版社，1987。

［26］ 王兆星：《中国金融结构论》，中国金融出版社，1991。

［27］ 方贤明：《制度变迁与金融结构调整》，中国金融出版社，1999。

［28］ 刘仁伍：《金融结构健全性和金融发展可持续性的实证评估方法》，《金融研究》2002 年第 1 期。

［29］ 王广谦：《中国金融发展中的结构分析》，《金融研究》2002 年第 5 期。

［30］ 白钦先：《金融结构、金融功能演进与金融发展理论的研究历程》，《经济评论》2005 年第 3 期。

［31］ 李健、贾玉革：《金融结构的评价标准与分析指标研究》，《金融研究》2005 年第 4 期。

［32］ 林毅夫、姜烨：《经济结构、银行业结构与经济发展——基于分省面板数据的实证分析》，《金融研究》2006 年第 1 期。

［33］ King，R. and Levine，R.，Finance. Entrepreneurship and Growth：Theory and Evidence. *Journal of Monetary Economics*，1993，32：513-542.

［34］ Levine，R.，Financial Development and Economic Growth：Views and Agenda. *Journal of Economic Literature*，1997，（35）：688-726.

［35］ 林毅夫：《经济发展过程中最优金融结构初探》，《经济研究》2009 年第 8 期。

［36］ Boot，A.，Thakor，A. V.，Financial System Architecture. *Review of Financial Studies*，1997，（10）：693-735.

［37］ Deidda，L.，Fattouh，B. Banks，Financial Markets and Growth. *Journal of Financial Intermediation* 2008，（17）：6-36.

［38］ 范恒森：《金融制度学探索》，中国金融出版社，2000。

［39］〔日〕铃木淑夫：《日本的金融制度》，李言赋等译，中国金融出版社，1987。

［40］ 魏杰、张宇：《市场经济与金融体制的变革》，《财贸经济》1993 年第 2 期。

［41］ 杨艳琳、陈银娥、罗昌盛：《发达国家金融制度比较》，《银行与企业》1998 年第 10 期。

［42］ 张笑玎：《论金融制度与金融体制及经济制度的关系》，《经济与管理》2005 年第 6 期。

［43］范恒森:《金融制度学探索》,中国金融出版社,2000。

［44］崔满红:《金融资源理论研究》,中国财政经济出版社,2002。

［45］江春、许立成:《新制度金融发展理论:一个分析框架》,《第3届中国金融学年会论文》2006年第10期。

［46］〔英〕约翰·罗:《论货币和贸易》,朱泱译,商务印书馆,1986。

［47］〔法〕萨伊:《政治经济学概论》,陈福生、陈振骅译,商务印书馆,1997。

［48］〔英〕亚当·斯密:《国民财富的性质和原因的研究》(下卷),郭大力、王亚南译,商务印书馆,1974。

［49］〔英〕李嘉图:《政治经济学及赋税原理》,郭大力、王亚南译,商务印书馆,1962。

［50］〔英〕约翰·穆勒:《政治经济学原理》(下),赵荣潜等译,商务印书馆,1991。

［51］马克思:《资本论》(第三卷),郭大力,王亚南译,人民出版社,1975。

［52］Robert M. Solow, A Contribution to the Theory of Economic Growth. *Quarterly Journal of Economics*, 1956: 65-94.

［53］James Tobin, A Dynamic Aggregative Model. *Journal of Political Economy*, 1955, 63: 103-115.

［54］James Tobin, Money and Economic Growth. *Econometrics*, 1965: 671-684.

［55］H. G. Johnson, The Neoclassical One-Sector Growth Model: a Geometric Exposition and Extension to a Monetary Economy. *Economica*, 1966: 28-32.

［56］〔以〕唐·帕廷金:《货币、利息与价格》,邓索瑞译,中国社会科学出版社,1996。

［57］Romer, P. M., Increasing Returns and Long-Run Growth. *Journal of Political Economy*, 1986, 94 (5): 1002-1037.

［58］Lucas, R. E., On the Mechanics of Economic Development. *Journal of Monetary Economics*, 1988 (22): 3.

［59］Pagano, M. , Financial Markets and Growth: An Overview. *European Economic Review*, 1993, 37: 613-622.

［60］列宁:《帝国主义是资本主义的最高阶段》,人民出版社,1960。

［61］〔德〕鲁道夫·希法亭:《金融资本:资本主义最新发展的研究》,福民译,商务印书馆,1994。

［62］〔美〕菲利普·阿吉翁、彼得·霍伊特:《内生增长理论》,陶然等译,北京大学出版社,2004。

［63］Demirguc-Kunt, A. , E. Feyen and R. Levine, Optimal Financial Structures and Development: The Evolving Importance of Banks and Markets. paper represented at World Bank, Washington D. C. , 2011: 13-29.

［64］Goldsmith, R. W. , *Financial Structure and Development*. New Haven: Yale University Press, 1970: 4.

［65］〔美〕罗纳德·I.·麦金农:《经济发展中的货币与资本》,周庭煜、尹翔硕、陈中亚译,上海三联书店、上海人民出版社,1997。

［66］Shaw, E. , *Financial Deepening in Economic Development*. New York: New York University Press, 1973: 113-251.

［67］Hellmann, Murdock, and Stiglitz, Finacial Restraint: Toward a New Paradigm. *Role of Governmant in East Asian Economic Derelopment*, 1998: 59-90.

［68］Merton RobertC. and Bodie Zvi. , *A Conceptual Framework for Analyzing the Financial Environment in the Global Financial System: a Functional Perspective*. Boston: Harvard Business School Press, 1995: 3.

［69］Gurley, J. G. and Shaw, E. S. , Money in a Theory of Finance. *Journal of Economics and Business Administration*, 1961, 103 (4): 99-103.

［70］Diamond, D. W. , Financial Structure and Delegated Monitoring. *The Review of Economic Studies*, 1984, 51 (3): 393-414.

［71］Oldfield, G. , Santomero, A. The Place of Risk Management in Financial Institutions. *Sloan Management Review*, *Summer* 1997 (6): 255-280.

［72］Benston George, A Transaction Cost Approach to the Theory of Financial Intermediation. *Journal of Finance*. 1976 Vol. 31 (2): 215-231.

［73］Leland Hayne and David Pyle, Information Asymmetries, Financial

Structure, and Financial Intermediation. Journal of Finance, 1977, 32: 371-388.

[74] Campbell, T. S. and Kracaw, W. A. , Information production, Market Signaling and the Theory of Financial Intermediation. *Journal of Financial*, 1980 (35): 863-882.

[75] Diamond, D. W. , Financial Structure and Delegated Monitoring. The *Review of Economic Studies*, 1984, 51 (3): 393-414.

[76] Gale Douglas and Hellwig Martin, Incentive - Compatible Debt Contracts: The One-Period Problem. *Review of Economic Studies*, 1985, 52 (171): 647-663.

[77] Boyd, J. and Prescott, E. , Financial Intermediary Coalitions. *Journal of Economic Theory*, 1986, 38: 211-322.

[78] Boyd, J. H. and Smith, B. D. , Intermediation and the Equilibrium Allocation of Investment Capital: Implications for Economic Development. *Journal of Monetary Economics*, 1992, 30: 409-432.

[79] Shleifer, A. and Summers, L. H. , Breach of Trust in Hostile Takeovers Chapter 2," in A. J. Auerbach, ed. , *Corporate Takeovers: Causes and Consequences*. Chicago: University of Chicago Press, 1988.

[80] Franks, J. R. and Mayer, C. , Capital Markets and Corporate Control: A Study of Germany and France. *Economic Poiicy*, 1990.

[81] Gorton, G. and Winton, A. , Financial Intermediation, in G. Constantinides, M. Harris and R. Stulz, eds. , *Handbook of the Economics of Finance*. 1A (2002) .

[82] Allen Franklin and Santomero Anthony M. , The Theory of Financial Intermediation. *Journal of Banking& Finance*, 1998 (21): 1461-1485.

[83] Schnltens, B. and Dick van Wensveen, A critique of the Theory of Financial Intennediatian. Journal of Banking and Finance, 2000 (24): 1243-1251.

[84] Dwight B. Crane, Robert C. Merton, Kenneth A. Froot, and Zvi Bodie, *The Global Financial System: a Functional Perspective*. Boston: Har-

vard Business School Press, 1995, 52（2）: 263-282.

［85］La Forta, F., Lopez-de-Silanea, J., Shleifer, A., and Viahny, R., Legal Determinants of External Finance. *The Journal of Finance*, 1997, 52（3）: 1131-1150.

［86］韦森:《探寻人类社会经济增长的内在机理与未来道路——评林毅夫教授的新结构经济学理论框架》,《经济学》（季刊）2013年第3期。

［87］张曙光:《市场主导与政府诱导——评林毅夫的〈新结构经济学〉》,《经济学》（季刊）2013年第3期。

［88］林毅夫、付才辉、安桂武:《吉林省经济结构转型升级研究报告》,北京大学新结构经济学研究中心,吉林省发展和改革委员会,2017。

［89］林毅夫:《新结构经济学》,苏剑译,北京大学出版社,2012。

［90］林毅夫、孙希芳:《银行业结构与经济增长》,《经济研究》2008年第3期。

［91］林毅夫、孙希芳、姜烨:《经济发展中的最优金融结构理论初探》,《经济研究》2009年第8期。

［92］林毅夫、徐立新:《金融结构与经济发展相关性的最新研究进展》,《金融监管研究》2012年第3期。

［93］林毅夫:《新结构经济学——反思经济发展与政策的理论框架》,北京大学出版社,2012。

［94］贾康:《纺织业要利用改革机遇"化危为机"》,《纺织服装周刊》2016年第4期。

［95］Gerschenkron, Alexander, *Economic Backwardness in Historical Perspective: A Book of Essays*, Cambridge, MA: Harvard University Press, 1962: 456.

［96］Patrick, H. T., Financial Development and Economic Growth in Underdeveloped Countries. *Economic Development and Cultural Change*, 1966, 14（2）: 174-189.

［97］Shaw, E., *Financial Deepening in Economic Development*. New York: New York University Press, 1973: 113-251.

［98］Goldsmith, R. W., *Financial Structure and Development*. New Haven: Yale University Press, 1970: 4.

［99］ Stiglitz, J. E. , Credit Markets and the Control of Capital. *Journal of Money, Credit and Banking* 1, 1985, 17: 133-152.

［100］ Bencivenga, V. R. and Smith, B. D. , Financial Intermediation and Endogenous Growth. *Review of Economic Studies*, 1991, 58: 195-209.

［101］ Acemoglu, D. , Zilibotti, F. , Was Prometheus Unbound by Chance? Risk, Diversification, and Growth. *Journal of Political Economy*, 1997, 105 (4): 709-751.

［102］ Greenwood, J. , Jovanovic, B. Financial Development, Growth, and the Distribution of Income. *Journal of Political Economy*, 1990, 98 (5): 1076-1107.

［103］ Berger, A. N. and Udell, G. F. "Collateral, Loan Quality and Bank Risk. *Journal of Monetary Economics*, 1990, Vol. 25, No. 1, pp. 21-42.

［104］ Boot, A. W. , Greenbaum, S. J. , Thakor, A. , Reputation and Discretion in Financial Contracting. *American Economic Review*, 1993, 83: 1165-1183.

［105］ Dewatripont and Maskin Eric, Credit and Efficiency in Centralized and Decentralized Economics. *Review of Economic Studies*, 1995, 62 (4): 541-555.

［106］ Haizhou Huang and Chenggang Xu, Institutions, Innovations and Growth. *American Economic Review*, 1999, 89 (2): 438-443.

［107］〔日〕青木昌彦:《比较制度分析》,周黎安译,上海远东出版社,2001。

［108］ Degryse, H. , Ongena, S. , Bank Relationships and Firm Profitability. *Financial Management*, 2001, 30 (1): 9-34.

［109］ David, P. , O'Brien J. P. , Yoshikawa T. , The Implications of Debt Heterogeneity for R&D Investment and Firm Performance. *Academy of Management Journal*, 2008, 51 (1): 165-181.

［110］ Boot, A. W. A. , Relationship Banking: What Do We Know?. *Journal of Financial Intermediation*, 2000, 9: 7-25.

［111］ Da Rin, M. and Hellmann T. , Banks as Catalysts for Industrializa-

429-454.

[136]〔美〕富兰克林·艾伦、道格拉斯·盖尔:《比较金融体系》,王晋斌译,中国人民大学出版社,2002。

[137] Aghion, P., Howitt, P. P., and Mayer-Foulkes, D. The Effect of Financial Development on Convergence: Theory and Evidence. *Quarterly Journal of Economics*, 2005, 120: 173-222.

[138] Binh, K. B., Park, S. Y. and Shin, B. S., Financial Structure Does Matter for Industrial Growth: Direct Evidence from OECD Countries. SSRN Working Paper, 2006: 8-15.

[139] Erosa, A. and, Cabrillana A. H., On Finance as a Theory of TFP. *International Economic Review*, 2008, 49. 437-473.

[140] Carpenter, R. E. and Petersen, B. C., Capital Market Imperfections, High-tech Investment, and New Equity Financing. *The Economic Journal*, 2002, Vol 122-477, 54-72.

[141] Rin, M. D., Nicodano, G. and Sembenelli, A., "Public Policy and the Creation of Active Venture Capital Mar-kets. *Journal of Public Economics*, 2006, Vol 1699-1723.

[142] Ilyina, A. and Samaniego, R., Technology and Fi-nancial Development. *Journal of Money*, *Credit and Banking*, 2011, Vol 899-921.

[143] La Porta, R., Lopez-de-Silanes, F., Shleifer, A., The Economic Consequences of Legal Origins. *J. Econ. Lit*, 2008, 46: 285-232.

[144] Gustav Martinsson, Equity Financing and Innovation: Is Europe Different from the United States?.*Journal of Banking and Finance*, 2010, 34: 1215-1224.

[145] Sheng Xiao, Shan Zhao, Financial Development, Government Ownership of Banks and Firm Innovation. *Journal of International Money and Finance*, 2012, 31: 880-906.

[146] Brown, J. R., Fazzari, S, M. and Petersen, B. C., Financing Innovation and Growth: Cash Flow, External Equityand the 1990s R&D Boom. *Journal of Finance*, 2009, Vol 151-185.

[147] James R. Brown, Bruce C., Petersen. Public Entrants, Public

Equity Finance and Creative Destruction. *Journal of Banking & Finance*, 2010, 34: 1077-1088.

[148] Brown, J. R., G. Martinsson and B. C. Petersen, Law, Stock Markets and Innovation. *Journal of Finance*, 2013, Vol 1517-1549.

[149] Jaemin Cho, Jaeho Lee, The Venture Capital Certification Role in R&D: Evidence from IPO underpricing in Korea. *Pacific-Basin Finance Journal*, 2013, 23: 83-108.

[150] Song, M., Droge, C., Hanvanich, S., et al., Marketing and Technology Resource Complementarity: An Analysis of Their Interaction Effect in Two Environmental Contexts. *Strategic Management Journal*, 2005, 26 (3): 259-276.

[151] Martinsson, G., Equity Financing and Innovation: Is Europe Different from the United States?. *Journal of Banking & Finance*, 2010, 34 (6): 1215-1224.

[152] Demirguc-Kunt, A., Feyen, E., Levine, R., Optimal Financial Structures and Development: The Evolving Importance of Banks and Markets. World Bank, Washington D. C., 2011: 13-29.

[153] Cull, R., and Xu, L. C. Firm Growth and Finance: Are Some Financial Institutions Better Suited to Early Stages of Development than Others?. *World Bank Economic Review*, 2011, 27 (3): 28.

[154] Kpodar, K., and Singh R., Does Financial Structure Matter for Poverty? Evidence from Developing Countries. World Bank Policy Research Working Paper, 2011, 5915: 1-27.

[155] Po-Hsuan Hsu, Xuan Tian, Yan Xu, "Financial Development and Innovation: Cross-Country Evidence. *SSRN paper*, 2012, 5915: 1-27.

[156] Mazzucato, M., Tancioni, M., R&D, Patents and Stock Return Volatility," *Journal of Evolutionary Economics* 4 (2012).

[157] Hsuan, P. H., Tian X. and Xu, Y., Financial De-velopment and Innovation: Cross-country Evidence. *Journal of Financial Economics*, 2014, Vol 115-135.

[158] Veugelers, R., Internal R&D Expenditures and External Technol-

ogy Sourcing. *Research Policy*, 1997, 26: 303-315.

[159] Kathuria, V., The Impact of FDI Inflows on R&D Investment by Medium-and High-tech Firms in India in the Post-reform Period. *Transnational Corporations*, 2008, 17 (2): 45-46.

[160] Nelson, R. R., The Challenge of Building an Effective Innovation System for Catch-up. *Oxford Development Studies*, 2004, 32 (3): 365-374.

[161] Annique, U. A., Cuervo-Cazurra, A., Do Subsidiaries of Foreign MNEs Invest More in R&D than Domestic Firms?. *Research Policy*, 2008, 37 (10): 1812-1828.

[162] Kumar, N., Aggarwal, A., Liberalisation, outward Orientation and In-house R&D Activity of Multinational and Local Firms. *Research Policy*, 2005, 34 (4): 441-460.

[163] Fan C. S., Hu Y., Foreign Direct Investment and Indigenous Technological Efforts: Evidence from China. *Economics Letters*, 2007, 96 (2): 253-258.

[164] Olivier Bertrand, Effects of Foreign Acquisitions on R&D Activity: Evidence from Firm-level Data for France. *Research Policy*, 2009, 38: 1021-1031.

[165] Alberto Di Minin, Jieyin Zhang, Peter Gammeltoft, Chinese Foreign Direct Investment in R&D in Europe: A New Model of R&D Internationalization?. *European Management Journal*, 2012 (4): 45-57.

[166] Wouter De Maeseneire, Tine Claeys, SMEs, Foreign Direct Investment and Financial Constraints: The Case of Belgium. *International Business Review*, 2012 (21): 408-424.

[167] Merton, R. C., et al., *The Global Financial System: A Functional Perspective*. Boston: Harvard Business School Press, 1995: 11-12.

[168] 〔美〕兹维·博迪:《金融体系的功能观点》,载《探求智慧之旅:哈佛、麻省理工著名经济学家访谈录》,廖理、汪韧、陈璐译,北京大学出版社,2000。

[169] Merton, Robert C., and Bodie, Z. The Design of Financial Sys-

tem：Toward a Synthesis of Function Aid Structure. 2004，http：//www. nber. org/papers/w10620.

［170］Allen，F. and Gale，D.，Diversity of Opinion and the Financing of New Technologies. *Journal of Financial Intermediation*，1999，8：68-89.

［171］Tadesse，S.，The Information and Monitoring Role of Capital Markets：Theory and International Evidence. Working Paper of University of South Carolina，2000：1-31.

［172］Antzoulatos，A. A.，Apergis，N and Tsoumas，C.，Financial Structure and Industrial Structure. *Bulletin of Economic Research*，2011，63 (2)：109-139.

［173］林毅夫：《新结构经济学：反思经济发展与政策的理论框架》，北京大学出版社，2012。

［174］Peter Egger and Christian，Innovation，Trade，and Finance. *American Economic Journal：Microeconomics*，2015，7 (2)：121-157.

［175］张一林、龚强、荣昭：《技术创新、股权融资与金融结构转型》，《管理世界》2016 年第 11 期。

［176］林毅夫、章奇、刘明兴：《金融结构与经济增长：以制造业为例》，《世界经济》2003 年第 1 期。

［177］孙伍琴：《不同金融结构下的金融功能比较研究》，博士学位论文，复旦大学，2003。

［178］王莉：《基于技术创新的金融结构比较研究》，博士学位论文，浙江大学，2004。

［179］戴淑庚：《高科技产业融资：理论·模式·创新》，中国发展出版社，2005。

［180］殷剑锋：《金融结构与经济增长》，人民出版社，2006。

［181］张杰、刘志彪：《金融结构对技术创新与产业结构影响研究评述》，《经济学动态》2007 年第 4 期。

［182］孙伍琴：《金融发展促进技术创新的机制及启示》，《杭州电子科技大学学报》2008 年第 9 期。

［183］徐建军：《金融系统促进技术创新的作用机理与动态效应》，《商业研究》2010 年第 9 期。

［184］张磊：《后起经济体为什么选择政府主导型金融体制闭》，《世界经济》2010 年第 9 期。

［185］田代臣：《金融结构优化与经济发展研究》，博士学位论文，西南财经大学，2010。

［186］叶子荣、贾宪洲：《金融支持促进了中国的自主创新吗》，《财经科学》2011 年第 3 期。

［187］朱欢：《中国金融发展对企业技术创新的效应研究》，博士学位论文，中国矿业大学，2012。

［188］仲深：《中国经济发展中的金融结构研究》，博士学位论文，哈尔滨商业大学，2012。

［189］周永涛：《金融发展、技术进步与对外贸易产业升级》，博士学位论文，浙江大学，2012。

［190］何国华等：《中国金融结构与企业自主创新的关系研究》，《经济管理》2011 年第 3 期。

［191］翟淑萍、顾群：《金融发展、融资约束缓解与高新技术企业研发投资效率研究》，《经济经纬》2013 年第 2 期。

［192］卢荻、王天骄：《技术创新与金融发展》，《经济问题》2013 年第 5 期。

［193］王珍义等：《金融安排、外源融资与自主创新——基于中部六省的面板数据分析》，《科技进步与对策》2013 年第 2 期。

［194］左志刚：《金融结构与国家创新能力提升：影响机理与经验证据》，《财经研究》2012 年第 6 期。

［195］孙伍琴、王培：《中国金融发展促进技术创新研究》，《管理世界》2013 年第 6 期。

［196］张瑞萍、王星：《金融发展与环境保护协调机制研究——基于生态金融视角》，《甘肃金融》2013 年第 12 期。

［197］陈东、汪敏、沈春苗：《金融中介发展提升中国技术创新能力了吗——基于中国省际面板数据的实证分析》，《山西财经大学学报》2014 年第 11 期。

［198］丁一兵、傅缨捷、曹野：《金融发展、技术创新与产业结构优化——基于中等收入国家的经验分析》，《产业经济评论》2014 年第 1 期。

［199］彭建娟：《金融发展对中国高技术产业技术创新模式的影响》，《技术经济》2014 年第 9 期。

［200］李后建、张宗益：《金融发展、知识产权保护与技术创新效率——金融市场化的作用》，《科研管理》2014 年第 12 期。

［201］吴勇民：《技术进步与金融结构的协同演化研究：理论和实证》，博士学位论文，吉林大学，2014。

［202］龚强、张一林、林毅夫：《产业结构、风险特性与最优金融结构》，《经济研究》2014 年第 4 期。

［203］陈昆玉：《企业自主创新的融资行为及其对成长的影响》，《管理工程学报》2015 年第 2 期。

［204］马如飞、何涌：《债权人监督、负债融资与企业 R&D 投资——基于我国高科技上市公司的实证研究》，《工业技术经济》2015 年第 7 期。

［205］严成樑、李涛、兰伟：《金融发展、创新与二氧化碳排放》，《金融研究》2016 年第 1 期。

［206］赵昌文、陈春发、唐英凯：《科技金融》，科学出版社，2009。

［207］房汉廷：《关于科技金融理论、实践与政策的思考》，《中国科技论坛》2010 年第 11 期。

［208］游达明、朱桂菊：《区域性科技金融服务平台构建及运行模式研究》，《中国科技论坛》2011 年第 1 期。

［209］周昌发：《科技金融发展的保障机制》，《中国软科学》2011 年第 3 期。

［210］Modigliani, F. and M. Miller, The Cost of Capital, Corporation Finance and the Theory of Investment. *American Economic Review*, 1958, Vol 261-297.

［211］龚强、张一林：《风险、信息与融资方式选择》，2014 年工作论文。

［212］〔荷〕范·杜因：《经济长波与创新》，刘守英、罗靖译，上海译文出版社，1993。

［213］Mokyr Joel, Innovation in an Historical Pesrpective：Tales of Technology and Evolution. in Steil Benn, Dvaid G. Victor and Richard R. Nelson, eds., *Technological Inovation and Economic Performance*. Princeton：Princeton University Press，2002：23-46.

［214］徐冠华：《关于自主创新的几个重大问题》，《中国软科学》2006年第4期。

［215］远德玉、陈昌曙、王海山：《中日企业技术创新比较》，东北大学出版社，1994。

［216］《马克思恩格斯文集》（第5卷），《人民出版社》2009年第8期。

［217］〔美〕丹尼尔·贝尔：《后工业社会的来临——对社会预测的一项探索》，高铦等译，新华出版社，1997。

［218］吕政：《生产经营调整变化与工业增长》，《装备制造》2008年第4期。

［219］尚启君：《我国能否跨越以劳动密集型工业为主导的工业化阶段》，《管理世界》1998年第6期。

［220］章奇：《要素禀赋、发展战略与金融结构》，博士学位论文，北京大学，2002。

［221］陈雨露、马勇：《大金融论纲》，中国人民大学出版社，2013。

［222］The Congress of International Economic Association at Tunis，December，1995：17-22.

［223］孙伍琴：《金融发展促进技术创新研究》，《科学出版社》2014年第34期。

［224］M. E. Porter，"Towards a Dynamic Theory of Strategy," *Strategic Management Journal*，1991，（12）.

［225］Day，G. S.，Schoemaker，P.，Gunther，R. E.，*Wharton on Managing Emerging Technologies*. Hoboken，New Jersey，John Wiley&Sons，Inc. 2000.

［226］银路：《技术创新管理》，机械工业出版社，2004。

［227］于刃刚等：《主导产业论》，人民出版社，2003。

［228］孙智君、王文君：《战略性新兴产业：新一轮地方竞争的焦点》2010年第7期。

［229］路甬祥：《中国科技发展的现状与对策》2005年第2期。

［230］梅永红：《创新驱动的体制思考》2010年第4期。

［231］柳卸林：《技术创新经济学》，中国经济出版社，1993。

［232］段小华：《战略性新兴产业的投入方式、组织形式与政策手段》2011 年第 2 期。

［233］李海波、肖文东：《金融如何支持战略性新兴产业发展》，《人民日报》，2011 年 3 月 31 日。

［234］顾海峰：《我国战略性新兴产业的业态演进与金融支持》，《证券市场导报》2011 年第 4 期。

［235］林毅夫：《自主能力和国企改革》，《经济研究》2001 年第 9 期。

［236］林毅夫：《技术创新、发展阶段与战略选择》2003 年第 9 期。

［237］林毅夫、李永军：《中小金融机构发展与中小企业融资》，《经济研究》2001 年第 1 期。

［238］林毅夫：《金融改革与农村经济发展》，北京大学经济研究中心系列工作论文，2003。

［239］林毅夫、刘明兴、刘培林、章奇：《关于技术选择指数的测算与计量》，北京大学中国经济研究中心工作论文，2002。

［240］Haire, M., *Biological Models and Empirical History of the Growth of Organizations: Modern Organizational Theory*. New York: John Wileyand Sons, 1959.

［241］Weston, J.F., Brigham, E.F., *Essentials of Managerial Finance*. New York: Holt, 1968.

［242］Weston, J.F., Brigham, E.F., *Managerial Finance*. 6th. Hinsdale, Ill. Dryden Press, 1978.

［243］Adizes, I., *Corporate Lifecycles: How and Why Corporations Grow and Die and What to Do about It*. NJ: Prentice Hall, 1989.

［244］Neil C. Churchill and Virginia L. Lewis, The Five Stages of Small Business Growth. *Harvard Business Review*, 1983.

［245］〔美〕伊查克·爱迪思：《企业生命周期》，赵睿泽，中国社会科学出版社，1997。

［246］N. Berger A., F. Udell G., "The Economics of Small Business Finance: The Roles of Private Equity and Debt Markets in the Financial

Growth Cycle. *Journal of Banking & Finance*, 1998.

[247] 荆娴：《资本市场促进高新技术产业发展研究》，博士学位论文，东华大学，2011。

[248] 吴琨、舒静：《科技型中小企业融资模式研究——基于技术创新生命周期的视角》，《科技管理研究》2011 年第 7 期。

[249] 王雪青、邢兴国、李艳学：《天使投资在政府对科技型中小企业科技投入中的应用研究》（哲学社会科学版）2008 年第 9 期。

[250] Barney, J. B., Busenitz, L. W., Fiet, J. O., et al., New Venture Teams'Assessment of Learning Assistance from Venture Capital Firms. *Journal of Business Venturing*, 1996, 11 (4): 257-272.

[251] 孙伍琴：《金融发展促进技术创新研究》，科学出版社，2014。

[252] Diamond, Douglas W., Financial Intermediation and Delegated Monitoring. *Review of Economic Studies*, 1984, 51: 393-414.

[253] Boyd, J. H. and Smith, B. D., Intermediation and the Equilibrium Allocation of Investment Capital: Implications for Economic Development. *Journal of Monetary Economics*, 1992, 30: 409-432.

[254] 何自云：《商业银行的边界：经济功能与制度成本》，中国金融出版社，2003。

[255] Jensen, M., Murphy, K. J., Performance Pay and Top Management Incentives. *Journal of Political Economy*, 1990, 102: 1248-1280.

[256] Bencivenga Smith, Financial Intermediation and Endogenous Growth. *Review of Economic Studies*, 1991, 58: 195-210.

[257] Holmstrom, B., Tirole, J., Market Liquidity and Performance Monitoring. *Journal of Polictical Economy*, 1993, 101: 678-710.

[258] Boot, A., Thakor, A. V., Financial System Architecture. *Review of Financial Studies*, 1997, 10: 693-735.

[259] Levine, R., Bank-Based or Market-Based Financial Systems: Which is Better?. *Journal of Financial Intermediation*, 2002, 11 (4): 398-428.

[260] Luintel, K. B., Khan, M., Arestis, P. et al., Financial Structure and Economic Growth. *Journal of Development Economics* 1, 2008, 86

（1）：181-200。

[261] 徐静：《中国金融结构变迁的动态性研究》，中国金融出版社，2010。

[262] Joan Robinson, The Generalization of the General Theory. *The Rate of Interest and Other Essays*, 1952.

[263] Patrick, H. T. , Financial Development and Economic Growth in Underdeveloped Countries. *Economic Development and Cultural Change*, 1966.

[264]〔英〕安德鲁·克罗克特：《21 世纪需要怎样的金融体系?》，《比较》2012 年第 2 期。

[265]〔美〕查尔斯·P. 金德尔伯格：《世界经济霸权：1500—1990》，高祖贵译，商务印书馆，2003。

[266] 巴曙松：《深化金融改革的思路与重点》，《中国经济时报》2013 年 9 月 3 日。

[267] 谢平、邹传伟：《中国金融改革思路：2013-2020》，中国金融出版社，2013。

[268] 李扬：《深水区的金融改革》，《中国金融》2014 年第 9 期。

[269] 魏尚进：《中国金融改革的要点》，《中国金融》2015 年第 2 期。

[270] 十国集团中央银行研究小组：《国际金融业务创新》，汪竹松等译，上海译文出版社，1990。

[271] 陈岱孙、厉以宁：《国际金融学说史》，中国金融出版社，1991。

[272] Merton, R. C. , A Functional Perspective of Financial Intermediation. *Financial Management*, 1995 （24）：23-41.

[273] Dynan, Karen E. , Douglas, W. Ehnendorf and Sichel, Daniel E. , Can Financial Innovation Help to Explain the Reduced Volatility of Economic Activity?. *Journal of Monetary Economics*, 2006：123-150.

[274] BIS. , Innovations in Credit Risk Transfer: Implications for Financial Stability, BIS working paper, No. 255, July 2008.

[275] 刘鹤：《两次全球大危机的比较研究》，中国经济出版社，2013。

[276] 吕政：《生产经营调整变化与工业增长》，《装备制造》2008 年

第 4 期。

［277］李钢、白明、李俊等：《后危机时代中国外贸发展战略之抉择》，《国际贸易》2010 年第 1 期。

［278］尚启君：《我国能否跨越以劳动密集型工业为主导的工业化阶段》，《管理世界》1998 年第 6 期。

［279］章奇：《要素禀赋、发展战略与金融结构》，博士学位论文，北京大学，2002。

［280］王剑：《我国战略性新兴产业的融资模式研究》，博士学位论文，苏州大学，2013。

［281］林毅夫、付才辉、安桂武：《吉林省经济结构转型升级研究报告》，2017。

［282］Raghuram G. Rajan, Luigi Zingales, The Great Reversals: Politics of Financial Development in the 20st Century. *Journal of Financial Economics*, 2003, 69 (1): 5-50.

［283］〔美〕埃斯里·德米尔古克-肯特、罗斯·莱文：《金融结构和经济增长：银行、市场和发展的跨国比较》，黄纯纯译，中国人民大学出版社，2006。

［284］Allen, F., Qian J. and Qian, M. J., Law, Finance and Economic Growth in China. *Journal of Financial Economics*, 2005, 77: 57-116.

［285］陈雨露、马勇：《社会信用文化、金融体系结构与金融业组织形式》，《经济研究》2008 年第 3 期。

［286］周新辉：《金融创新、金融结构演进与影子银行的发展》，《甘肃社会科学》2016 年第 4 期。

［287］Diamond, D. W., Financial Intermediation and Delegated Monitoring. *The Review of Economic Studies*, 1984, 51 (3): 393-404.

［288］Bencivenga Smith, Financial Intermediation and Endogenous Growth. *Review of Economic Studies*, 1991, 58: 195-210.

［289］Holmstrom, B., Tirole, J., Market Liquidity and Performance Monitoring. *Journal of Polictical Economy*, 1993, 101: 678-710.

［290］Merton, R. C., Bodie, Z. A., Conceptual Framework for Analysing the Financial Environment, 1995, http：//www. people. hbs. edu/rmerton/Conceptual%20Framework. pdf.

［291］Boot, A. , Thakor, A. V. , Financial System Architecture. *Rewiew of Financial Studies*, 1997, 10：693-735.

［292］Luintel, K. B. , Khan, M. , Arestis, P. , et al. , Financial Structure and Economic Growth. *Journal of Development Economics*, 2008, 86（1）：181-200.

［293］姜海川：《从世界强国崛起看金融革命对经济的引领作用》，《中国金融》2006 年第 9 期。

［294］Allen, F. and D. Gale, Financial Contagion. *Journal of Political Economy*, 2000：1-33.

［295］载北京奥尔多投资研究中心编《金融系统演变考》，中国财政经济出版社，2002。

［296］吴勇民：《技术进步与金融结构的协同演化研究：理论和实证》，博士学位论文，吉林大学，2014。

［297］T. M. Rybczynski, *A New Look at the Evolution of the Financial System*, *The Recent Evolution of Financial Systems*. London：MacMillan, 1997.

［298］劳平：《融资结构的变迁研究》，中山大学出版社，2004。

［299］白钦先：《比较金融学》，河南人民出版社，1989。

［300］白钦先、谭庆华：《金融功能的演进即金融发展》，2004 年中国金融学术年会。

［301］王维安：《金融结构：理论与实证》，《浙江大学学报》（人文社会科学版）2000 年第 1 期。

［302］武志：《中国经济转轨中的金融发展》，科学出版社，2014。

［303］吴晓求、赵锡军、瞿强：《市场主导与银行主导：金融体系在中国的一种比较研究》，中国人民大学出版社，2006。

［304］〔美〕查尔斯·P. 金德尔伯格：《西欧金融史》，徐子健、何建雄、朱忠译，中国金融出版社，1991 。

［305］史世鹏、许正中、吴德战：《高技术产品创新与流通》，经济管理出版社，1999。

［306］Utterback, J. M. , *Mastering the Dynamics of Innovation*.

Boston：Harvard Business School Press，1994.

［307］Lee，J.，Bae，Z.，and Choi，D.，Technology Development Processes：a Model for a Developing Country with a Global Perspective. *R&D Management*，1988，18（3）：235-250.

［308］〔韩〕金麟洙《从模仿到创新——韩国技术学习的动力》，刘小梅、刘鸿基译，新华出版社，1998。

［309］〔美〕内森·罗森伯格：《探索黑箱—技术、经济学和历史》，王文勇、吕睿译，北京商务印书馆，2004，第146页。

［310］Hobday，M.，*Innovation in East Asia：the Challenge to Japan*. Cheltenham LTK：Edward Elgar，1995.

［311］Figueiredo，N.，Learning，Capability and Firms Differences：Evidence from Latecomer Steel. *Industrial and Corporate Change*，2003，12（3）：607-643.

［312］洪勇：《追赶战略下后发国家制造业技术能力提升研究》，博士学位论文，大连理工大学，2009。

［313］Kline，S. J.，Rosenberg，N.，The Dynamics of Learning Alliances：Competition，Cooperation，and Relative Scope. *Strategic Management Journal*，1998，19（3）：193-210.

［314］Sadowski，M.，Roth，A.，Technology Leadership Can Pay off. *Research-Technology Management*，1999，42（6）：32-33.

［315］洪勇：《追赶战略下后发国家制造业技术能力提升研究》，博士学位论文，大连理工大学，2009。

［316］Brezis，Paul Kruman，Tsiddon，Leap-frogging in International Competition：a Theory of Cycles in National Technological Leadership. *American Economic Review*，1993：83.

［317］Coe，D. T and Helpman，E.，International R & D Spillover. *European Economic Review*，1995，39（5）：859-887.

［318］Barro，R.，Sala-i-Martin，X.，Technological Diffusion，Convergence，and Growth. *Journal of Economic Growth*，1997，2：1-27.

［319］Rachel，V. E.，Catching up and Slowing down：Learning and Growth Patterns in an Open Economy. *Journal of International Economics*，1996，

41：95-111.

[320] 郭熙保、胡汉昌：《后发优势研究述评》，《山东社会科学》2002 年第 3 期。

[321] Acemoglu, D. , Aghion, P. , Zilibotti, F. Distance to Frontier, Selection, and Economic Growth. *Journal of the European Economic Association*, 2006 (4)：37-74.

[322] Yang, G. and Maskus, K. E. , Intellectual Property Rights, Licensing, and Innovation in an Endogenous Product Cycle Model. *Journal of International Economics*, 2001, 53 (1)：169-187.

[323] Stiglitz, J. , Scan Globally, Reinvent Locally：Knowledge Infrastructure and the Localization of Knowledge. *Banking on Knowledge：the Genesis of the Global Development Network.* London：Rutledge, 2000.

[324] 聂正彦：《金融转型、技术创新与中国经济发展方式转变》，中国社会科学出版社，2012。

[325] 戴静：《中国金融发展对创新的影响研究》，博士学位论文，华中科技大学，2014。

[326] 世界银行、国务院发展研究中心：《2030 年的中国：建设现代，和谐，有创造力的高收入社会》，中国财政经济出版社，2013。

[327] 冯玉明：《自主创新：海外的经验与对中国现状的一点思考》，东方证券，2007 年 1 月 4 日。

[328] Malerba, F. , *Sectoral Systems of Innovation：Concepts, Issues and Analysis of Six Major Sectors in Europe.* Cambridge and New York. Cambridge University Press, 2004：7-19.

[329] 李伟：《不完全竞争中的技术追赶与产业升级——后发国家产业演化研究》，上海财经大学出版社，2011。

[330] 林坤、浩然、朱敏：《"和谐号"诞生记》，《新经济导刊》2011 年第 3 期。

[331] 王政、路亚楠：《从"赶超"到"领跑"（回眸 2009 喜看新成就）——高铁演绎自主创新"中国速度"》，《人民日报》2010 年 3 月 1 日。

[332] 张璐晶：《高铁成长记》，《中国经济周刊》2011 年第 21 期。

[333] Haul Lee and Seungjin Whang, E-business and Supply Chain Inte-

gration. *Stanford University*, 2001 (11).

［334］ Poon, TSC., Beyond the Global Production Networks: a Case of Further Upgrading of Taiwan's Information Technology Industry. *Technology and Globalisation*, 2004, 1 (1): 130-145.

［335］ Noel D., Measuring the Change in Productive Efficiency in Tele-communications in the USA. *Journal of Economic Studies*, 2002, 29 (2): 150-167.

［336］赵建军、郝栋、吴保来、卢艳玲、中共中央党校哲学部：《中国高速铁路的创新机制及启示》，《工程研究》，2012 年第 1 期。

［337］孙玉敏：《揭秘中国高铁制造业》，《上海国资》2011 年第 6 期。

［338］ M. Fransman, Conceptualizing Technical Change in the Third World in the 1980: An Interpretive Survey. *Journal of Development Studies*, 1981, 4 (21): 572-652.

［339］ Barney. J., Fim Resources and Sustanied Competitive-e Advantage. *Journal of Management*, 1991 (1): 99-120.

［340］刘美雄：《对中国高铁的战略思考》，《华南理工大学学报》（社会科学版）2011 年第 2 期。

［341］张维克：《政府作用主导高速铁路自主创新》，《理论学习与探索》2010 年第 5 期。

［342］柳卸林、陈傲：《中国通信企业创新模式反思及突破性创新战略》，《移动通信技术创新》2010 年第 1 期。

［343］任妍：《中国产业赶超型自主创新研究》，博士学位论文，吉林大学，2016。

［344］刘骏民：《决定中美经济未来差距的两个基本因素——虚拟经济视角下的大趋势》，《政治经济学评论》2014 年第 1 期。

［345］刘鹏、于涛、支俊立：《创新驱动下的经济增长与结构调整——基于金融发展视角的分析》，《现代管理科学》2016 年第 5 期。

［346］ Aghion, P., Howitt, P., *The Economics of Growth*. Cambridge, MA: MIT Press, 2009.

［347］聂正彦：《金融转型、技术创新与中国经济发展方式转变》，中

国社会科学出版社，2012。

［348］萧国亮、隋福民：《世界经济史》，北京大学出版社，2013。

［349］Claudia Dziobek，John K. Garrett，Convergence of Financial Systems and Regulatory Policy Challenges in Europe and in the United States. 载北京奥尔多投资研究中心编《金融系统演变考》，中国财政经济出版社，2002：299-321.

［350］〔日〕蜡山昌一：《市场型间接金融序论》，《金融评论》2001年第 4 期。

［351］〔日〕冈部光明：《现代金融の特征、评价、课题》，《国际学研究》2012 年第 10 期。

［352］林毅夫、徐立新：《金融结构与经济发展相关性的最新研究进展》，《金融监管研究》2012 年第 3 期。

［353］林毅夫、蔡防、李周：《中国的奇迹：发展战略与经济改革》，上海三联出版社，1999。

［354］张军扩、余斌、吴振宇：《增长阶段转换的成因、挑战和对策》，《管理世界》2014 年第 12 期。

［355］任保平、郭晗：《新增长红利时代我国大国发展战略的转型》，《人文杂志》2013 年第 9 期。

［356］龚强、张一林、林毅夫：《产业结构，风险特性与最优金融结构》，《金融研究》2014 年第 4 期。

［357］王振山：《金融效率论：金融资源优化配置的理论与实践》，博士学位论文，东北财经大学，1999。

［358］尹俊峰：《中国证券市场供求分析》，博士学位论文，厦门大学，2001。

［359］徐静：《中国金融结构变迁的动态性研究》，中国金融出版社，2010。

［360］Demirguc-Kunt, A., Feyen, E., and Levine, R., The Evolving Importance of Banks and Securities Markets. *World Bank Economic Review*, 2013, 27 (3)：476-490.

［361］贝政新：《高科技产业化：融资问题研究》，复旦大学出版社，2008。

［362］《美国国家统计局》，美国联邦储备委员会资金流量表。

［363］〔日〕青木昌彦、〔美〕休·帕特里克：《日本主银行体制》，中国金融出版社，1998。

［364］刘文娟：《支持自主创新企业的资本市场制度构建》，博士学位论文，东北财经大学，2011。

［365］资料来源：美国证券业协会。

［366］Gomper, P. A., Ishii, J. L., The Venture Capital Revolution. *Journal or Economic Perspectives*, 2001 (15)：145-168.

［367］尹艳林：《金融支持技术创新国际经验比较及启示》，《金融发展评论》2016 年第 8 期。

［368］〔英〕迪克森：《英国金融革命：1688 至 1756 年公共信贷发展研究》。

［369］P. G. M. Dickson, *The Financial Revolution in England, A Study in the Development of Public Credit, 1688-1756*, London, 1967.

［370］North Douglass, Economic Performance through Time. *The American Economic Review*, 1994 (6)：59-68.

［371］Peter L. Rousseau, Richard Sylla, Financial Systems, Economic Growth and Globalization. Vanderbilt University Working Paper.

［372］李木祥、钟子明、冯宗茂：《中国金融结构与经济发展》，中国金融出版社，2004。

［373］〔美〕莫顿·米勒：《金融创新与市场波动性》，王中华、杨林译，首都经济贸易大学出版社，2002。

［374］Mayer, C., *Myths of the West：Lessons from Developed Countries for Development Finance*, World Bank Working Paper Series 301, 1989.

［375］何韧：《德国银行业关系融资的理论与实践》，《世界经济研究》2004 年第 10 期。

［376］金明植、张雪梅：《德国复兴信贷银行的职能演变研究》，《区域金融研究》2013 年第 5 期。

［377］李心丹：《科技金融——理论与实践》，南京大学出版社，2013。

［378］〔日〕青木昌彦、〔美〕休·帕特里克：《日本主银行体制》，中国金融出版社，1998。

［379］刘文娟：《多层次资本市场建设的国际比较与经验总结》，《哈尔滨商业大学学报》（社会科学版）2010 年第 7 期。

［380］武志：《中国经济转轨中的金融发展》，科学出版社，2014。

［381］〔美〕富兰克林·艾伦、道格拉斯·盖尔：《比较金融系统》，王晋斌等译，中国人民大学出版社，2002。

［382］中国科技统计数据 2012，http：//www. sts. org. cn/sjk；l/kjtjdt/data2012/％E7％A7％91％E6％8A％80％E7％BB％9F％E8％AE％Al％E6％95％B0％E6％8D％AE2012. pdf，2013 年 3 月 31 日。

［383］赵昌文、朱鸿鸣：《从攫取到共容——金融改革的逻辑》，中信出版集团，2015。

［384］林毅夫、付才辉、安桂武：《吉林省经济结构转型升级研究报告》，北京大学新结构经济学研究中心、吉林省发展和改革委员会，2017。

［385］〔美〕道格拉斯·C. 诺斯：《制度、制度变迁与经济绩效》，杭行译，上海三联书店，2008。

［386］〔美〕贝塔朗菲：《一般系统论》，林康义、魏宏森译，清华大学出版社，1987。

［387］应寅锋：《金融结构，政府行为与金融稳定》，中国社会出版社，2009。

［388］La Porta, R., Lopez-de-Silanes, F., Shleifer, A., and Vishny, R. W., Law and Fniance. *Journal of Political Economy*, 1998（53）：2107-2137.

［389］Demirguc-Kunt, A., Maksimovic, V., Law, Finance and Firm Growth. *Journal of Finance*, 1998（53）：2107-2137.

［390］陈雨露、马勇：《金融体系结构，金融效率与金融稳定》，《金融监管研究》2013 年第 5 期。

［391］James Mahoney, Path Dependence in Historical Sociology. Theory And Society, 2000（29）：507-548.

［392］〔美〕道格拉斯·C. 诺斯等：《制度、制度变迁与经济绩效》，杭行译，上海三联书店，1994。

［393］江曙霞、罗杰、张小博等：《中国金融制度供给》，中国金融出版社，2007。

［394］江曙霞、罗杰、张小博等：《中国金融制度供给》，中国金融出版社，2007。

［395］Ronald I. McKinnon, *The Order of Economic Liberalization: Financial Control in the Transition to a Market Economy*. Baltimore: Johns Hopkins University Press, 1993: 136-152.

［396］Bottelier Pieter：《中国金融系统的改革与发展》，《世界经济文汇》2002 年第 3 期。

［397］〔美〕尼古拉斯·拉迪：《中国经济增长，靠什么?》，熊祥译，中信出版社，2012。

［398］杨荣：《"不完全耦合"中的耦合点——"民营银行"专题研究》，《中信建投证券研究报告》2013 年 12 月 25 日。

［399］白重恩、钱震杰：《谁在挤占居民的收入——中国国民收入分配格局分析》，《中国社会科学》2009 年第 5 期。

［400］刘瑞明：《金融压抑、所有制歧视与增长拖累——国有企业效率损失再考察》，《经济学》（季刊）2011 年第 1 期。

［401］孔泾源：《"中等收入陷阱"的国际背景、成因举证与中国对策》，《改革》2011 年第 10 期。

［402］何东、王红林：《利率双轨制与中国货币政策实施》，《金融研究》2011 年第 12 期。

［403］贾康、孟艳：《以利率市场化盘活金融资产存量》，《中国报道》2013 年第 8 期。

［404］Lardy, Nicholas, Financial Repression in China. Peterson Institute for International Economics Policy Brief, 2008, 8: 8.

［405］Feyzioglu, T., Porter, N., and Takáts, E. Interest Rate Liberalization in China. IMF Working Papers, 2009, 9: 171.

［406］Johansson, A. C., Financial Repression and China's Economic Imbalances. CERC Working Paper, 2012: 22.

［407］林毅夫、蔡昉、李周：《论中国经济改革的渐进式道路》，《经济研究》1993 年第 9 期。

［408］戴金平、张成祥：《我国渐进式金融改革：发展与修正》，《南开学报》（哲学社会科学版）2014 年第 5 期。

［409］吴晓求：《市场主导型金融体系：中国的战略选择》，中国人民大学出版社，2005。

［410］汪办兴、汪兴隆：《中国需要选择市场主导型金融体系吗?》，《财经科学》2006 年第 1 期。

［411］耿同劲：《银行主导型和市场主导型：我国金融体系的历史起点和未来趋势》，《金融理论与实践》2006 年第 9 期。

［412］〔美〕约翰·齐斯曼：《政府、市场与增长——金融体系与产业变迁的政治》，刘娟凤、刘冀译，吉林出版集团，2009。

［413］世界银行、国务院发展研究中心编《2030 年的中国：建设现代，和谐，有创造力的高收入社会》，中国财政经济出版社，2013。

［414］阙紫康：《中国金融结构调整问题研究》，中国金融出版社，2004，第 276 页。

［415］郭熙保、余建军：《我国金融结构的历史演进及未来展望》，《江海学刊》2007 年第 2 期，第 86~94 页。

［416］刘梅生：《金融结构对产业结构变动的影响研究》，博士学位论文，暨南大学，2011。

［417］林毅夫：《经济发展过程中最优金融结构初探》，《经济研究》2009 年第 8 期。

［418］周立：《中国各地区金融发展与经济增长：1978—2000》，清华大学出版社，2004。

［419］赵昌文、朱鸿鸣：《从攫取到共容——金融改革的逻辑》，中信出版集团，2015。

［420］厉以宁：《谈当前经济形势的几个前沿问题》，《北京日报》2014 年 10 月 27 日，第 13 版。

［421］胡继之：《中国股市的演进与制度变迁》，经济科学出版社，1999。

［422］刘元春：《国有企业的"效率悖论"及其深层次的解释》，《中国工业经济》2001 年第 7 期。

［423］金碚：《论国有企业改革再定位》，《中国工业经济》2010 年第 4 期。

［424］周小川：《资本市场的多层次特性》，《金融市场研究》2013 年

第 8 期。

［425］〔美〕罗纳德·I. 麦金农著《经济市场化的次序》，周庭煜等译，上海三联书店出版社，1997。

［426］〔美〕尼古拉斯·拉迪：《中国经济增长，靠什么?》，熊祥译，中信出版社，2012。

［427］林毅夫：《自生能力、经济转型与新古典经济学的反思》，《经济研究》2001 年第 12 期。

［428］潘功胜：《商业银行是推动新兴产业发展的重要动力》，《中国金融》2011 年第 2 期。

［429］〔美〕巴泽尔：《产权的经济分析》，段毅才译，上海三联书店、上海人民出版社，1997。

［430］周业安：《政府在金融发展中的作用——兼评"金融约束论"》，《中国人民大学学报》2000 年第 2 期。

［431］张兴胜：《渐进中金融抑制政策的效率损失》，《金融论坛》2001 年第 5 期。

［432］〔美〕赫尔曼、〔美〕墨多克、斯蒂格利茨：《金融约束：一个新的分析框架》，载〔日〕青木昌彦编《政府在东亚经济中的作用》中国经济出版社，1998。

［433］张玉喜：《产业政策的金融支持：机制、体系与政策》，经济科学出版社，2007。

［434］周业安：《金融抑制对中国企业融资能力影响的实证研究》，《经济研究》1999 年第 2 期。

［435］卢峰、姚洋：《金融压抑下的法治、金融发展和经济增长》，《中国社会科学》2004 年第 1 期。

［436］Allen, Franklin, Jun Qian, Meijun Qian, Law, Finance, and Economic Growth in China. *Journal of Financial Economics*, 2005, 77 (1): 74-81.

［437］Ronald I. McKinnon, *The Order of Economic Liberalization: Financial Control in the Transition to a Market Economy*, The Johns Hopkins University Press.

［438］Bottelier Pieter：《中国金融系统的改革与发展》，《世界经济文

汇》2002 年 3 期。

[439] 栾光旭：《转型时期中国金融演进问题研究》，博士学位论文，复旦大学，2004。

[440] H. 杰斐逊、G. 罗斯基：《中国工业改革：创新、竞争与产权内在模式》，载林青松、杜鹰主编《中国工业改革与效率》，云南人民出版社，1997。

[441] North，D. C.，"Economic Performance Through Time," *American Economic Review*，1994：359-368.

[442] North，D. C.，*Understanding the Process of Economic Change*，Princeton：Princeton University Press，2005：152.

[443] 〔美〕道格拉斯·C. 诺斯：《时间进程中的经济成效》，《经济社会体制比较》1995 年第 6 期。

[444] 陈鸿桥、阙紫康：《以资本市场带动金融创新，以金融创新促进新兴产业》，《中国高新技术产业导报》2011 年 3 月 14 日，第 A15 版。

[445] 〔日〕青木昌彦：《比较制度分析》，周黎安译，上海远东出版社，2001。

[446] 郭庆平：《金融支持战略性新兴产业的几个问题》，《中国金融》2011 年第 2 期。

[447] 〔日〕青木昌彦、奥野正宽编著《经济体制的比较制度分析》，魏加宁等译，中国发展出版社，1999。

[448] 官兵：《技术创新，金融市场泡沫与金融制度的适应性效率》，《中央财经大学学报》2007 年第 10 期。

[449] 罗必良：《新制度经济学》，山西经济出版社，2005。

[450] 卢现祥：《西方新制度经济学》，中国发展出版社，2003。

[451] Douglass C. North，*Institutions，Intitutional Change and Economic Performance*，New York，1990：105.

[452] 孙涛、黄少安：《制度变迁的路径依赖，状态和结构依存特征研究》，《广东社会科学》2009 年第 2 期。

[453] 王汀汀：《民营企业发展中的金融支持分析》，《金融与经济》2002 年第 8 期。

[454] 盛洪：《中国的过渡经济学》，上海三联书店/上海人民出版

社，1994。

［455］〔美〕勃兰特、罗斯基编《伟大的中国经济转型》，方颖、赵扬译，格致出版社、上海人民出版社，2009。

［456］夏斌、陈道富：《中国金融战略：2020》，人民出版社，2011。

［457］〔美〕马丁·沃尔夫：《中国应该如何统治世界》，《金融时报》2011年3月22日。

［458］张杰：《渐进改革中的金融支持》，《经济研究》1998年第10期。

［459］丁骋骋：《中国金融改革的内在逻辑与外部绩效：1979—2009》，《经济学家》2010年第9期。

［460］何毅亭：《学习习近平总书记重要讲话》，人民出版社，2013。

［461］戴金平、张成祥：《我国渐进式金融改革：发展与修正》，《南开学报：哲学社会科学版》2014年第5期。

［462］胡继之：《中国股市的演进与制度变迁》，经济科学出版社，1999。

［463］周立：《中国各地区金融发展与经济增长：1978—2000》，清华大学出版社，2004。

［464］莫申生：《制度安排视角下的中国金融结构调整与经济发展》，博士学位论文，浙江大学，2014。

［465］Bandiera, et al., Does Financial Reform Raise or Reduce Savings?. *Review of Economics and Statistics*, 2000, 82（2）：239-263.

［466］杨晓龙、郑长德：《中国金融自由化与经济增长》，《金融理论与实践》2009年第10期。

［467］Beck, T., Levine, R., "Industry Growth and Capital Allocation：Does Having a Market-or Bank-Based System Matter?. *Journal of Financial Economic*, 2002, 64：147-180.

［468］世界银行、中国国务院发展研究中心编《2030年的中国》，中国财政经济出版社，2013。

［469］管涛：《推进金融供给侧改革》，《资本市场》2016年第24期。

［470］张承惠：《金融监管框架重构思考》，《中国金融》2016年第10期。

［471］董艳玲、王立锋：《论供给侧改革的金融支持》，《中外企业家》

2016 年第 7 期。

[472] 杨甜娜：《供给侧结构性改革中推进金融创新的研究》，《经济研究导刊》2016 年第 11 期。

[473] 徐洪才：《科学理解供给侧结构性改革五大任务》，《紫光阁》2016 年第 4 期。

[474] Goetzmann，W. N.，*Financing Civilization*. Yale University，2009.

[475] Peter Tufano，"Financial Innovation，" in George Constantinide，s Milton Harris and Renestulz，eds.，*Handbook of Economics of Finance*，Hollan Amsterdan，2003.

[476] 廖岷：《从美国次贷危机反思现代金融监管》，《国际经济评论》2008 年第 7 期。

[477] 葛奇：《次贷危机的成因、影响及对金融监管的启示》，《国际金融研究》2008 年第 11 期。

[478] 周好文、倪志凌：《金融创新影响金融稳定的微观机理分析——对美国次级债危机的深层思考》，《学术交流》2008 年第 10 期。

[479] 杨福明：《次贷危机中的监管"失灵"与中国金融安全体系构建》，《经济学家》2009 年第 7 期。

[480]〔美〕约翰·S. 戈登：《伟人的博弈——华尔街金融商国的崛起》，祁斌译，中信出版社，2005。

[481] David Mowery and Nathan Rosenberg，*Paths of Innovation*：*Technological Change in 20th Century America*. New York：Cambridge University Press，1998：45-201.

[482] Alessandra C. Stonevian P.，Financial Constraints Innovation in the UK：Evidence from CISZZ and CIS3. paper represented at Oxford Economic Papers，2008（4）：711-730.

[483] Aghion P.，P. Howitt，*Endogenous Growth Theory*. The MIT Press，1998.

[484] 李启才、顾孟迪：《基于金融创新的中小型科技企业融资对策研究》，《现代管理科学》2014 年第 9 期。

[485] Philippe Aghion，Paul A. David，Dominique Foray，Science，Technology and Innovation for Economic Growth：Linking Policy Research and

Practice in STIC Systems. *Research Policy*, 2009, 38（4）: 681-693.

［486］Teakdong Kim, Bonwoo Koo, Minsoo Park, Role of Financial Regulation and Innovation in the Financial Crisis. *Journal of Financial Stability*, 2013（9）: 662-672.

［487］Heli, Vian T., Ruri M., The Interaction between Product Market and Financing Strategy: thc Role of Venture Capital. *The Review of Financial Studies*, 2011, 13（1）: 954-984.

［488］Richard Florida, Martin Kenney, Venture Capital High Technology and Regional Development. *Regional Studics*, 1988, 22（1）: 33-48.

［489］陈静:《金融变革背景下的金融创新、金融结构和金融风险》,《申银万国研究报告》, 2014 年 5 月 20 日。

［490］邱冠华:《存款脱媒:美国经验——金融脱媒系列之一》,《国泰君安研究报告》2014 年 03 月 6 日。

［491］李剑阁:《金融改革:从理念到行动》, 财新网, 2013 年 9 月 27 日。

［492］《中国是金融创新不足而非过度——访经济学家华生》,《中国证券报》2008 年 9 月 26 日, 第 A03 版。

［493］张晓朴:《坚持金融创新与金融监管协调发展》,《金融时报》2012 年 6 月 29 日, 第 05 版。

［494］赵昌文、朱鸿鸣:《从攫取到共容》, 中信出版集团, 2015。

［495］Mckinnon, *The Order of Economic Liberalization: Financial Control in the Transition to a Market Economy*. Johns Hopkins University Press, 1991: 689-702.

［496］Stulz R., *Does Financial Structure Matter for Economic Growth? A Corporate Finance Perspective. Financial Structure and Economic Growth: A Cross-country Comparison of Banks, Markets and Development*, 2001: 143-188.

［497］Borras S., The Widening and Deepening of Innovation Policy: What Conditions for Provide for Effective Governance?. 2008, https://smartech. gatech. edu/handle/1853/39803.

［498］赵昌文、陈春发、唐英凯:《科技金融》, 科学出版社, 2009。

［499］贾康：《中国供给侧结构性改革中创新制度供给的思考》，《区域经济评论》2016 年第 3 期。

［500］〔比〕热若尔·罗兰：《转型与经济学》，张帆、潘佐红译，北京大学出版社，2002。

［501］〔美〕罗纳·I. 麦金农：《经济市场化的次序——向市场经济过渡时期的金融控制》，周庭煜等译，《上海三联书店》1997 年第 5 期。

［502］赵昌文、陈春发、唐英凯：《科技金融》，科学出版社，2009。

［503］房汉廷：《关于科技金融理论、实践与政策的思考》，《新华文摘》2011 年第 2 期。

［504］于春红：《我国高新技术企业融资体系研究》，中国经济出版社，2009。

［505］房汉廷：《关于科技金融理论、实践与政策的思考》，《新华文摘》2011 年第 2 期。

［506］〔美〕卡萝塔·佩蕾丝：《技术革命与金融资本》，田方萌等译，中国人民大学出版社，2007。

［507］夏敏仁、陈风：《长波中的创新：创新的时代机遇》，中信建投，2017 年 9 月 21 日。

［508］〔美〕卡萝塔·佩蕾丝：《技术革命与金融资本》，田方萌等译，中国人民大学出版社，2007。

［509］〔美〕卡萝塔·佩蕾丝：《技术革命与金融资本》，田方萌等译，中国人民大学出版社，2007。

［510］徐南平、洪银兴、刘志彪：《创新型省份建设与江苏的探索》，南京大学出版社，2015。

［511］徐玉莲：《区域科技创新与科技金融协同发展模式与机制研究》，博士学位论文，哈尔滨理工大学，2012。

［512］徐南平、洪银兴、刘志彪：《创新型省份建设与江苏的探索》，南京大学出版社，2015。

［513］陈倩、邵宇、王若阳：《硅谷银行：开创科技金融新模式》，《北大商业评论》2015 年第 12 期。

［514］邵宇、陈刚、赵伟等：《影子银行：分类、测算及影响》，《东方证券研究报告》2014 年 1 月 8 日。

［515］詹诗华：《业绩为本、估值为锚、事件驱动——战略新兴产业2016 年投资策略》，《浙商证券研究报告》2015 年 12 月 25 日。

［516］杨宇：《告别蛮荒发展，回归金融本质——2015 年互联网金融年度报告》，《华宝证券研究报告》2016 年 3 月 8 日。

［517］祁斌：《加快多层次资本市场建设化解中小企业发展困局》，《清华金融评论》2014 年第 11 期。

［518］吕铁、贺俊、李晓华：《技术经济范式协同转变与战略性新兴产业发展》，中国社会科学出版社，2014。

［519］赵宇梓：《加大政策性金融扶持，深化金融改革，支持中小企业健康发展的几点建议》，《中国科技产业》2015 年第 9 期。

［520］Mitchell A. Petersen and Raghuram G. Rajian, Does Distance Still Matter? The Information Revolution in Small Business Lending. *The Journal of Finance*, 2002, 57 (6): 3-11.

［521］阙紫康：《中小企业金融支持体系：理论、证据与公共政策》，深圳证券交易所综合研究所，2009。

［522］中国人民银行总行赴日、美合作金融工作考察团：《日本、美国合作金融情况考察报告》，《中国农村信用合作》2000 年第 8 期。

［523］巴曙松：《深化金融改革的思路与重点》，《中国经济时报》2013 年 9 月 3 日，第 A06 版。

［524］马云：《金融行业需要搅局者》，《人民日报》2013 年 6 月 21 日，第 06 版。

［525］刘俊：《优化融资结构需发展三大市场》，《长江证券研究报告》，2013 年 8 月 2 日。

［526］史晋川、栾天虹：《法律环境、金融体制和公司治理比较研究理论述评》，《中国经济问题》2003 年第 1 期。

［527］阙紫康：《中小企业金融支持体系：理论、证据与公共政策》，深交所综合研究所研究报告，2009。

［528］吴晓灵：《余额宝已做到极限，互联网金融前途在直接融资》，《北京日报》2014 年 6 月 30 日，第 13 版。

［529］乔永远、张华恩、吴宇擎等编《金融科技，从颠覆走向融合》，《国泰君安研究报告》2016 年 8 月 29 日。

致　谢

　　本书是在我的博士学位论文《促进技术创新的金融结构优化及金融制度变革研究》基础上的深化研究。在本书稿付梓之际，首先要感谢指导老师民建中央经济委员会副主任、福州大学民生经济研究院院长周小亮教授的悉心指导。周老师温和宽厚，学术底蕴深厚，其严谨的学风、谦和的性情和高尚的品格使我受益匪浅。从选题的确定到整个写作过程都倾注了周老师的大量心血。

　　衷心感谢中国人民银行货币政策委员会特邀专家、福建省人民政府经济顾问、中共福建省委党校产业与企业发展研究院院长陈明森教授的亲切指导和关心爱护。感谢一直鼓励、支持本书写作的肖文涛、罗海成、肖庆文、陈朝宗等教授。感谢中共福建省委党校福建行政学院提供宽松的科研工作环境，使得本书稿最终得以修撰。

　　感谢我的父母，感谢他们的不辞辛苦和一路栽培！感谢妻子陈晓芳博士在我学业、工作和生活上的忍耐和支持！在职攻读博士学位期间儿子程聿铭的出生，书稿即将付梓时女儿程若呦的降生，给我整个研究工作增添了无比的欢乐和无尽的期待，在此唯愿他们健康快乐成长！

　　新知识时代，知识正以排浪式巨量更新、迭代和生产。一介书生，生有涯而学无涯，欲凭一篇书稿为人类知识宝库贡献些许增量实属不易，成就学人"极高明而道中庸"的理想又谈何容易？知行合一，且真知不易践行也难，虽心有猛虎，需细嗅蔷薇，唯勤唯勉，方圆初心！

　　最后，感谢社会科学文献出版社的孙燕生编辑、吕颖编辑为本书稿的出版所付出的辛勤劳动。限于个人的研究能力与水平，本书仍有许多不足，敬请同行专家批评、斧正！

程　宇

2018 年 10 月 1 日

图书在版编目（CIP）数据

技术创新、金融结构优化与供给侧改革／程宇著
. -- 北京：社会科学文献出版社，2018.11（2019.6 重印）
（海西求是文库）
ISBN 978-7-5201-2834-6

Ⅰ.①技…　Ⅱ.①程…　Ⅲ.①中国经济-经济改革-
研究　Ⅳ.①F12

中国版本图书馆 CIP 数据核字（2018）第 109775 号

·海西求是文库·

技术创新、金融结构优化与供给侧改革

著　　者／程　宇

出 版 人／谢寿光
项目统筹／王　绯
责任编辑／孙燕生　吕　颖

出　　版／社会科学文献出版社·社会政法分社（010）59367156
　　　　　　地址：北京市北三环中路甲 29 号院华龙大厦　邮编：100029
　　　　　　网址：www.ssap.com.cn
发　　行／市场营销中心（010）59367081　59367083
印　　装／三河市龙林印务有限公司

规　　格／开　本：787mm×1092mm　1/16
　　　　　　印　张：19.75　字　数：321 千字
版　　次／2018 年 11 月第 1 版　2019 年 6 月第 2 次印刷
书　　号／ISBN 978-7-5201-2834-6
定　　价／89.00 元

本书如有印装质量问题，请与读者服务中心（010-59367028）联系